2022 黑龙江省社会科学
学术著作出版资助项目

国际工程承包合同法律适用研究

何铁军 / 著

哈尔滨工程大学出版社
Harbin Engineering University Press

内容简介

在进一步深化改革，全方位扩大开放的征程中，国际工程承包是我国政府和私人参与全球经贸交往不可或缺的一部分。但鉴于各国在该领域的立法存在着法律冲突，且缺乏强有力的统一实体法，故而就国际工程承包合同的法律适用，各方存在不同的路径与方案，纷争不断。

本书以国际工程承包合同的法律适用为研究对象，采取比较法学、实证法学、规范分析、系统论等方法，重点就方法论与实践中突出的现实问题展开深入剖析，在坚持国际视野的同时，亦立足于我国本土的现状，为参与国际工程承包的我国海外公民和企业进行有效维权提供参照，同时结合国际经验及共识，以"扬弃"的方式对我国国际工程承包合同法律适用的完善提出建议。

图书在版编目(CIP)数据

国际工程承包合同法律适用研究/ 何铁军著. —哈尔滨：哈尔滨工程大学出版社，2022.10
ISBN 978-7-5661-3414-1

Ⅰ. ①国… Ⅱ. ①何… Ⅲ. ①国际承包工程-经济合同-合同法-法律适用-中国 Ⅳ. ①D923.65

中国版本图书馆 CIP 数据核字(2022)第 217924 号

国际工程承包合同法律适用研究
GUOJI GONGCHENG CHENGBAO HETONG FALÜ SHIYONG YANJIU

选题策划 邹德萍
责任编辑 张 彦 王雨石
封面设计 李海波

出版发行 哈尔滨工程大学出版社
社　　址 哈尔滨市南岗区南通大街 145 号
邮政编码 150001
发行电话 0451-82519328
传　　真 0451-82519699
经　　销 新华书店
印　　刷 哈尔滨午阳印刷有限公司
开　　本 787 mm×960 mm 1/16
印　　张 14.75
字　　数 310 千字
版　　次 2022 年 10 月第 1 版
印　　次 2022 年 10 月第 1 次印刷
定　　价 69.80 元
http://www.hrbeupress.com
E-mail:heupress@hrbeu.edu.cn

前　言

当前，世界经济格局正在经历深刻调整，冲突、分歧、矛盾、对抗无处不在，而各国争取合作、共识、发展、对话的努力却从未曾止步。2020 年，在新冠肺炎疫情全球暴发的背景下，世界经济呈现出衰退和停滞状态，中国成为全球唯一实现经济正增长的经济体，其中国际工程承包发挥了重要作用。在进一步深化改革，全方位扩大开放的征程中，国际工程承包是我国政府和私人参与全球经贸交往时所不可或缺的重要方面。但鉴于各国在该领域的立法充斥着法律冲突，且缺乏强有力的统一实体法，就国际工程承包合同的法律适用，各方存在不同的路径与方案，纷争不断。本书以国际工程承包合同的法律适用作为研究对象，采取比较法学、实证法学、规范分析、系统论等方法，重点就方法论与实践中突出的现实问题展开深入剖析，在坚持国际视野的同时，立足于我国本土的现状，为参与国际工程承包的我国海外公民和企业进行有效维权提供参照，同时结合国际经验及共识，以“扬弃”的方式对我国国际工程承包合同法律适用的完善提出建议。全书共五章，以“界定研究对象-凸显问题焦点-规范市场准入-阐明法律适用”为脉络，逐层展开论述和分析。

第一章为引言。介绍了国际工程承包合同法律适用的研究意义、现状、重点与难点、主要研究方法及本书的创新性与不足。

第二章通过对具有国际因素与不具有国际因素的工程承包合同进行比较，从跨国性、整体性、复杂性等特征出发，分析国际工程承包合同有别于其他国际商事合同的独特元素。相比于传统的国际私法，本书对法律适用的理解与诠释采取宏观界定，没有停留在依据冲突规范指引准据法这一狭义的理解，而是将冲突法层面的法律适用、实体法层面的法律适用、程序法层面的法律适用纳入其中，以国际工程承包活动整体的视角对实践中需要解决的法律适用问题进行总括性思考。为了说明研究法律适用的必要性，本章就国际工程领域法律冲突的具体形态进行了初步的观察，尤其是指出该领域首先需要解决市场准入以及工程所在地强制性规定的适用，这是对合同法律适用进行分析的前提，也是深入探究国际工程承包合同法律适用的基础。

第三章围绕国际工程承包合同主体的法律适用，从属人法的发展与运用这一视角切入,就权利能力、行为能力、缔约资格、市场准入这些与主体直接相关联的法律适用加以探析,揭示调整国际工程承包主体法律适用的制度体系。

第四章以传统与现代的国际工程承包合同法律适用方法论入手,从制度背后的理念出发,逐项就主观论、客观论及其历史演进进行梳理和提炼。基于对法律适用方法的理论梳理和历史演进,构建国际工程合同法律适用的原则、架构和体系。

第五章旨在重点探讨 FIDIC 合同条件在国际工程承包领域的法律适用,首先对 FIDIC 合同条件法律属性界定的不同观点加以归纳、比照,在展现不同主张的基础上,从内在的合理性与法律适用的路径着手,将其明确为具有示范法属性的国际工程标准合同文本。继而就 FIDIC 合同条件在我国适用所面临的现实冲突加以论述,阐明 FIDIC 合同条件的适用要求与方式,提出对策与方法,甄别 FIDIC 合同条件与我国国内工程范本之间的主要差异,从整体上为法律适用奠定基础。

第六章将视野聚焦于我国自身的国际工程承包合同法律适用现状。本章特别指出,以系统论的视角探索法律适用,国际工程承包合同的法律适用集中呈现在违约救济、争端解决的实践中。DAB 是国际工程承包合同争端解决的特有方法,其所涉法律适用问题涵盖程序方面、实体方面。我国法院在既有的案件中,对 FIDIC 合同条件的适用性缺乏充分的体系构建,国内的工程范本历经多次修订,正日益实现与国际接轨。在主体的市场准入、合同的法律适用、FIDIC 合同的适用方面,我国应进一步完善。

由于著者水平有限,书中难免存在不足之处,恳请读者批评指正。

著　者

2022 年 7 月

目　　录

第一章　引　　言

一、研究意义

(一) 理论意义

在跨国经济交往及国际投资与贸易活动中,国际工程承包占有重要地位。建筑业是基础性产业,是国民经济的重要物质生产部门,其发展的成熟与否关系到其他行业是否具备基本的生存环境、良好的社会秩序,故而属于经济基础的构成要素。建筑工程承包包括国内工程承包与国际工程承包两种类型,后者与一国对外开放及市场准入的程度密不可分,且国际工程承包合同由于关系到不同国家之间相互冲突、彼此矛盾的法律体系,故而常常引发法律适用方面的争议。相应地,对国际工程承包合同法律适用方面的理论基础、制度体系、典型实践展开研究,对国家经济建设和服务与保障工程承包领域的对外开放,具有重要的理论与现实意义。

首先,国际工程承包法律体系融规范性、经济性、政策性、技术性于一体,不但涵盖公法元素,而且具有私法色彩。目前,国内外学术界对国际工程承包合同的法律适用视角单一,且相关成果主要来自工程界、管理界的学者,法学界尤其是国际法学界对此关注不多。故而,本书选择该主题进行深入分析,在很大程度上拓宽了研究视角。

其次,相比于其他类型的国际民商事合同、国际经贸合同,国际工程承包合同在法律适用上别具特色,尤其是,此类合同更多是通过适用国际惯例如 FIDIC(国际咨询工程师联合会)合同条件等来解决业主与承包商之间的跨国工程争议,这既不同于以冲突规范为中心的法律冲突间接调整方法,亦有别于以统一实体法条约为中心的直接调整方法。本书的研究,既立足于国际私法,又没有止步于国际私法,在对法律适用这一专业表述的含义加以延伸和拓宽的基础上,综合考虑实体法层面的法律适用、冲突法层面的法律适用,以及程序法层面的法律适用。

再次,现有学术研究中虽然不乏就国际合同的法律适用、合同领域的冲突法、当事人意思自治原则、最密切联系原则等选法方法予以深入研究的成果,但是这些方法论在国际工程承包合同中的运用需要予以相应的调适，增入工程所在地强制性法、工程承包主体准入的属人法、国际工程示范合同条件的适用等特殊问题，本书主要对这些问题加以详述。

（二）实践意义

自改革开放以来，中国企业在国际工程承包市场经历了初创起步、稳步积累、高速发展和转型升级四个阶段，已进入高质量发展阶段。[①] 近年来，中国国际工程承包行业"走出去"的步伐继续提速，中国承包商在国际工程承包领域推出了一系列超级工程，在世界范围内备受称赞。据商务部统计，2020年，即便受到新冠肺炎疫情冲击，我国国际工程承包事业也保持着平稳发展态势，新签合同额达人民币1.76万亿元。[②] 其中，中国在海外承揽的国际工程项目以基础设施、建筑、水利建设等占比最高，中国对外劳务合作派出劳务人员逾30万人。相比于1979年，中国对外承包工程总额增长近8 000倍。与此同时，我国当事人在国际工程承包合同方面的争议也越来越多，无论是通过诉讼、仲裁、调解方式解决，抑或通过争端裁决委员会（DAB）等专门机构解决，国际工程承包合同的法律适用都是其中的关键因素，不容回避。基于此，本书的选题具有较强的实践意义。

第一，明确国际工程承包合同法律适用的方法论，有助于为维护我国承包商海外权益提供坚实的法治保障，促使我国建筑市场的进一步扩大开放和与国际建筑业的深度融合，使国际工程承包法律制度进一步完善。

第二，鉴于我国业主和承包商订立国际工程承包合同的数量剧增，外国承包商若进入中国市场承揽国际工程项目，需要熟知我国关于国际工程承包的法律、惯例及范本，而我国对外订立国际工程承包合同，同样需要以法律为突破口，对工程所在地的国际工程承包合同法律适用有明确的认知，从而最大限度地防范风险、促成履约、解决争端、有效维权。

第三，通过对FIDIC合同条件（包括其中关于国际工程争端解决机制的规范）加以深入研究，更好地促进我国国际工程承包合同立法与国际通行惯例接轨，在法律适用上以普遍接受的国际建筑行业规范为中心，赋予外国承包商以国民待遇，履行入世承诺。

---

① 房秋晨："2020年我国对外承包工程新签合同额40年来增长近8 000倍！"，载搜狐网：https://m.sohu.com/a/448942323_120141145/，最后访问日期：2021年5月29日。

② 严韩冬："2020年我国对外承包工程新签合同额逾1.7万亿"，载中国工程机械商贸网：http://news.21-sun.com/detail/2021/02/2021020709044951.shtml，最后访问日期：2021年5月28日。

第四，我国在国际工程承包合同法律适用方面仍然与国际规则存在差距，对外订立的国际工程承包合同多以发展中国家作为工程所在地，以适用工程所在地的国内法作为准据法的合同占据相当比例，这无疑与西方建筑业强国有着不小的差距。具言之，国际工程项目管理、承包合同所涉技术方面的差距尚可通过技术转让、经验积累予以弥补，而法律适用层面的欠缺则必须通过立法、司法、执法手段加以综合解决。[①] 事实上，我国大量承包商在国际工程承包合同法律适用与风险管理上存在"硬伤"，相关环节的争端预防与争端解决相当薄弱。此外，我国的工程承包合同范本、技术标准、行业标准与国际标准及欧美国家的承包商资质许可制度亦有差距，对于试图进入海外市场的我国承包商而言，如果不对国际工程承包合同的法律适用做到了然于胸，必将受到制约。

因此，在理论上建构国际工程承包合同法律适用规范制度体系，构建科学法律适用系统，建立我国企业对外工程承包法律风险防范机制，熟悉和了解工程项目所在国的有关法律，并推动完善和优化我国国际工程承包合同相关法律制度，学习国外成熟经验的同时彰显本土优势，以维护我国承包商海外合法权益最大化，对发展我国对外工程承包工作是至关重要的。

二、研究现状

(一) 国内研究现状

目前，我国学者从国际私法视角对国际合同或涉外合同的法律适用做出了翔实的论述，其中既不乏学术专著(王军、陈洪武，2003；傅静坤，2001；邵景春，1997)[②]，亦存在大量核心期刊论文(刘仁山，2013；吕岩峰，1999)[③]。从论述的视角来看，部分文章侧重于从基本理论层面对国际合同的界定、国际合同法律适用的总体原则、基本方法、合同准据法的适用范围、我国关于合同冲突规范的立法及其运

---

① 吴杰：《海外高速公路工程总承包合同管理特殊性与预控措施》，《工程建设与设计》2021年第1期，第212页。

② 参见王军、陈洪武：《合同冲突法》，对外经济贸易大学出版社，2003；傅静坤：《契约冲突法论》，人民出版社，2001；邵景春：《国际合同：法律适用论》，北京大学出版社，1997。

③ 参见刘仁山：《国际合同法律适用中"意思自治原则"的晚近发展：海牙国际合同法律选择原则述评》，《环球法律评论》2013年第6期，第146页；吕岩峰：《"适当论"：国际合同法律适用理论的归结与扬弃》，《法制与社会发展》1999年第5期，第68页。

用[①]；部分文章更加偏重学术性，专门针对当事人意思自治原则[②]、最密切联系原则[③]、公共秩序保留[④]、强制性规定[⑤]等制度予以阐述，或重点对相关国际公约[⑥]、国际惯例[⑦]的适用路径加以剖析；部分文章采取规范与实证相结合的方式，针对某一特定的统一实体法进行诠释，譬如《联合国国际货物销售合同公约》（以下简称CISG）[⑧]、《国际商事合同通则》（以下简称 PICC）[⑨]；部分文章则更加追踪于国际私法统一化的前沿，围绕欧盟合同冲突法[⑩]的最新进展或海牙国际私法会议（以下简称 HCCH）[⑪]的最新成果，为合同的法律适用这一亘古常新的学术话题添砖加瓦。综观国内理论与实务界关于国际合同法律适用的研究成果，显现出百花齐放、百家争鸣的盛况，不可谓不繁荣。然而，如果将视野具体投放到国际工程承包合同这一具体的合同类型当中，则可以发现，对此类特殊合同法律适用的研究显现出严重的

① 参见李凤琴：《国际合同法律适用发展趋势研究：以意思自治原则为中心》，安徽师范大学出版社，2013；唐德华、孙秀君：《涉外合同法律及司法解释适用指南》，人民法院出版社，2004。

② 参见许军珂：《国际私法上的意思自治》，法律出版社，2007；申婷婷：《国际私法中意思自治原则及其司法适用》，中国检察出版社，2019。

③ 参见马志强：《国际私法中的最密切联系原则研究》，人民出版社，2010；郝泽愚：《法律选择上的最密切联系原则研究》，中国政法大学出版社，2021。

④ 参见高晓力：《国际私法上公共政策的运用》，中国民主法制出版社，2008；马德才：《国际私法中的公共秩序研究》，法律出版社，2010；叶丹：《公共秩序保留在我国涉外民商事司法实务中之适用》，法律出版社，2012。

⑤ 参见董金鑫：《国际经贸领域的直接适用法研究》，中国社会科学出版社，2018；董金鑫：《第三国强制规范在法院地国的适用研究》，中国人民大学出版社，2016；王立武：《国际私法的强制性规则适用制度研究》，中国人民大学出版社，2015。

⑥ 参见李晓丽：《条约的国内适用方式研究》，人民法院出版社，2020。

⑦ 参见田晓云：《论国际商事惯例及其适用》，对外经济贸易大学出版社，2007。

⑧ 参见李巍：《〈联合国国际货物销售合同公约〉评释（第 2 版）》，法律出版社，2009；高旭军：《〈联合国国际货物销售合同公约〉适用评释》，中国人民大学出版社，2017。

⑨ 参见刘瑛、杜蕾：《论国际民事诉讼中〈国际商事合同通则〉的明示选择适用》，《武大国际法评论》2017 年第 4 期，第 85 页；韩世远：《〈国际商事合同通则〉与中国合同法的发展》，《环球法律评论》2015 年第 6 期，第 69 页；左海聪、杨梦莎：《论〈国际商事合同通则〉解释补充〈联合国国际货物销售合同公约〉之功能：以损害赔偿制度为例》，《比较法研究》2016 年第 1 期，第 149 页。

⑩ 参见邹国勇：《欧盟合同冲突法的新发展：〈罗马条例Ⅰ〉述评》，《广西社会科学》2012 年第 7 期，第 65 页；谢宝朝：《论〈罗马条例Ⅰ〉对欧盟合同冲突法的发展及对我国的启示》，《西南政法大学学报》2010 年第 3 期，第 94 页。

⑪ 参见张建：《〈海牙国际商事合同法律选择通则〉评述：兼对我国涉外合同法律适用的反思》，《荆楚学刊》2015 年第 3 期，第 44 页。

碎片化和不成体系化状态,无论是研究的深度还是研究的广度都远远未到达以理论回应实践、以学术指导实践的程度。

通过在中国期刊网的检索,可以注意到,目前能够收集到与国际工程承包合同的法律适用问题直接相关的博士学位论文仅有两篇(袁晓勇,2006;闵卫国,2013)[①],期刊文章更是寥寥无几,且论述的主题大多停留在对国际工程合同条件的介绍和对工程承包合同模式下可能产生的风险进行评估层面,对于国际工程承包合同引发的商事争议究竟如何确定其法律适用,现有的探讨显得尤其薄弱。

具体而言,袁晓勇的论文立足于国际工程承包合同的各方当事人之间,以及当事人与第三人之间所可能产生的不同类型的法律关系,以工程承包实务为视角,论述了国际工程承包合同谈判过程中的招投标法律问题、合同各方主体相互间的基本权利义务、合同履行中潜在的风险及其分配、合同履行期间因履约不顺畅所产生索赔、国际工程承包合同引发的商事争议解决等。对这些具体法律问题的研究,总体上是以欧洲大陆法系国家的合同法立法和民法理论同中国现行合同法与民法理论的比较及镜鉴作为论述线索,试图从合同的谈判、订立到履行直至争议解决相关脉络中的客观问题进行探讨。遗憾的是,袁晓勇博士没有跳出国际工程承包合同本身,从更加宏阔的国际法与国内法关系乃至国际条约和惯例等文件的运用层面来分析规则之间的关系。

相比之下,闵卫国在其论文中重点将 FIDIC 合同条件作为切入点和中心线索。全文紧密围绕着 FIDIC 合同条件在历史上的形成背景与原因,在详述合同条件发展与演变的基础上,探讨了 FIDIC 合同条件的性质,认为其合同条件既非国际惯例,亦非文本合同,而是世界上广泛使用的一种标准合同文本,突出此类文件的独特价值和专有属性。继而,以此为基础探讨和阐述了 FIDIC 合同条件在大陆法系和普通法系国家的可适用性,认为 FIDIC 合同纠纷一般以合同约定的法律为实体准据法,以争议解决程序所在地法为程序法。此外,在以国际商事仲裁方式解决国际工程承包合同争议的过程中,也有部分案件援引或参考 PICC 中的基本原则作为解释与适用法律的辅助方法。

概言之,我国法学界还没有从理论研究上针对国际工程承包合同的法律适用这一重要主题进行体系性的完整论述,尽管部分学者已经从国际合同的宏观视角来论述其法律适用,但是毫无疑问并没有深入追问国际工程承包合同与其他民商事合同相比究竟有哪些差异,在法律适用方面体现出哪些不同。王军在其书中界定了合同法律适用的概念,指明合同法律适用遵循的主权、平等互利,兼顾法律适

① 参见袁晓勇:《国际工程承包合同法律问题研究》,博士学位论文,中国人民大学,2006;闵卫国:《FIDIC 合同条件适用性问题比较研究》,博士学位论文,武汉大学,2013。

用结果的确定性与合理性,保护弱方当事人利益的基本原则,阐述了合同准据法的适用范围。但是,这些国际合同法律适用的一般方法,哪些适合于国际工程承包合同,哪些不适合于国际工程承包合同,国际工程承包合同争议解决阶段可能适用的法律,究竟包括哪些渊源?国际条约、国际惯例、国际合同范本等能否适用于国际工程承包合同,其彼此之间是否存在优先顺位?这些问题,亟待从理论上给出相应的剖析和回应,这也是本书试图去阐述和解决的问题。

鉴于国际工程承包合同的法律适用本身是一个同时涉及法学与工程学、兼及理论与实务的交叉性问题,故而除了从国际私法和民商法角度对国际工程承包合同所涉具体问题进行思考外,建筑学和工程学的研究人士也对国际工程承包合同尤其是 FIDIC 合同条件的适用问题进行了深入的分析与思考。

以时间为序进行溯源可以发现,国内最早将 FIDIC 合同条件引介到我国建筑工程界的学者是清华大学的卢谦教授。1986 年卢谦将“土木工程施工合同条件”(红皮书第三版)翻译成文并在国内出版。1989 年,天津大学著名学者何伯森教授领衔,组织天津大学和中国国际工程咨询有限公司等单位的学者和工程界专业人士,翻译了“土木工程施工合同条件”(红皮书第四版)及其应用指南,在国内出版,受到了国内工程界的高度重视和普遍运用。在此之后,FIDIC 认可了何伯森教授团队的研究成果,并正式书面授权何伯森及其团队成员将一系列 FIDIC 合同条件翻译为中文从而在国内予以出版,这无疑对于国内工程承包合同体系与国际主流趋势的接轨具有十分重要的积极作用。此后,在何伯森的领衔下,天津大学的专业团队历经数年,先后翻译了黄皮书、橘皮书、白皮书及官方出台的与其配套的应用指南文件并公开出版。这些重要国际规则的相关文献权威性得到业界公认,对促进我国建设监理制、合同管理制、招标投标制的实施意义重大。自 1996 年中国工程咨询协会加入 FIDIC 成为会员后,对 FIDIC 出版的系列文献加以翻译,目前已出版数十本国际工程合同与咨询的翻译著作。此外,赵东峰所著《国际工程法律与合约》一书,堪称关于国际工程承包法律论述的集大成者,这本书从合同主体、合同行为、合同索赔、争端解决四个角度全面探讨了国际工程承包合同履行过程中所触及的各方面问题,内容翔实。特别是其中针对国际工程承包合约法律实务的论述,紧密围绕实践而展开,提炼了若干常见的法律问题,并有针对地提供了解决方案,堪称国际工程承包合同法律实务界的“百科全书”。[①]

不能否认的是,在国际工程承包合同法律适用的实践中,无法回避的难题之一是 FIDIC 合同条件的法律适用。就研究现状而言,由于无法探究的种种原因,法学

① 参见赵东峰:《国际工程法律与合约》,中国建筑工业出版社,2019。

理论界对此很少涉足,仅研究土木工程管理或国际工程合同管理的学者对此做了初步探讨。此外,在建筑实业界,部分知名的工程咨询公司组织其管理人员、法务工作者以及代理国际工程承包的律师,基于他们丰富的实践经验,撰文深入分析研究 FIDIC 合同条件的适用问题。截至 2021 年 6 月 1 日,笔者以 FIDIC 合同条件、法律适用作为关键词,在中国期刊网上检索,共有 936 篇文献,时间跨度从 1994 年至 2021 年,研究成果从数量上看不可谓不多。从学科分布来看,有 300 余篇文献被归类为宏观经济管理与可持续发展,有 200 余篇文献被归类为建筑科学与工程,有 70 余篇文献被归类为国际法,有 60 余篇文献被归类为民商法,学科分布反映出的一个显著的规律是,大多数与 FIDIC 合同条件有关的研究并不是从法学视角而是从宏观经济或建设工程本身的视角展开的。相比于法学类的研究,宏观经济学和建设工程领域对 FIDIC 合同条件的研究,重点立足于实务的需求,着眼于细节,问题意识较为突出,所涉及的问题包括:国际工程承包中监理企业与国际接轨问题(梁鉴,2000)[①]、FIDIC 银皮书条件下的承包商索赔问题(张然、田志超,2020)[②]、FIDIC 合同条件下新冠肺炎疫情引发的不可抗力认定问题(赵晨曦、过涵,2020)[③]、国际工程合同条件在国内工程承包合同争议解决中的可适用性(郝运、张倩钰,2020)[④]。但是,此类研究从体系上来讲,难免显得零散,有“只见树木不见森林”的弊端,难以反映出国际工程承包合同法律适用的整体。与此同时,在我国出版的涉及 FIDIC 合同条件法律适用的著作已有数部,从作者的学缘结构和学科背景来看,这些著作也主要是从工程界而非法学界角度予以入手的。[⑤]

---

① 梁鉴:《浅谈我国建设监理与国际接轨的问题》,《中国勘察设计》2000 年第 10 期,第 26 页。

② 张然、田志超:《新版 FIDIC 银皮书合同条件下的承包人索赔分析》,《建筑经济》2020 年第 2 期,第 140 页。

③ 赵晨曦、过涵:《基于 FIDIC 合同条件国际工程承包商新冠肺炎疫情之应对》,《江苏建材》2020 年第 5 期,第 60 页。

④ 郝运、张倩钰:《FIDIC 银皮书在国内工程总承包项目的适用》,《建筑时报》2020 年 8 月 24 日,第 3 版。

⑤ 参见解洪、曾玉成:《菲迪克条款在中国的应用》,四川出版集团、四川人民出版社,2004;何佰洲、顾永才:《FIDIC 合同条件与我国合同环境的适用性研究》,中国建筑工业出版社,2009;崔军:《FIDIC 合同原理与实务》,机械工业出版社,2011;田威:《FIDIC 合同条件应用实务》,中国建筑工业出版社,2009;田威《FIDIC 合同条用实用技巧》,中国建筑工业出版社,2002;陈新元:《FIDIC 施工合同条件与应用案例》,中国水利水电出版社,2009;朱中华:《FIDIC EPC 合同实务操作 详解 比较 · 建议 · 案例》,中国建筑工业出版社,2013。

(二)国外研究现状

国际间的工程承包合同,牵涉双方国家所在地的法律、合同条约的适用性,汇率、交货等一系列的问题。当出现纠纷的时候,法律的适用性和合同条款的瑕疵往往导致不公正的判决。故而,仔细对国际工程承包合同的法律适用展开研究和预判,尤为重要。存在国际工程合同的法律适用选择时,首先应把当事人选择适用于合同的准据法纳入首要地位,对此,国外的研究也以此作为出发点。FIDIC 体系下的设计-施工总承包(EPC)合同条件第 1.4 款第 1 项规定,“The contract shall be governed by the law of the country or other jurisdiction stated in the Particular Conditions”。一般国家的国际私法也尊重当事人选择合同适用法律的意思自治权,规定当事人可以选择合同适用的法律。其次,不存在法律适用的选择时,应当依据最密切联系标准确定法律适用。最后,合同还应当适用工程所在地与公共建设有关的行政管理法。

从国外学术界的研究状况来看,研究合同法律适用制度的著作相对较少,具有代表性的有:《合同冲突法:欧盟合同之债法律适用公约——比较研究》(P. M. North,D. C. L. ,1981)、《意思自治原则的限制——从宪法与国际法角度的比较研究》(G. A. Bermann,2005)、《罗马条例Ⅰ》(S. Leible,2009)等。而相关方面的论文特别是有关合同当事人意思自治方面的论文则相对较多,代表性的有:《法律选择中的意思自治》(H. E. Yntema,1952)、《意思自治原则的回顾——冲突法问题的规则解决方式》(E. Friedler,1989)、《意思自治原则——合同之债法律选择的国际视野》(M. Zhang,2006)、《合同冲突法中的意思自治——趋同化及经济效率分析》(G. Rühl,2007)等。这些论著从不同角度对国际合同法律适用问题做了深刻的分析,但是也存在一定的局限性。首先,这些论著并没有结合海牙国际私法会议(HCCH)的最新工作动态去研究国际合同法律适用的发展趋势,具有一定的历史局限性;其次,这些论著往往只围绕本地区或本国的立法和司法实践进行论证,比如欧洲学者都会把欧盟 1980 年的《罗马公约》和 2008 年《合同之债法律适用罗马条例》(以下称《罗马条例Ⅰ》)作为研究对象,而美国学者则大多以《第一次冲突法重述》《第二次冲突法重述》和美国《统一商法典》的相关规定再结合各州的司法实践进行研究,因此具有一定的区域局限性。

特别值得一提的是,与国内的研究不同,国外学者针对 FIDIC 合同条件的研究不局限于建设工程界和经济学界,法学界尤其是国际律师协会也针对这一系列国际工程承包合同条件展开了规范和实证的双重检视。[①] 在 Robert Knutson 主编的著

---

① See Robert Knutson (ed.), *FIDIC: An Analysis of International Construction Contracts* (Kluwer Law International, 2005).

作中,来自不同国家的22位杰出的建筑法律界权威人士就FIDIC合同条件及其业务指南在具体国家和辖区的适用及潜在的风险进行了深入的国别式研究,这些国家包括巴西、埃及、英国、法国、德国、印度、日本、马来西亚、荷兰、沙特阿拉伯、瑞典和美国。William Godwin撰写的著作以国际工程承包合同作为主题,将法律制度与技术元素充分糅合,分条缕析地介绍了合同、合同风险、国际工程承包类型、FIDIC框架下的《设计-建造合同》及国际工程合同争端的解决办法,思路清晰,逻辑严谨,娓娓道来,为实务界与理论界的深入探讨奠定了坚实的专业基础。[①] Cyril Chern所著的《建设工程争端法》体系宏阔,首先从大陆法系国家、英美法系国家、伊斯兰法系国家建设工程立法的冲突与协调入手,形成鲜明的法律冲突与法律适用背景;继而先后以建设合同、设计争端及责任、现场条件、分包商、争端抗辩、示范合同条件下缔约方的权利义务关系、连带责任担保等具体问题逐一剖析,全方位展现了国际工程法律的宏观结构与微观图景,引人入胜。[②] 该书历经多次修订,日臻完善,成为国际工程界常备的重要参考资料。

Lukas Klee在其《国际工程合同法》一书中梳理了国际工程实施通常所处的主要法律环境(大陆法与习惯法),并对"拖期赔偿费""合同罚款""实质性竣工""履约""争议裁决性质""责任时效",以及因未按时提交索赔通知而丧失索赔权、不可预见和不可控风险的分担等关键合同事宜在大陆法与习惯法环境下的主要差异与内在关系进行了充分分析。每个国际工程项目都是一个包含诸多进程的独特的安排,这些进程有着诸多的具有不同任务的参与方,而参与方又被各种因素、危险和相关风险所制约。[③]

John Murdoch认为,国际工程仲裁处于国际环境下,常涉及不同国家、不同类型法律的适用。[④] 通常,一起国际工程承包合同引发的仲裁案件至少涉及四个层面的法律适用:仲裁协议的法律适用、仲裁程序的法律适用、仲裁实体争议的法律适

---

① See William Godwin, *International Construction Contracts A Handbook: with Commentary on the FIDIC Design-Build Forms*(Wiley-Blackwell Publication, 2013).

② Cyril Chern, *The Law of Construction Disputes*, third edition(Informa Law from Routledge, 2020).

③ See Lukas Klee, *International Construction Contract Law*(West Sussex: Wiley Blackwell, 2015), p. 51.

④ John Murdoch, Will Hughes, *Construction Contracts Law and Management*(New York: Taylor & Francis Group, 2007), p. 1.

用、仲裁裁决承认与执行的法律适用。[①]

三、研究重点与难点

鉴于国际私法学术界关于国际工程承包合同法律适用的专门研究较为匮乏，尤其是针对国际工程承包合同法律适用原理在争议解决层面的具体运用，法学界的关注几乎处于空白局面，现有的研究成果更多是从工程界及管理界角度入手进行的碎片式分析。故而，结合实践需要，从市场准入、主体资质、法人认许等角度对国际工程承包合同当事人的民事能力加以研究，透过主观论、客观论、私法视野、公法视野、当事人意思自治、最密切联系、分割法、工程所在地强制性规定、国际公约与惯例的适用这些具体而微观的问题对国际工程承包合同的法律适用进路展开全景式研究和整体上的探讨，正是本书的研究重点。

笔者认为，就其法律性质而言，国际工程承包合同属于一种典型的国际商事合同，但是又属于该范畴之内一种具有较强特殊性的国际合同。故而，国际工程承包合同的法律适用，既要遵循国际商事合同法律适用的通行方法，又要顾及其个性化，探究国际工程承包合同法律适用趋势与发展规律。本书将在分析国际工程承包合同法律适用一般属性与特殊属性的基础上，探讨国际工程承包合同法律适用及准据法确定过程中应遵循的一般规律：一、对国际工程承包法律关系或案件，识别本国的实体商事法律中有无强制性规范和直接适用的法，此类规范是否适用于涉案国际工程承包合同。二、若涉案国际工程承包合同关系属于统一实体法的调整范畴，则适用该国际条约或惯例的实体规范。三、如果该工程争议及法律冲突的处理不存在统一实体法，而须借助冲突规范指引准据法，此时亦应先去查证国际条约中是否存在可予适用的统一冲突规范；不存在统一冲突法时，方适用国内冲突规范。四、如果根据冲突规范所指引的国内法律对国际工程承包合同并无相应的实体规定，则结合案件具体情况，可适用相关的国际惯例。五、国际工程承包合同的当事人可以根据认可意思自治的冲突规范在争议发生前后选择国际商事惯例、实体国际条约或相关某国的国内法。此时，当事人选用的惯例、条约和外国实体法在不违背法院地国的社会公共利益的前提下，可以得以适用。本书试图揭示以行为地等单纯的空间联结因素确定法律适用的不足，提出应重视当事人主观意图和意思自治的方法进行深入思考，参酌合同适当法理论来确定国际工程承包合同的法

---

① 华心萌、陈勇强：《国际工程仲裁的法律适用问题》，《国际经济合作》2008年第4期，第70页。

律适用。

当然,本书研究过程中,存在若干必须加以克服的难点。譬如,我国现有的国际私法理论更多是围绕着狭义上的国际民事关系法律适用展开的探讨,而对国际商事关系的法律适用则关注度不足。鉴于国际工程承包合同具有较强的商事属性,为了对其法律适用展开深度探讨,必须寻求充分的理论支撑,系统性地考察冲突法学理中有关国际工程承包合同法律适用的历史与现状,结合国际工程承包领域法律冲突的产生与发展状况,对法律适用的动态化、局部强化、总体弱化等趋势进行把握。[①]

此外,国际工程承包领域存在若干具有代表性的国际工程合同范本,亦称国际合同条件,其在国际工程承包合同法律适用中的地位和角色不容小觑。譬如,国际公认的 FIDIC 合同条件在体例构思和内容设计上尤其注重法律与惯例的充分融合,契合于工程承包领域法律适用的原则与趋势,但是对于此类合同条件缘何能够适用于国际工程承包,在我国的国际工程承包合同范本与国际合同条件互斥或存在矛盾时,又该何去何从,目前没有明确的答案。

除了上述难点外,本书在深入开展实证研究方面亦存在难点。具言之,国际工程承包合同的法律适用不应当单纯从学理层面进行空洞而泛化的论证及分析,必须贴合实践的需求,从国际工程承包合同争端解决、违约救济入手观察法律适用的具体运行状况。为此,只有在掌握大量国际工程承包合同文本、国际工程争端解决案例的基础上,才能够使有关结论更加经得住考验。但目前来看,我国法院适用 FIDIC 合同条件的案例并不多见,大多数国际工程承包合同纠纷最终适用我国国内法予以审理;而国际商事仲裁领域对国际工程承包合同法律适用的处理通常是保密的,并不为外界所知;至于 DAB,虽然为国际社会所广泛接受,但是其如何决定法律适用,根据何种方法与标准对法律适用加以妥善处理,很少向外界公开。概言之,限于客观条件,本书在案例收集方面存在一定的困难。

四、主要研究方法

(一)系统论方法

系统论由国际著名生物学家贝塔朗菲首创,系统法学方法特指将系统论为代表的现代科学方法应用于法制系统的调节及其演化,这一方法以独特的切入点和

① 赵相林主编《国际商事关系法律适用论》,中国政法大学出版社,2005,第 102 页。

全新的整合性视角为法律领域的研究提供了崭新的思路。具体来讲,系统论这一方法天然具备结构主义特征和整体主义特征,其所强调的是某一研究对象内在各要素部分之间与整体之间的统合关系,因而具有其他传统研究方法所不具备的优势。[①] 本书在研究国际工程承包合同的法律适用过程中,运用系统论方法,在肯定亚里士多德关于"整体大于部分之和"论断的基础上,将法律适用的各要素,主体、客体、过程等单向度的思考维度从静态向动态转化,将质的分析与量的描述有机结合起来,对国际工程承包合同法律适用这一研究对象依次展开"整体—解构—再整合"的逻辑追问,分别从国际工程承包合同主体的法律适用(即准入规制)、合同内容的法律适用(方法论层面),以及法律适用的对象(以 FIDIC 合同条件为例)方面,对研究对象的结构与功能进行剖析,从而使系统论得以运用于国际工程承包合同法律适用这一专门的涉外法律领域,力求使规范研究、行为研究和价值研究三者相统一,理论研究和政策研究相结合,决策研究和对策研究相关照。

(二)历史考察法

不同的历史阶段孕育不同的法律环境,不同的法律环境必然蕴含着、存在着不同的经济关系、社会关系和社会认识,法律的背后总是有生成它的客观历史环境。作为一个实践性很强的问题,国际工程承包合同法律适用一个历史进程,因此,研究国际工程承包合同法律适用问题时应当注重不同历史时期的客观环境因素。本书将对国际工程承包合同法律适用的历史发展沿革、法律适用规范制度构成、国际工程承包争议解决机制进行总结回顾,结合各个历史阶段的不同背景进行分析,以期理解其制度设置的正当性和合理性,并对国际工程承包合同法律适用的未来发展趋势进行预测和展望。

(三)比较研究法

比较研究法是指运用比较分析方法,通过对国际合同法律适用公约的宏观比较研究,发掘国际工程承包法律适用原则的变化与发展趋势,并且通过 FIDIC 合同条件与我国建筑工程合同示范文本法律适用的微观比较,明晰我国国际工程承包法律制度的缺陷,为完善法律适用制度提供理论支撑与实证司法基础。本书力求对典型国家的典型做法加以提炼、归纳和比较,探究法律适用的立法最新成果,丰富我国国际工程承包合同法律适用的理论基础,以期为我国国际工程承包法律制

① 何铁军:《系统法学视野下商业秘密的法律保护》,《法学杂志》2008 年第 4 期,第 139 页。

度的完善提供一定的借鉴。

(四)价值分析法

价值分析法将价值论引入法学研究。本书运用这一方法,不仅旨在强调和关注国际工程承包合同法律适用的外在现象,更是重视不同法律适用方法、被适用的不同国际法及国内法渊源的内在构成。尤其是,考虑到 FIDIC 合同条件等国际通行的法律适用依据有其内在的合理性,故本书将对其在我国适用的宏观对策和微观建议逐一展开评述与论证,从而为我国承包商索赔的法律适用提供借鉴。价值分析的思路和方法,贯穿国际工程承包合同法律适用的研究始终,涵盖国际工程承包合同法律适用理论、立法与实践等各方面。

(五)统计分析法

国际工程承包合同的法律适用这一论题产生于国际工程争议解决的需要,并最终回馈和还原于国际工程承包争议解决,脱离国际工程承包争议解决的实践而空谈国际工程承包合同的法律适用,犹如缘木求鱼。故本书研究过程中,试图收集、查证与国际工程承包合同法律适用紧密相关的一些数据,并加以分析、整理、保存和利用,展现我国承包商当前深度参与订立及履行国际工程承包合同的现实状况,以及我国法院处理国际工程承包合同法律适用问题的运行态势,借助图表和归类等手段,直观地陈列出我国法院适用 FIDIC 合同条件的案件概况及裁判要旨,为科学决策、风险管理提供参考依据。

五、创新性与不足

本书具有一定的前瞻性与创新性:其一,本书系统构建了国际工程承包合同的法律适用体系,分别从合同主体的法律适用、合同客体的法律适用、合同权利义务的法律适用、合同索赔及争端解决的法律适用等方面逐项突破;其二,本书研究过程中采取了学科交叉与融合的方法,将工程法律与合同法律、国内法律与国际合同范本等纳入一体化考察;其三,本书既对传统上着墨颇多的当事人意思自治原则、最密切联系原则等法律适用方法在国际工程承包合同中的运用予以重述,又在国际工程承包合同独特性的基础上,对工程所在地法、强制性规定的直接适用、FIDIC 合同条件在建设工程争端评审机制中的适用等特殊法律问题进行论证、分析和探讨,试图推陈出新;其四,本书的撰写坚持务实的立场,以揭示国际工程承包合同准据法选法系统论的特点,寻求平衡我国承包商与工程所在地国业主的利益冲突的方法,维护我国国际工程承包商合法权益最大化,旨在使中国业主、中国承包商在参与国际工程承包业务、订立及履行国际工程合同时对法律适用这一核心问题提供有效的引导和建议。概言之,本书试图融合工程所在地的国内法与国际工程承包领域的国际通行规则之间的冲突,以行业及市场的眼光论证国际工程承包合同的法律适用问题,以期为承包商在国际工程承包合同争议解决和法律适用方面提供学理支撑与实务参照。[①] 通过规范研究、比较研究、实证研究,对国际工程承包法律适用的发展趋势进行预测与判断,梳理和概括各国国际工程承包法律适用的理论与实践,力求以此为突破口,为我国国际合同法律适用基本制度的完善提供一些有益的思考。事实上,我国有必要借鉴国际工程法律制度相对完善的英国、美国等国际工程立法的先进理念与实践以及国际工程师联合会行业组织的经验,完善我国建筑工程示范合同制度,并在分析国际合同法律适用公约以及实践的基础上,对我国实践中存在的问题提出合理、妥善的建议。

不过,限于篇幅和精力,本书的论述更多着眼于基础理论与典型实践,对具体类型的国际工程承包合同的法律适用,疏于分门别类地探讨。譬如,国际承包工程领域的 EPC、BOT、PPP 等新型国际工程承包合同模式的法律适用,工程所在地国强制性规定直接适用的实证分析,工程争议调解-DAB-DAAB 多元化纠纷解决机制的相互衔接等问题,也有必要通过对法律适用理论的构建及法律适用运行系统的论证加以整合,但本书对这些重要问题没有全面关注。事实上,这些问题均具有独立研究的价值,在未来笔者亦会进一步探寻和挖掘。鉴于对其展开深度论述可能会偏离本研究的中心,故暂未予以纳入。此外,国际工程承包合同的法律适用问题是一项源于实践、用于实践的论题,限于精力,笔者没有充分展开实地调研和对相关从业人员进行访谈,这些也在一定程度上影响了研究的效果,期望在未来能够予以弥补。

① 林一:《ICSID:国际工程争议解决的新途径》,《国际经济合作》2014 年第 6 期,第 22 页。

第二章　国际工程承包合同的内涵、演进与法律冲突

第一节　国际工程承包合同的基本内涵

国际工程承包是一种跨地域、跨专业、融入各类法律要素和技术标准的综合性国际经济合作方式，它不仅涉及国际工程承包的各方当事人以及工程所在国的法律和市场，而且在合同履行、进出口、资金融通、劳务输出等诸多方面交织着各种法律冲突，还涉及不同的业主、技术标准、地理气候条件等。[①] 相比于国际货物贸易、国际民事交往、对外直接投资、对外劳务输出等单向度的国际经贸活动，国际工程承包堪称一项综合性的高风险商事活动。与海外投资相似的是，国际工程承包是母国自身的经济水平增长到一定阶段的产物，承揽国际工程项目意味着承包商所属国的生产力达到了较高的水准，且跨境服务业的自由化、国际化符合了相应的要求，才为建筑产业的市场转移提供了物质基础和制度前提。因此，国际工程承包合同是资本、技术、管理方法、原材料、市场资源在全球范围内优化组合、有序配置的结果。[②] 借助于此类活动，各国市场主体希冀谋求充分发挥各自的比较优势。

一、国际工程承包与国内工程承包的共同特征

所谓工程承包，实践中也称为工程招标承包制，特指承包方通过招标、投标程序而与发包方确立合同关系，从而确立彼此之间的权利与义务关系。由此不难看

---

① Mahdi Safa et al., "Construction Contract Management Using Value Packaging Systems," *International Journal of Construction Management*, Vol. 17, Issue 1(2017), p. 12.

② 梁咏:《中国投资者海外投资法律保障与风险防范》,法律出版社,2010,第 16 页。

出,工程承包作为一种专业的服务,需要以合同作为基本保障。[①] 在中国,按照不同的标准,工程承包可以划分为不同的类型。工程承包按照承包范围,可以分为全过程承包、阶段承包、专项承包、"建造-经营-转让"(BOT)承包;[②]按照承包方所处的法律地位,可以分为总承包、分承包、独立承包、联合承包、直接承包等;按照各方当事人以及工程承包项目之间是否存在涉外因素,可以分为国际工程承包与国内工程承包,前者也被称为涉外建筑工程承包。[③] 对于涉外工程承包与国际工程承包二者的关系,章尚锦曾区分如下:首先,二者是从不同角度和标准来区分的两个既相联系又相区别的概念,二者均不同于单纯的、不具涉外因素的国内工程承包,故而并非仅受一国国内法支配的法律关系;其次,涉外工程承包是从一个具体的国家或法域出发来看待跨国界的工程承包,国际工程承包是从整个世界范围来看待跨国界的工程承包。综合而言,二者的实质含义高度一致,只是着眼点不同而已。[④] 鉴于国际工程承包这一表述更加符合世界经济全球化的内在要求,本书在撰写过程中主要采取国际工程承包这一表述,但有必要指出的是,其在实质上与涉外工程承包没有根本区别,二者的共性大于个性。

具体到国际工程承包合同的定义,其专指一国承包人因承包另一国家发包人(业主)所委托的工程建设项目而签订的,用以确定双方关系的书面协议。国际工程承包合同的履行与一般意义上的国内工程承包均属于工程承包,故而具有诸多业务上的共性特征,突出体现在以下四个方面。

(一)工程项目的不可移动性

工程承包以承包建设工程项目为中心,而所建工程涵盖交通、通信、能源供应、水电等基础设施和不动产,其往往不能轻易移动。这就决定了合同的履行、工程的实施基本上须在工程所在地完成,由此便产生一系列紧密关联的现实问题,例如工人、材料、设备和管理人员都要在工程所在地集中起来,便于顺利开工。不可移动性的工程项目,在遇到各类质量纠纷时,往往只能回到现场进行返工修补,一旦出

---

① 杨义生:《中国企业在哈萨克斯坦承包工程面临的挑战及应对》,《国际经济合作》2021年第5期,第72页。

② 陈嘉:《国际投资仲裁下国家对国有实体违约的责任承担》,《中国流通经济》2018年第8期,第119页。

③ 涉外建筑工程承包与国际工程承包在法学领域的界定上,均是建筑工程法律关系主体、客体、内容要素与外国(外部)产生紧密联系。概念限定性的表述只是强调目的效果的需要,涉外主要强调的是国内视角的外部关联,而国际则是彰显跨越国境的行为,二者在法律适用的体系上,具有相同的内涵与外延,在本书不再做详细的区分与说明,视为同义的语境表述。

④ 章尚锦主编《涉外工程承包劳务合作的法律问题》,同济大学出版社,1988,第2页。

现客观上不能修补的严重瑕疵，只能拆除重建，而无法像货物买卖、服务贸易、技术转让等一样以退换、修补等方式补救。[①] 显然，返工修补、拆除重建不管是对于发包方还是承包方而言，都可归类为难以估量的重大损失，为避免因索赔或补救造成巨额经济支出，工程项目的各方参与人，即发包方、承包商、工程师、施工团队必须将风险前置，强化质量监管。同时，工程项目的不可移动性也决定了工程所在地的法律在争端解决和法律适用中的首要地位。

（二）项目投资大、技术水平高和施工周期长

相比于货物贸易、对外投资、金融支付、技术转让等经济活动，工程承包项目多是规模庞大、内容复杂、现代化水平较高的建设项目，不仅需要大量资金支持，而且必要时须借助于外部融资，对管理水平、技术标准有明确要求。相应地，工程施工周期较长，少则三五载，长则数十年。对大型基础设施类工程项目的设计和施工，履约周期更为漫长。此外，工程承包项目的实施，常受制于各类难以预料的外在因素，包括自然环境、地理条件、市场汇率、行业稳定等，加剧了工程风险。故而，工程承包合同须就各种显性或者潜在的风险设定补救措施和违约救济。[②]

（三）履约过程的渐进性和连续性

工程承包活动的长期性与复杂性，导致工程承包合同的订立、履行很难即刻完成，而常会借助于设计、施工、勘验等专业团队分阶段、分步骤地在特定程序下渐进式履约。这种履约方式，对承包方的管理能力、商业能力提出了更高的要求：应具备丰富的风险管理经验并熟悉有效的预防措施，针对工程承包合同履行中的各种障碍及状况加以周详考察，以严密计划推进施工，以严格标准督促验收，在劳务用工和工程计价上也要有丰富经验。故而，在相对长久的工期进行的各个环节中，工程本身及施工团队须时刻留意履约的渐进性、连续性，保持高度的注意力，对各类技术与法律纠纷予以及时和妥善解决，避免或减少各种工期延误及项目亏损。

（四）工程投资的多量性

在国内与国际工程承包合同的订立和履行中，往往牵涉大量资金的使用和监管。在推进“一带一路”倡议过程中，我国大量投资者“走出去”并投资于境外国际工程承包。据商务部的统计数据显示，自从 2013 年“一带一路”倡议提出以来，截

---

① 张配亮：《国际工程项目分包合同转让实践分析：以某高速公路项目为例》，《工程经济》2021 年第 7 期，第 39 页。

② 常云博：《新冠疫情下的国际工程承包保函风险防控》，《对外经贸实务》2021 年第 4 期，第 68 页。

至2020年12月31日,我国对"一带一路"沿线国家的直接投资总额度高达1 972.6亿美元,占比9%。其中工程承包的比例尤为凸显,我国企业与沿线国签订的国际工程承包合同额近9 000亿美元,年均增长12%。单在2020年全年,我国承包商承接的"一带一路"沿线国工程项目就达1 414.6亿美元,集中于基础设施方面。① 事实上,无论是国际工程承包抑或国内工程承包,其所需资金都比其他经济活动有更高要求,相应地,工程投资的总额也比较高,因此往往不可避免地涉及借款、信贷、保险等多重法律关系,需要多重法律关系的共同调整。

总的来看,国际工程承包与国内工程承包在行业上具有较多的共性,工程项目具有不可移动性、项目投资涉及更高的风险和投资、履约过程具有长期性和渐进性、施工周期较长且对承包商的技术水平和管理能力具有较高挑战。落实到法律层面,工程承包合同是承包方与发包方之间的债权债务关系,其所涉义务并非直接的有形财产转让,亦非单纯提供劳动力或技术成果,而是需要融劳务、资金、技术、管理、设备等于一体,兼具服务贸易与工程建造的属性。

二、国际工程承包合同的界定

(一)建设工程承包合同的法定含义

在传统民法学理上,建设工程合同属于完成特定工作的合同,其本质上可归类为承揽合同的一种,德国、日本、法国及我国台湾地区民法均将对建设工程合同的规定纳入承揽合同中。《中华人民共和国民法典》(以下简称《民法典》)沿用了这一立法体例,将承揽合同与建设工程合同分立,但后者作为前者的特别法,在事实上将传统的承揽合同的适用范围限于建设工程之外的动产。但是,基于二者内在的关联性,《民法典》第808条规定:"本章没有规定的,适用承揽合同的有关规定"。这一立法体例的采用与我国对不动产尤其是大型建设工程在立法上的重视程度有关。

(二)工程承包合同国际性的探讨

在研究对象上,本书聚焦国际工程承包合同,其中的关键限定词在于"国际性"。从国际私法视角理解,特指那些具有涉外因素的建设工程承包合同。在国际私法学理上以及涉外民商事争议解决实务中,对合同国际性(或称涉外性)存在不

① 张国庆:"'一带一路'正在成为福建经济发展的重要增长极",载网易新闻:https://www.163.com/dy/article/GB3P6KDS0519C6BH.html,最后访问日期:2021年5月25日。

同的解释路径。[①] 正如PICC前言部分所指出的：一份合同的国际性可以用很多不同的标准来确定。[②] 第一种观点采取的是以事实因素为标准的界定方法，侧重于考察合同的外观和形式上的标准，这实际上是立足于法律关系的三要素，即主体、客体或内容任何一项具备国际性；[③]第二种观点则采取实质冲突的标准，认为并非所有外观上含有涉外因素的合同都是国际合同，而要看合同关系是否会产生实体法上法律适用的冲突。譬如，某一在我国注册成立的外资企业，其以承包商身份在我国境内订立并履行国际工程承包合同，完全适用我国《民法典》、《中华人民共和国公司法》(以下简称《公司法》)、《中华人民共和国建筑法》(以下简称《建筑法》)等国内立法，则其在法律适用方面与国内工程承包合同并无根本差异，不因外资参与而有区别对待的必要。

落实到法律规范和司法解释层面，我国主要是针对涉外因素加以规范，以供法官审理案件时适用。一方面，最高人民法院于2020年《关于适用〈涉外民事关系法律适用法〉若干问题的解释(一)》(以下简称《法律适用法司法解释》)第1条、2015年《关于适用〈民事诉讼法〉的解释》(以下简称《民事诉讼司法解释》)第522条分别针对民事关系及民事案件中涉外因素的界定标准进行了列明。这两份司法解释采取的涉外标准对原有的“三要素说”(主体、客体、内容)做出了一定的突破，引入了兜底式规定，允许法官视个案具体情况判定其他可以认定为涉外民事案件的情形。[④] 另一方面，在我国法院多年来的涉外商事海事审判实践中，对于案件涉外因素的界定形成了大量案例。总结来看，主要集中于主体、客体、内容等方面：(1)就主体而言，国际案件不仅涵盖原告、被告涉外的情形，还囊括了第三人涉外的情形；对于主体的考察不仅着眼于国籍，也对其住所、经常居所地加以考虑。在最高人民法院的司法文件中，外国企业在我国境内依法设立并领取营业执照的分支机构，亦具备主体资格。(2)就客体而言，国际因素的分析着眼于对法律关系标的物所在地的判定。(3)就内容而言，特指据以产生、变更、消灭特定法律关系的法律事实

---

① Gilles Cuniberti, “The International Market for Contracts: The Most Attractive Contract Laws”, *Northwestern Journal of International Law & Business*, Vol. 34, Issue 3(2014), p. 455.

② 李双元、欧福永主编《国际私法》(第四版)，北京大学出版社，2015，第225页。

③ Gerhart Husserl, “The Foreign Fact Element in Conflict of Laws. Part Ⅱ: Defining and Characterizing the Fact Element in Conflict Cases”, *Virginia Law Review*, Vol. 26, No. 4(1940), p. 453.

④ 王小骄：《对涉外民事关系“涉外性”界定的再思考：兼议〈《涉外民事关系法律适用法》若干问题的解释(一)〉第一条的完善》，《新疆大学学报(哲学人文社会科学版)》2013年第4期，第119页。

发生于外国,实践中如何把握具有弹性,既不失灵活又存在模糊。①

在其他国家的司法与仲裁实践中,对国际工程承包合同涉外性的判定也曾长期陷入争议,但当前的普遍趋势是,对国际因素采取广义阐释,只要案件与两个以上国家具有法律上的联系,即视为国际合同。特别是,在部分法域,即便建筑工程项目本身及合同双方当事人在事实上不存在国际因素,但是当事人在合同中订入的争议解决条款选择了在外国法院诉讼或境外仲裁,便导致整个工程承包合同具备了国际因素。② 换言之,国际因素的评判标准除事实涉外、客观涉外,还存在主观上约定的涉外、法律及争议解决层面的涉外。由此,便大大拓展了国际工程承包合同这一概念的实践范畴,使得大量的合同融入国际化元素。

与此同时,部分国家逐渐开始淡化国内案件与涉外案件的区别,其本国的国内法律既可直接适用于国内工程承包合同,也可直接适用于国际工程承包合同,对前者采取属地原则,对后者则综合采取效果原则等拓展域外适用的空间效力。例如,在德国,国际工程承包合同的界定指向宽泛,凡是"与外国法律有联系"的,即属于国际合同的范畴之类。笔者认为,我国最初对涉外因素的界定较为狭隘,采取严格的法律关系"三要素说",必须符合合同主体、客体、权利义务(内容)至少其一涉及外国实体民商法的管辖或适用,这在那些涉外交往相对简单明了、法律关系较为传统的案件中的确发挥了涉外私法秩序的效果。③ 但是,在国际工程承包合同中,对合同国际性的判断,应当采取相对广义的解释,不应拘泥于对"三要素说"的解读,而是应当将工程主体、工程项目、工程设备采购、工程贷款来源、工程保函、工程索赔等各类因素综合起来,以法律适用的跨法域性作为界定国际因素的重点依据,只要其涉及外国法任何方面的规定,即应被纳入国际工程承包合同的范畴。其原因是,界定国际性的目的无非是对法律适用做通盘的全局考虑,以多个国家的法律冲突所导向的法律适用作为衡量因素,能够更好地从差异中寻求共识,从而更好地探索国际工程承包合同的全球治理方案。

针对国际工程承包这种特殊类型的国际商事合同,我国学者从不同侧重点试图对其加以描述和界定。譬如,有的探讨围绕着此类合同的契约性对双方的权利义务关系展开分析,将国际工程承包合同界定为参与国际工程项目的不同国家当

---

① 何其生:《比较法视野下的国际民事诉讼》,高等教育出版社,2015,第 19 页。

② Li Yawei, "Dispute Resolution Clauses in International Contracts: An Empirical Study", *Cornell International Law Journal*, Vol. 39, No. 3(2006), p. 789.

③ 张春良:《制度型对外开放的支点:私法关系涉外性之界定及重构》,《中国法学》2019 年第 6 期,第 86 页。

事人之间为实现特定的工程目的而签订的，据以确定各方权利义务关系的协议；有的立足于合约的具体内容，将此类合同界定为一国当事人为获取酬金，以自身的人力、物力、财力和技术，在他国承揽并兴建由政府或业主投资兴建的工程项目，或者为业主提供咨询和管理而签订的协议。然而，无论如何界定，国际工程承包合同无疑属于国际商事合同，其国际性因素是探讨其法律适用的前提，在构成合同法律关系的三大要素（即主体、客体、内容）中，至少存在一个因素具备涉外因素，由此构成国际工程项目的合同。[①]

综上，国际工程承包合同是指在国际范围内，以进行国际工程跨国经营为标的，由发包人与承包人达成的，约定各自的权利义务的国际工程协议。

三、国际工程承包合同的独有特征

如前文所言，国际工程承包是承包人在其本国以外通过招投标、接受特定业主的委托或其他可能的渠道，承揽来自境外其他国家或地区的政府、政府或非政府间国际组织、外国私人或企业等发包人的工程建设、物资采购或其他类型的业务和项目，订立国际工程承包合同保障项目实施的活动。在业务范围方面，国际工程承包的范围较为广泛，承包方的业务活动包括但不限于：建筑项目咨询、可行性研究、项目选址、提供勘测和动力、工程施工、设备安装和调试、技术人员或劳工培训、项目建成后组织或指导运营、专项物资或设备采购及其他经营管理。

相比于国内工程承包，国际工程承包的独特性更为显著：第一，法律适用不同，即国内工程承包适用中国法，而国际工程承包则并不必然适用中国法，且我国法律并没有针对国际工程承包设定专门的招投标制度，仅在政府采购方面设定了若干强制性规则；第二，是否设置标底不同，国内工程招投标往往需要设置标底，而国际工程招投标并没有实质意义上的标底；第三，政府在非政府投资项目中的作用不同，在非政府投资项目上，国内评标由招标人组建的评标委员会负责，而国际工程承包中由于涉及跨越多个国家的当事人和项目，政府通常不对招标活动进行干预。[②] 落实到国际工程承包合同的法律适用方面，除了上述工程承包的共同特征外，国际工程承包具有若干专属于此类合同的独有特征，表现如下。

（一）通过国际招投标方式订立

实务当中，相当一部分国际工程承包合同通过招投标订立。按照程序，首先需

① 章尚锦主编《涉外工程承包劳务合作的法律问题》，同济大学出版社，1988，第 146 页。

② 刘亚天主编《中国工程承包法律制度》，中国民主法制出版社，2019，第 7 页。

要发包方通过公开方式发布招标信息,符合资质的承包人将按照要求准备标书,并按规定的方式、时间和地点参与竞标,予以投标,经过评标和比较来确定中标人。在我国现有的国内工程承包中,不乏采取国际招投标者,这主要是基于两种特殊需要:第一,虽然项目本身利用中国自有资金,但希望工程项目达到国际水平;第二,因项目使用来自国际金融机构或外国政府的贷款,按照贷款协议的特殊要求,必须采取国际招投标方式确定中标人并以此作为承包方。[①]

鉴于国际工程承包合同常采用国际招投标方式订立,故对国际工程承包合同法律适用的探讨离不开对国际招投标的准确理解(图 2-1)。从市场行为的经济效果审视,招投标活动属于市场经济高度发达的产物,也是应用技术、经济方法、市场行为有机结合的竞争机制。从广义上理解,国际招投标包括招标与投标两个主要环节,其实质是在需求端与供给端之间,发包方与承包方借助于市场的激烈竞争实现择优成交及资源优化配置。具言之,在国际工程承包合同订立过程中,作为物质、工程、服务的采购方,招标人依照行为地的法律体系及相关程序性标准,事先公布相关的要求,吸引投标人在相同或相近似的法律水准下按照物竞天择、适者生存的自然法则开展平等的竞争,在评标和定标的基础上,双方当事人订立国际工程承包合同,进而履行相关的权利及义务,实现工程目的。就流程而言,国际工程承包合同从谈判、订立、履行到争议解决,须经历多重阶段,各阶段彼此间既相对独立又密不可分,形成国际工程承包合同法律适用的整体。从系统论视角审视法律适用问题,就意味着需要统一与综合整体及部分间的关系。

(二)形成以总承包合同为中心的合同群

以统一与综合视角观之,在国际工程承包合同群中,存在多种不同的具体合同类型,其中尤以总承包合同为重。具言之,所谓总承包合同,实践中也被称为交钥匙合同,特指总承包商按照发包人(或称业主)的意愿,从纵览全局的层面上承接整个国际工程项目,承包方所应允从事的业务范围包括但不限于勘察、设计、供货、安装、培训、施工、测试、验收,直至最终将整个国际工程项目完全交予发包人(业主)的全部工作。与此同时,作为典型的双务有名合同,发包人需要依据合同的约定向承包人支付相应的合同价款。简言之,所谓的工程总承包,是从工程相关各方主体间的法律关系及权利义务的视角做出的一类区分,总承包之所以被称为总承包,是由于承包方提供设计、供货、施工、调测、验收等工作的整套服务。从主体来

① 刘亚天主编《中国工程承包法律制度》,中国民主法制出版社,2019,第 6 页。

看,总承包合同是约束业主方与总承包方之间权利义务,并受法律保护的国际工程承包总契约,对此类合同法律适用基本原则的界定,将起到提纲挈领的全局性效果。从国际工程专业视角来看,总承包合同体系下最为常用的项目管理模式是设计和建造模式,总承包方包揽了如何建造与实际建造的双重职责和法律使命,故而此类合同模式又称为设计和施工、交钥匙工程,或一揽子工程,其对应的法律属性均为工程总承包合同。[①] 在国际工程总承包合同关系中,其相比于不具有涉外因素的国内工程总承包,体现在工程所在地与合同订立地、双方当事人住所地之间存在分属不同国家的情形。换言之,交钥匙的实践意义特指以合同方式约定由跨国公司为东道国完成国际工程承包项目建设,一旦设计与施工各个环节均按期完工(包括安装调试及试运行),则总承包方将有义务把相关工程项目的所有权与管理权(即"钥匙")在规定时间和地点移交至业主方,这一过程中,往往涉及总承包对细分领域的分包,从而构造起完整且成体系的合同群。

(三)合同主体的跨国性特征明显

国际工程承包合同的当事人分别具有不同国籍,或其经常居所地位于不同法管辖地域,以致其跨国合同关系受制于多个国家法律的调整和适用。此种法律适用的跨国性涉及实体规则,还囊括程序方面,诸如招标投标法、建设工程法、合同法及保险法、劳动法及公司法等,不一而足。具体落实到国际工程承包合同订立、履行及争端解决中,这些特有的法律问题包括但不限于施工企业资质及管理、工程招投标、工程承包、施工质量监管、工程竣工及验收、工程价款结算等,背后涉及的合同法律关系涵盖了施工合同、监理合同、担保合同、履约保函等各类形态的法律文件。[②] 在国际工程承包合同的基础上所确立起来的跨国法律关系,往往与多个国家或地区存在法律上的联系,业主、承包商、分包商、贷款银行和劳务等隶属不同国家的情况并不罕见。相应地,需要数份性质不同、主体不同的合同共同支撑起整个国际工程承包合同法律关系,每个合同的缔结地未必相同,而这些合同的条款并不一定都符合工程所在国或合同履行地法律的要求,这就使得项目各方对合同条款的理解易于产生歧义,当出现争端时,处理起来往往较为复杂和困难。

---

① 王春晖、黄西平、敬云川:《国际招投标及国际商事争端解决机制法律指南》,电子工业出版社,2019,第150页。

② 参见《建设工程法律全书:招标、承包、施工、验收(实用版)》,法律出版社,2014,第574页。

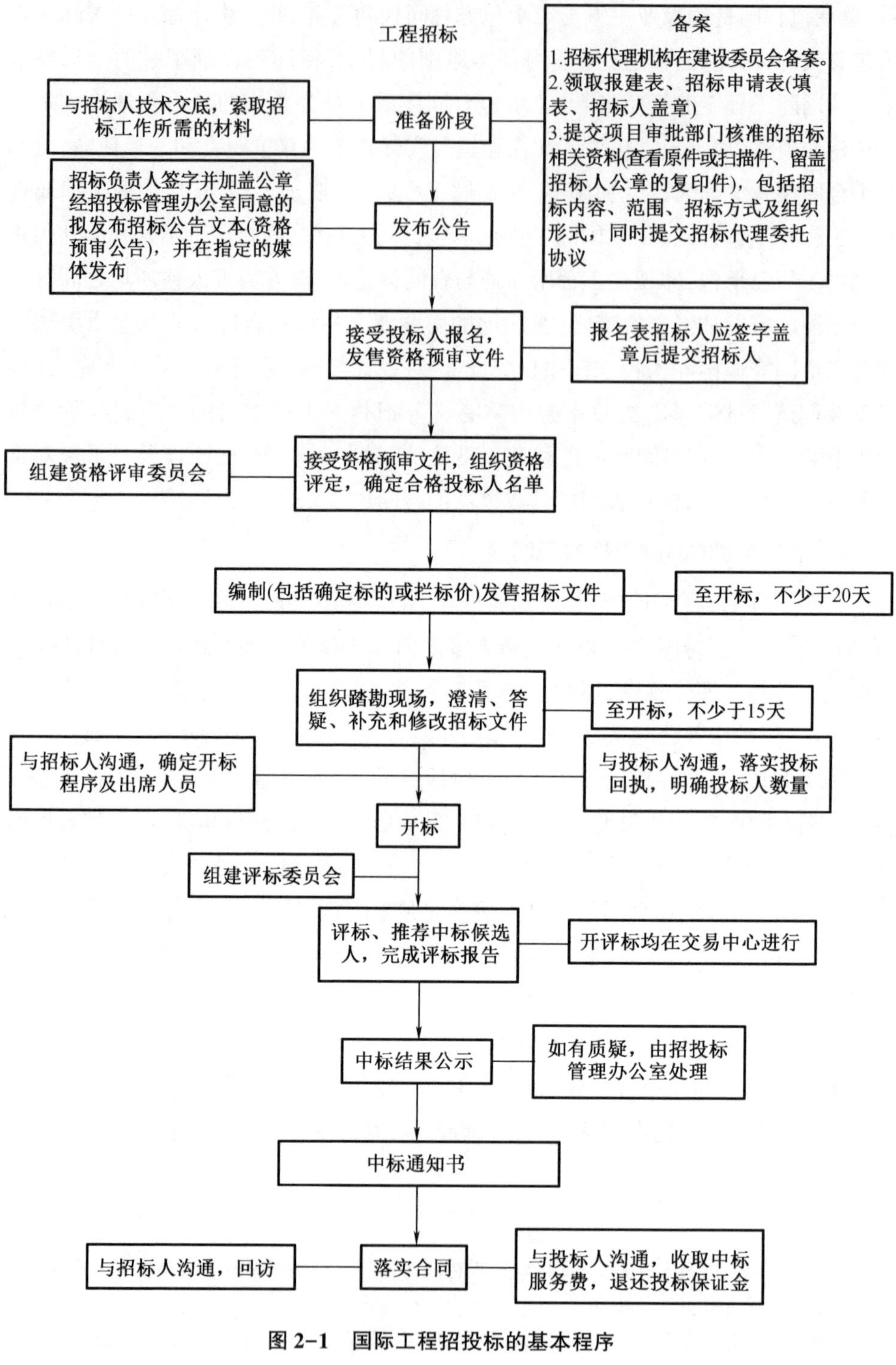

图 2-1　国际工程招投标的基本程序

(四)法律适用的多元化与复杂化

如前所述,不同于国内工程承包合同适用国内法,国际工程承包合同往往牵涉多个国家的法律体系,其并不局限于某一特定国家单一的法律框架之内。严格来讲,国际工程承包合同的法律适用并非狭义上国际私法所探讨的根据法院地冲突规范的指引确定某国实体法作为准据法这一单线条的选法流程,而是必须将视野充分拓宽,充分考虑到各种不同的法律形态之间的相互冲突与协调,如国际条约、国际惯例、国内立法、国际工程合同条件、与建设工程相关的国际技术标准及规程等。首先,承包方必须严格按照合同条件和国际惯例管理工程。[①] 对国际工程承包合同的参与者和当事人而言,不能指望或期待其法律关系和合同义务完全适用于某一个特定国家的国内法,而是常常会习惯性地适用国际工程合同条件、国际工程承包惯例等规则。其次,庞大、复杂的工程技术标准、规范和规程等对国际工程承包合同法律适用至关重要,虽然这些文件是否属于法律在理论上还有待争议,但其在合同争议解决实践中的重要性不言而喻。鉴于发包方、承包方来自不同法律环境,要求其选择对方的法律体系并不容易,但是国际工程法领域存在若干为业界广为接受的国际合同条件,合同各方当事人对这类文件的接受程度比某一国家的国内法更强。按照国际合同条件,工程承包各方需要在施工之前准备好详尽的材料、设备、资质文件、工艺证明等各种主体或技术材料,既可能适用广为接受的国际通行标准、规范和规程,也有可能适用工程所在地本国所特有的、具有本土色彩和独特性的工程标准、规范和规程,甚至可能适用某些项目所在地的"暂行规定"。[②] 技术准则法律适用的复杂性对国际工程承包合同的施工及履行造成了客观的障碍。

(五)履约受到国家间经济交往的深刻影响

国际工程承包的进行、国际工程承包合同的履行依托于国家间正常的经济交往,一旦国家间的政治经济关系趋于紧张,则工程的施工与合同的履行将深受影响。例如,针对特定国家承包商的国际经济制裁和禁运、部分工程所在地出台的歧视性措施、国际金融危机、边境矛盾及武装冲突等,都可能对国际工程承包合同的履行造成法律适用的冲击和挑战。[③]

与此同时,各国的外汇和金融管制也影响到国际工程承包合同目的的实现,承

---

① 吕文学、郝丽华:《国际工程管理中的国际习惯与国际惯例》,《国际经济合作》2015 年第 6 期,第 66 页。

② 魏尚君:《用 SATCC 标准编制国际工程预算文件应用分析》,《国际工程与劳务》2019 年第 9 期,第 71 页。

③ 刘尔烈:《国际工程管理概论》,天津大学出版社,2003,第 1 页。

包方在海外承接国际工程项目,最终需要将所获得的收益以外汇兑换为本国货币,并将利润汇入本国。相应地,国家间外汇管制措施对承包方而言至关重要,在订立国际工程承包合同时往往考虑到货币和金融支付方式的多样性问题。具体而言,合同支付条款常涉及多类货币种类。合同报酬的支付手段除了常见的现金货币、支票等汇票外,还涉及跨国银行信用证、国际托收、银行汇付等手段。由于业主支付的货币和承包商实际使用的货币不同,而且是在漫长的工期内陆续支付,这就使承包商时刻处于货币汇率和利率变化的复杂国际金融环境中。不熟悉或者不善于审度和分析国际金融形势变化的承包商,即使其施工技术和能力很强,也可能因处理国际金融财务不当而败下阵来。

第二节　国际工程承包发展趋势与法律体系演进

一、国际工程承包发展趋势

改革开放以来,随着"引进来"与"走出去"战略的实施,我国企业对承包国际工程的实践得以快速发展,取得了一系列突破。随着业务规模的持续扩张,我国对外承包国际工程项目的方式开始调整,从传统的劳务密集型开始向技术密集型、知识密集型项目转变,从原本的施工向设计、规划、勘探、咨询等领域拓展,通过综合运用带资承包与境外融资等合作方式探索对外直接投资与国际工程承包相结合,全方位开展房地产开发、资源合作等。

根据承包工程模式和工作内容的不同,可以将签订国际工程承包合同的中国企业概括为三类:

(1)以施工队伍和施工机械等为主要特征的施工及生产型企业;

(2)以海外市场网络和商务人员为主的商务型企业;

(3)以设计经验和设计人员为主的设计型企业。

我国企业在履行国际工程承包合同的同时,也在广泛开展对外直接投资,所投资的领域集中于矿产资源类、水电站、高速公路、水处理等大型基础设施项目。经过 40 多年的努力,中国对外承包工程企业不仅在亚洲和非洲市场站稳脚跟,也进入欧洲、北美、拉丁美洲和大洋洲的国际工程承包市场。中国对外承包工程业务领域已从单纯的交通、建筑工程扩大到石油化工、电子通信、水利水电、环保等诸多国际工程领域,形成多元化市场格局。[①]

"一带一路"国家是我国对外承包工程业务的重点市场。随着"一带一路"国际合作持续稳步推进,中国企业在海外的资产规模越来越大,全球资源配置能力也越来越强,成为全球基础设施建设的生力军。

2020 年初,突如其来的新冠肺炎疫情让全球经济陷入衰退,使得国际承包工程市场面临巨大压力。2021 年 9 月,商务部发布《2020 年度中国对外承包工程统计公报》,2020 年,我国对外承包工程业务营业额 1 559. 4 亿美元,新签合同额 2 555. 4 亿美元,其中在"一带一路"沿线国家开展的国际工程承包项目及合同总额占比超过 50%。随着后疫情时代"双循环"新发展格局的形成,宏观经济调控措施初显成效,我国企业参与国际工程承包的市场逐渐复苏,国际工程承包行业呈现出鲜明的发展趋势。首先,尽管受到新冠肺炎疫情的冲击,但交通行业仍然保持并将继续作为国际基建合作的重点领域;其次,鉴于新冠肺炎疫情在全球范围内造成的"寒蝉效应",公共卫生领域的国际工程承包合同成为新的增长点;再次,新冠肺炎疫情使数字贸易、数字投资等新兴经济业态有取代传统国际工程承包合同订约模式的趋势,交流媒介变革前所未有地拓宽了线上市场的潜力,数字化、信息化技术所赋能的基础设施建设取得新突破。[②]

二、我国国际工程承包法律体系的历史演进

所谓工程建设法,是调整国家管理机关、企事业单位、经济组织、社会团体以及私人在工程建设活动中所发生的社会关系的法律规范的总称。其调整范围涵盖工程建设管理、工程协作、工程建设主体内部劳动关系等各个方面。[③] 经济基础决定上层建筑,我国关于国际工程承包的立法与建筑行业自身的发展进程紧密相连,回顾我国建设工程行业发展的历史,从中华人民共和国成立初期的百废待兴,发展到如今在国际工程承包领域频频亮出举世瞩目的"中国名片",中国的建设工程行业逐步处于国际领先地位。相应地,建筑行业与工程承包规模与水平的快速提升,奠定了建筑工程立法的经济基础。

---

① 中国产业调研网:"中国工程承包行业发展回顾与发展趋势分析报告(2020—2026 年)",https://www.cir.cn/0/52/GongChengChengBaoDeFaZhanQianJin.html,最后访问日期:2021 年 5 月 20 日。

② 郑青亭:"中国对外承包工程行业逐步企稳 后疫情时代关注三大重点领域",载网易新闻:https://www.163.com/dy/article/G6JI3QE805199NPP.html,最后访问日期:2021 年 5 月 20 日。

③ 何柏洲编《工程建设法规教程》,中国建筑工业出版社,2009,第 1 页。

（一）1949—1965年：工程立法萌芽期

中华人民共和国成立初期，关于工程承包的国内立法总体上处于百废待兴后的初创阶段，相关法律制度体系经历了从无到有、从诞生到萌芽的转变。尽管当时的立法既粗略又不适合国际工程承包的最新趋势，但从历史的视角审视，不能否认这一时期是中国建设工程行业起步所必须经历的阶段，也是缔造我国当代工程立法的萌芽期。

作为中华人民共和国成立后首部全面的、纲领性的建设法规，中央人民政府政务院财经委员会于1951年颁布了《基本建设工程程序暂行办法》。相应地，1952年建筑工程部成立，其是专门主管工程建设相关事务的部门。此后，国家又相继颁行了一系列其他重要制度和规范性文件，为工程建设承包、分包、定额、设计等构筑了初步框架，为我国工程造价定额制度的建立完成了首次铺垫。

1949—1965年我国工程承包的主要法律法规如表2-1所示。

表2-1　1949—1965年我国工程承包的主要法律法规

颁行年份	法律法规名称
1951年	《基本建设工作程序暂行办法》
1953年	《包工试行办法（草案）》
1954年	《关于试行包工包料的指示》
1954年	《建筑安装工程包工暂行办法》
1955年	《工业、民用建筑设计和预算编制暂行办法》
1955年	《标准建筑公司组织编制草案》
1955年	《建筑机械管理办法》
1955年	《建筑安装工程总承包与分承包试行办法（草案）》
1956年	《建筑安装工程统一施工定制》
1956年	《关于加强和发展建筑工业的决定》
1956年	《关于加强新工业区和新工业城市建设工作中几个问题的决定》
1959年	《关于工程质量事故和安全措施的意见》
1959年	《关于加强施工监理的几项规定》

1958年后，建筑法规与建筑行业遭受重创，致使工程质量事故、伤亡事故大幅度上升。1959年，我国恢复质量安全管理制度的同时，初步确立了施工监理在我

国工程建设活动中的地位。至此,我国国际工程承包法律适用架构中的设计、监理、定额、质量安全、承包与分包、施工现场管理、财政资金等制度初具雏形。当然,值得一提的是,限于国家建设的需要,中华人民共和国成立初期社会建设的重点在于经济领域,法制建设总体上还较为笼统概括,可操作性不强,且规范的效力等级较低,国际工程承包领域很多重要的制度(如招投标、工程结算等)都没有确定下来,在计划经济的主导下,建筑行业市场相对封闭,我国承包商还没有进入国际工程承包市场。

(二)1966—1978 年:工程立法曲折期

1966 年“文化大革命”爆发后,我国的建筑工程立法活动受到波及。就建设工程项目而言,我国在这一阶段成功建成南京长江大桥、落成辽阳化纤厂工程,但随着中苏关系恶化,我国国际工程承包立法进入徘徊期和低迷期。1970 年,国家基本建设委员会成立,其曾经试图着手对部分规章和文件加以修订与完善。但整体来看,这段时间我国的工程承包立法受到较为严重的冲击和破坏,中华人民共和国成立初期制定的立法几乎被全盘废弃,导致建设工程承包活动陷入无法可依的境地,缺少法律法规的约束与指引,各类建设工程安全质量事故频频发生,威胁了社会公众的人身及财产安全。1975 年以后,建设工程承包立法逐渐复苏。直至 1978 年,改革开放后,社会主义经济建设成为全国的重心,国际工程承包行业的发展及建筑立法的制度建设愈发成熟。

1966—1978 年我国工程承包的主要法律法规如表 2-2 所示。

表 2-2　1966—1978 年我国工程承包的主要法律法规

颁行年份	法律法规名称
1970 年	修订《施工操作规程》《工程质量标准》
1972 年	国务院批准《关于加强基本建设管理的几项意见》
1972 年	国家基本建设委员会修订《施工验收规范》《工程质量标准》《施工操作规程》

(三)1979—1999 年:工程立法发展期

自启动改革开放至世纪之交,我国有大量国际工程承包项目顺利实施,例如深圳国贸中心“三天一层楼”、鲁布革水电站等。与此同时,中国的工程承包法制建设迎来快速发展期,从主管部门到法律制度框架完善,中国工程法律体系建设都取得了长足的发展和进步。

1. 明确主管部门职权,奠定保护社会公益的基调

关于国际工程承包合同的法定管理和监督机构,我国始终在与时俱进地调整,相关职能先后由国家建筑工程总局、城乡建设环境保护部、建设部行使,这充分彰显出国际工程承包组织机构和建设管理规制的进步,为国际工程承包合同的法律适用确立了清晰的框架,相关立法充分发挥了引领及统筹作用。

2. 确立建筑工程制度纲领,创制立法架构

建设工程法规规范方面。1980 年,国家明确提出"对一些适应承包的生产建设项目和经营项目,可以试行招标投标的办法",结束了此前计划经济时代预算及财政资金对工程建设项目发包方式的垄断性管理,为招投标制度在我国的建立与深深扎根,扫清了经济体制方面的障碍,为建筑行业及市场管理体制改革开启了快车道。1984 年,我国组织成立《建筑法》起草小组,多次对草案内容进行较大幅度的调整。1997 年 11 月,《建筑法》正式通过,并自 1998 年 3 月 1 日起正式实施。

1979—1999 年我国工程承包的主要法律法规如表 2-3 所示。

表 2-3 1979—1999 年我国工程承包的主要法律法规

颁行年份	法律法规名称
1979 年	国家建筑工程总局正式成立,直属国务院,主管全国建筑设计和施工方面的立法工作,包括制定各种定额、标准、规范
1980 年	颁布《关于扩大国营施工企业经营管理自主权有关问题的暂行规定》及《关于开展和保护社会主义竞争的暂行规定》
1981 年	颁布《关于施工企业推行经济责任制的若干决定》
1984 年	国务院颁布《关于改革建筑业和基本建设管理体制若干问题的暂行规定》
1988 年	第七届全国人民代表大会第七次会议通过《关于国务院机构改革方案的决定》,撤销城乡建设环境保护部,设立《建筑法》
1997 年	第八届全国人大常务委员会通过《建筑法》
1999 年	《合同法》和《中华人民共和国招标投标法》(以下简称《招标投标法》)正式颁行

《建筑法》是中华人民共和国成立以来工程法律制度建设的第一部大法,对于我国工程建设法律体系的构建具有奠基意义,其不仅使我国企业开展建设工程承包活动有了立法依托,同时系统性总结并提炼了以往工程承包立法的制度和经验,为国际工程承包行业的发展指明了方向,确保建筑行业有规可循、有法可依。由

此，国际工程承包合同及建筑业管理被纳入法治轨道，普遍适用的统一立法得以奠立。这对维护当事人权益、保障国际工程承包合同的施工、建筑管理和经营的有序运转等，提供了稳定且具有可预期性的法律适用依据。

1999 年，我国《合同法》与《招标投标法》开始施行，这标志着我国的工程承包法律框架基本形成，构建了从招标投标、签订工程承包合同、监管工程质量安全到规范生产管理的完整流程，使工程承包项目进入规范化、市场运行具备了较为坚实的法律保障。

不过，值得一提的是，改革开放初期，尤其是 20 世纪 80 年代，我国对外开展国际工程承包业务的企业大多是由原政府职能部门转变而来，它们几乎均非实体型企业，其从事国际承包工程是凭据政府授予的权力，具有行政专营特权的计划经济属性，这种借助于特许经营权而获取的国际工程承包主体资格，被称为“窗口型”工程合作方式。由于只有政府授予对外经营权的企业才允许从事国际承包工程业务，加之对外经营权的审批属于政府权限，这就使得我国国际承包工程企业备受制约。具言之，“窗口型”承包模式是指对外、对内两种合同关系，即我国的承包商以总承包商名义与外国业主订立总承包合同，对内与国内合作单位订立内部合作协议，把工程施工、质保等工作转包给国内主体。我国的承包商自负盈亏，向外国承包商承担一切责任。这一定义从现行法律性质讲外经企业属“行纪”性质，按开放初期的定性应该属于“皮包公司”。[①] 按我国现行《建筑法》第 28 条规定，这种“窗口型”承包模式具有违法性。窗口公司在开拓国际市场和承揽、实施国际承包工程项目时，离不开实体企业的依托、支持和合作，这就使“窗口型”方式在本质上导致了国际工程承包合同的履约人与订约人相脱节，产生归责难题，不适应国际市场的竞争和发展。

这一时期，我国建设工程承包立法体系已经相对完善，框架结构环环相扣，涵盖工程发包、工程许可、工程质量监管、工程安全保障、工程造价结算、工程监理等具体制度。在这些法律法规的有序指引下，截至 1998 年，我国建筑业总产值突破了万亿大关，相较于前两个历史发展时期，取得了显著的成效。

(四)2000 年至今：工程立法完善期

1. “一带一路”走出去，建工领域新发展

---

① 杨乔松：《窗口型承包模式的法律性质和风险安排》，《国际经济合作》2003 年第 5 期，第 28 页。

2013年9月,习近平总书记提出“一带一路”倡议。自此,我国的国际工程承包事业和国际工程承包合同缔结情况进入新的历史发展阶段,在履约过程中顺利承建了一批具有国际影响力的高水准工程项目,受到国际工程界的普遍认可。但与此同时,我国的国际工程承包合同纠纷日增,对法律适用的需求逐步凸显出来。据统计,2020年1月至12月,我国国际建筑业的产值达26万亿元,增速明显,支柱产业地位稳固。[①] 据商务部统计,2020年,我国企业在“一带一路”沿线对58个国家非金融类项目直接投资177亿美元。对外承包工程方面,我国企业在“一带一路”沿线的61个国家新签对外承包工程项目合同5 611份,新签合同额1 400亿美元。[②] 从“一带一路”倡议推进、建筑企业“走出去”步伐加快的角度来看,我国对外开展工程总承包项目的规模和承包额均居世界领先地位。

“一带一路”倡议充分激发了我国建筑企业以承包商的名义在国际工程市场上参与竞争,通过订立国际工程承包合同、解决国际工程承包合同争议,创新法律适用的新路径,引入工程总承包模式及PPP模式等新兴法律机制。为了能够适应工程承包项目向国际化趋势的发展,以及中国承包商“走出去”在国际市场上承接工程的客观要求,在工程承包领域,国内、国外两个市场正在逐步靠拢。[③] 从这个角度来看,工程承包的国际化真正契合了以国内大循环为主体、国内国际双循环相互促进的发展格局需要。相应地,我国国内的涉外工程承包法律体系,也在进一步实现与国际立法总体趋势的衔接和调试。

以工程总承包模式为例,自21世纪以来,从此类国际工程承包合同模式的提出到制度框架形成、实践落地并日渐规范化,都离不开承包商及发包方对相关工程承包法律适用的探索。此种创新式管理以《建筑法》《合同法》《招标投标法》等基本法为核心,以行政法规或者效力较低的规范性、政策文件为细则的管理特点,呈现出自上而下、市场主动选择的特点。

工程总承包法律规范发展也经历了从萌芽向规范化、法治化发展的历程(表2-4)。

---

① 曾蕴瑶:“2020年建筑业发展统计分析出炉”,载搜狐网:https://www.sohu.com/a/455720038_120532885,最后访问日期:2021年6月21日。

② 商务部:“2020年我国对‘一带一路’沿线国家投资合作情况”,载中华人民共和国商务部官网:http://www.mofcom.gov.cn/article/tongjiziliao/dgzz/202101/20210103033292.shtml,最后访问日期:2021年6月21日。

③ 江涌鑫:《把握英美合同法原则,加强国际工程承包合同管理》,《石油化工建设》2009年第3期,第54页。

表 2-4　1999—2020 年我国工程承包的指导性文件与合同范本

颁行年份	指导性文件及合同范本名称
1999 年	原建设部《建设工程施工合同(示范文本)》(GF-1999-0201)
2003 年	原建设部《关于培育发展工程总承包和工程项目管理企业的指导意见》(建市〔2003〕30 号)
2005 年	原建设部公布《建筑项目工程总承包管理规范》(GB/T 50358—2005)
2011 年	住房和城乡建设部公布《建设项目工程总承包合同示范文本(试行)》(GF-2011-0216)
2011 年	发展和改革委员会出台《中华人民共和国标准设计施工总承包招标文件》
2013 年	住房和城乡建设部《建设工程工程量清单计价规范》(GB 50500—2013)
2017 年	住房和城乡建设部《建设项目工程总承包管理规范》(GB/T 50358—2017)《标准施工招标文件》《简明标准施工招标文件》《标准设备采购招标文件》《标准材料采购招标文件》《标准勘察招标文件》《标准监理招标文件》标准文本
2019 年	住房和城乡建设部《房屋建筑和市政基础设施项目工程总承包管理办法》(建市规〔2019〕12 号)
2020 年	住房和城乡建设部《建设项目工程总承包合同(示范文本)》(GF-2020-0216)

2003 年 2 月,原建设部提出了“工程总承包”模式的概念,并提出培育和发展工程总承包模式及项目管理企业的要求,在这一文件的指引下,工程总承包模式在国内迅速发展起来,培育起一批具备工程总承包建设及管理能力的企业。2011 年与 2012 年,住房和城乡建设部先后发布两份国际工程合同文本,为工程总承包招投标及合同各方当事人的法律适用提供了重要基础。2019 年,住房和城乡建设部就工程总承包出台管理办法,专门就工程总承包的定义、发包、招投标、施工、咨询管理等涉及承包管理活动予以全方位规定,有效促进了工程总承包模式的规范化发展。

2. 营商环境改革促发展,“中国标准”创立结硕果

在立法层面,《建筑法》《合同法》《招标投标法》为建设工程承包及质量管理提供了明确的法律依据(表 2-5)。此外,国家相继出台专门的行政法规,对招标投标、勘察设计、质量管理、安全管理予以具体化,强化可操作性。为优化营商环境、激发建筑市场活力,我国工程建设行业在去粗取精、去伪存真的基础上,合理借鉴国际先进经验,起草符合我国工程承包实践的行业惯例、交易习惯,形成合同文本、司法惯例、行业惯例等重要文件。

表 2-5　1999—2020 年我国工程承包的法律法规及司法解释

颁行年份	法律法规规章名称
2000 年	国务院颁布《建设工程质量管理条例》
2000 年	国务院颁布《建设工程勘察设计管理条例》
2002 年	全国人民代表大会常务委员会公布《中华人民共和国安全生产法》
2003 年	国务院颁布《建设工程安全生产管理条例》
2008 年	第十一届全国人大通过方案,"建设部"改为"住房和城乡建设部"
2011 年	国务院颁布《招标投标法实施条例》
2018 年	国务院发布《国务院办公厅关于开展工程建设项目审批制度改革试点的通知》(国办发〔2018〕33 号)
2018 年	住房和城乡建设部发布《住房和城乡建设部关于修改〈建筑工程施工许可管理办法〉的决定》
2004 年	《最高人民法院关于审理建设工程施工合同纠纷案件适用法律问题的解释》(法释〔2004〕14 号)
2018 年	《最高人民法院关于审理建设工程施工合同纠纷案件适用法律问题的解释(二)》

当前,我国已形成了一批以合同文本为形式的建设工程交易习惯,构成我国建工法律体系中的重要内容(表 2-6)。2018 年 6 月 14 日,《政府和社会资本合作(PPP)项目合作协议示范文本(试行)》正式发布,这是 PPP 领域首个全行业领域示范文本,对规范 PPP 项目参与主体行为、完善风险分配机制、保障公共利益实现、高效运作模式、减少可能出现的纷争具有积极意义。此外,为了合理审理相关建设工程承包合同纠纷,最高人民法院先后发布两份司法解释,专门就建设工程合同纠纷的审理提供裁判指引,对明晰国际工程承包合同的法律适用意义重大。

表 2-6　我国党中央及国务院部委对工程总承包模式的高度重视

文件名称	重点精神
2016 年党中央、国务院《关于进一步加强城市规划建设管理工作的若干意见》	明确提出要"深化建设项目组织实施方式改革,推广工程总承包制"
2017 年国务院办公厅《关于促进建筑业持续健康发展的意见》	再次强调"完善工程建设组织模式",加快推行工程总承包

表 2-6(续)

文件名称	重点精神
2019 年商务部等 19 部门联合发布《关于促进对外承包工程高质量发展的指导意见》	该意见的内容可概括为“1+6+4”:“1”是指确立了对外承包工程高质量发展的主要目标;“6”是指明确了对外承包工程高质量发展的六个方向和重点;“4”是指要进一步完善对外承包工程促进、服务、监管、保障四个方面的措施
2019 年住房和城乡建设部、发展和改革委员会印发《房屋建筑和市政基础设施项目工程总承包管理办法》	推荐使用由住房和城乡建设部会同有关部门制定的工程总承包合同示范文本
2020 年住房和城乡建设部正式印发《建设工程企业资质管理制度改革方案》	该方案明确:积极培育全过程工程咨询服务机构,为业主选择合格企业提供专业化服务。大力推行工程总承包,引导企业依法自主分包

在我国建设工程法律、行政法规、司法解释、行业惯例、交易习惯均有所积累的背景下,经历了萌芽、曲折、重构、开放的中国工程法律体系,目前已经趋于完善,但是必须注意到,对于新型工程承包模式及投融资一体化承包模式的发展,现行立法体系仍然有亟待完善的空间。随着进一步深化对外开放,我国也已进入行业变革、技术变革、制度变革的风口,中国企业走出国门参与国际工程承包已经从“小试牛刀”步入“弯道超车”的关键历史节点,中国工程承包法律体系历经 70 余年的不断完善,已经深刻地影响国际工程承包合同的实践,并为国际通行规则的形成与优化提供了中国方案。与此同时,学习国际通行规则,也已成为中国企业对外承包国际工程过程中的历史使命,这也为国际工程承包合同的法律适用问题提出了新的挑战。

第三节　国际工程承包合同争议的法律冲突类型

合同制度是适应商品经济发展的客观需要而出现的。历史上,以交换为目的的商品生产产生后,为了保障交易的诚实和信誉,人们在长期的商业往来中形成了特定的习惯和仪式,这些习惯和仪式渐渐成为调整商品交换的通行规则。但是,随着私欲的膨胀和不诚信现象的出现,习惯和誓言已经不足以保障交易正常进行时,交换规则便升级为法律规定的特定形式,此即合同或称契约。[①] 在国际工程承包中,合同也是最基本且最重要的履约保障和制度约束。但是,在国际工程承包合同的法律适用当中,由于主体、客体、法律事实等要素的跨国性,导致有关合同争议与多个国家存在法律上的联系。从法律视角对国际工程承包合同争议中的法律适用问题加以解决,绝非单独某一个国家的国内法所能独立承担的使命,故而,需要探讨国际工程承包合同争议究竟包括哪些具体类型,各国的合同法在面对国际工程承包合同时可能产生哪些冲突,相应地,与国际工程承包合同有关的法律冲突可以归结为哪些类型?对这些问题的探讨,是后文展开深度论述的前提。故而,本节重点对国际工程承包合同争议中主要的法律冲突类型进行概括。

一、国际工程承包合同订立与履行中的法律冲突

合同是当事人意思自治的产物,法律应当充分考虑当事人的意思表示,最大限度地实现合同自由。英美法系与大陆法系国家在合同成立方面存在显著的法律冲突,这不仅体现在要约与承诺生效的时间节点上,还体现在大陆法系国家倾向于采取到达主义(也称"受信主义"),英美法系国家倾向于采取发出主义(也称"信筒规则"),且英美契约法中存在独特的对价制度(consideration),二者在合同履行与违约救济方法上亦有所区别。[②] 故而,对于兼涉不同法系的国际合同而言,其难以回避两大法系关于合同订立及履行的法律冲突。就国际工程承包合同的订立而言,业主与承包商往往采取协商或者竞争招标的方式订约。相较而言,协商主要适用于承包商曾经承揽过发包方的工程,双方在一定的信赖与合作关系的基础上,且承包商具备相关工程项目所需要的特定技术和技能的情形。对于国家或公用事业的建设项目,主要是采取竞争招标的方式订立。所谓竞争招标,包括公开招标与邀请招标,前者是招标人(业主)以招标公告的方式邀请具有投标意向的所有企业参与投标,后者则是招标人定向邀请特定企业参与投标。[③] 对于世界银行、亚洲开发银行等国际组织援建的国际工程承包项目,其通常要求业主方必须采取公开招标方式确定承包方并据此订立国际工程承包合同。由于各国的招投标法律制度存在显著的差异,尤其是在招投标程序、投标人资质、中标后预定的合同双方的先合同义务等方面存在法律冲突,故而有必要对此类法律冲突予以专门探讨。实践当中,提出最低竞价的投标人未必是最终的中标者,招标人往往聘请专业的咨询工程师对

---

① 张向东、辛立民主编《建设法规》,中国矿业大学出版社,2008,第 141 页。

② Stewart Macaulay, *Contracts: Law in Action*, third edition(Lexis Nexis, 2010), p. 174.

③ 刘弓强:《国际商事合同研究》,北京大学出版社,2008,第 195 页。

相关竞争者的国际工程承包项目建设能力加以审慎评判，故而在确定中标者方面工程师的作用不容小觑。

二、国际工程承包合同主体民事能力的法律冲突

通常认为，按照资本和劳务的输出与输入方向，国际工程承包合同可大体区分为输出型与输入型，前者主要是本国承包商“走出去”开展对外工程承包，后者则主要是本国业主“引进来”吸纳外国承包商并学习其技术、管理和经验。国际工程承包市场是综合性的出口业务，其以跨境劳务合作为基础，以工程技术进出口为核心，兼及劳动力、资金、设备、原材料、管理等方面，是一种风险、挑战与机遇并存的国际经济合作方式。[①] 在国际工程承包合同争议的解决中，合同主体是法律关系的基本要素，但是各国民事主体的权利能力和行为能力立法显然存在冲突，而各国关于从事工程承包行业的外国法人认许制度、建筑行业对外开放中的市场准入制度，也直接关系到境外承包商的权利能力与行为能力认定。不处理这些法律冲突，将使争议趋于复杂化。

在贸易自由化和世界经济一体化的高度合作背景下，原则上要求各国遵循国民待遇，对境内外市场主体一视同仁。但是，在国际工程承包领域，由于其关系到国民经济命脉和国家经济的基本案情，各国出于对国家利益、私人利益、社会利益的保护，大多确立了建设行业市场准入制度。法律法规是一个国家市场准入的门槛，也是对行业管理的重要手段。[②] 各国法律对工程承包范围、承包企业融资能力、人员执业资格、技术装备、企业同类工程业绩和资信等方面加以限制，即使通过法人认许程序，不满足市场准入的法律规定，也要被排除在竞标资格之外。具体而言，市场准入包括对承包商的准入和对专业技术人员的准入，主要采取的是对从业单位的资质予以严格审批，对专业人员的执业资格予以严格管理。就从业单位的资质而言，采取的是分类审查和监管，包括建筑业企业资质、工程勘察和工程设计单位资质、工程监理企业资质等。对专业人员的资格证书，包括注册建筑师、注册机构工程师、注册监理工程师、注册造价工程师等。[③] 外国的建设承包企业要取得在工程所在国从事工程承包活动的权利，无论大陆法系国家还是英美法系国家，都认为必须经过本国法律的认许。对于是否许可其在本国承包工程应从两方面判断：一是该企业是否已依其所属国法成立法人企业。二是本国法律是否也承认它

① 赵修卫、张清：《国际工程承包管理》，武汉大学出版社，2005，第 4 页。

② 陈浩文：《涉外建筑法律实务》，法律出版社，2004，第 7 页。

③ 马楠主编《建设法规与典型案例分析》，机械工业出版社，2011，第 41 页。

作为法人在本国从事承包活动。[①] 只有获得工程所在国认许,才具备工程承包的权利能力和行为能力。据此,处理好外国法人认许和市场准入的法律冲突,是确定国际工程承包合同法律适用的重要方面。

三、各国建设工程实体法层面的法律冲突

国际工程承包活动的进行,通常需要大量复杂的合同关系穿插其中,工程的进行和项目的展开远非某一单个合同所能解决,往往会延伸至广泛的涵盖面,包括但不限于承揽关系、雇佣关系、代理关系、担保关系、借贷关系、保险关系(图 2-2)等。但是,万变不离其宗,国际工程承包合同的客体是建设特定的工程项目,因此其离不开对各国建设工程立法的实体法律冲突解决。

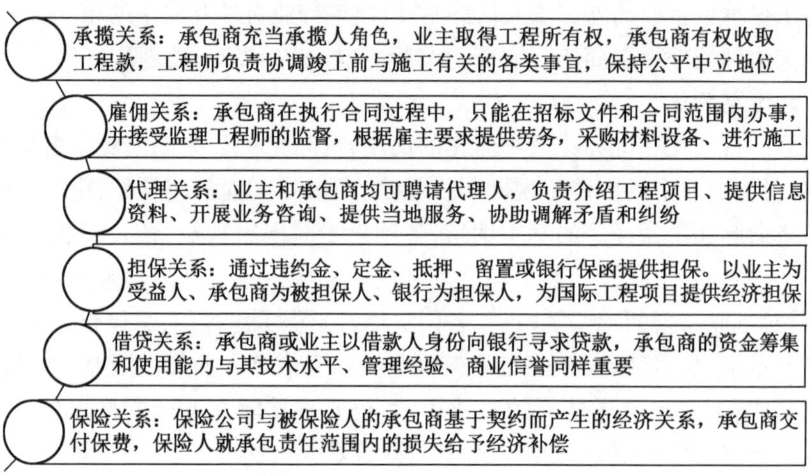

图 2-2 国际工程承包活动中融入多重复杂的合同关系

在建设工程实体法层面,各国的法律法规存在显著的冲突和差异,对于多法域国家而言,同一国家内部的不同法域也可能在建设工程实体法方面存在法律冲突。因而,建设工程实体法的法律冲突,既涵盖国际私法视角下的实体法冲突,也囊括区际冲突法视角下的法律冲突。具体来讲,建设工程实体层面的法律冲突,体现在多个方面:在建设工程安全监管与质量评估方面,各国采取的行业标准不尽一致,对于劳工的保障水平也有差异;在工程项目监理层面,有的国家重视工程师的角色和作用,有的国家则赋予业主和承包商充分的商谈自由;在土地利用、环境保护、建

① 屈广清:《国际私法导论》,法律出版社,2004,第 195 页。

筑规划许可等方面,各国的法律冲突亦较为明显。[①] 由此便导致了法律选择和法律适用的问题,即究竟适用业主方所属国法、承包商所属国法,抑或适用工程所在地法、法院地法?实践中,各国的国际私法立法中较少直接针对建设工程实体法的冲突专门规定相应的冲突规范,由此便引发了择地行诉、判决不一致等客观问题,严重制约了国际工程承包市场秩序的稳定和法律适用的确定性、可预见性及一致性。如果不能解决此类法律冲突,熟悉工程项目所在地的建设工程实体法律规范,即使承包商订立国际工程承包合同,在履约过程中亦将举步维艰。

四、国际工程承包中独立保函的法律冲突

国际工程承包合同的履行具有长期性、专业性、技术性特征,且涉及较高的金额,为了担保合同履行,合同双方往往通过引入第三方提供独立保函,以此担保受益人的权利,同时督促国际工程项目的顺利实施。在国际工程承包市场中,经过长期的实践,逐步发展出了三种工程担保制度,包括:欧洲国家以银行为主体的信用担保;美国、加拿大以专业担保公司为主体的商业担保;日本独有的工程完成保证人制度。[②] 其均旨在由担保人以第三人身份介入国际工程承包合同的履行,在主债务人(承包商)不履行或不适当履行对债权人(业主)的约定债务时,由担保人承担经济赔偿责任。[③] 随着国际工程市场的拓宽和跨国工程合作的深化,以欧洲银行信用为基础的独立保函模式应运而生,其从根本上有别于从属性保函,以无条件性、不可撤销、凭单支付等特征强化了对债权人利益的保证,具体涵盖投标保函、履约保函、预付款保函等多种形态。从大的方向上区分,鉴于 FIDIC 合同条件确立的是"承包商据以工作获取报酬、业主通过付款获取工程所有权"这一基本目标,故国际工程保函可归类为担保承包商按期合格完成项目和业主按期遵照合同支付工程价款两大类。[④] 不过,从各国国内法来看,并非所有国家的法律均认可独立保函的合法性,如当事人试图采取此种保证方式,首先需要协调好所涉各国的法律冲突问题。具体而言,以法国、德国为代表的大陆法系国家,重视保证的人保属性,特别关

---

① Robert E. Benson, "Arbitration And Mediation Of Construction Disputes", available at: https://www.hollandhart.com/files/21-Chap21.pdf, last visited on December 15, 2021.

② 李婧:《"一带一路"项目国际信贷合同的法律适用:以中资银行为视角》,《山西大学学报(哲学社会科学版)》2018 年第 2 期,第 140 页。

③ 顾莅姣:《建设工程领域独立保函的若干法律问题解析》,《建筑时报》2021 年 8 月 26 日,第 6 版。

④ 郭德香:《见索即付保函的担保风险及其防控对策:由"利比亚银行保函延期事件"引发的思考》,《法商研究》2012 年第 5 期,第 49 页。

注于保证的从属性以及由此衍生的主债务对保证效力的影响和保证人的抗辩,故其民法典中并没有认可保证具有独立于基础交易合同的效力。相应地,国际工程承包合同领域的保函也具有从属性和附随性,其独立性并未获得法律的认可。但是,鉴于这些国家的法律普遍认可当事人意思自治原则,故而其允许采用以不同法律制度为依据所创设的保证义务,其通过法律的修订和实践的积累,经过长期的发展后,才开始对独立保函的效力进行确认。相比之下,英美法系国家形成了"遵循先例"的判例法传统,法官在审判案件时常通过法律解释和法律推理等方式创设新的制度。故而,当独立保函产生于国际商事贸易实践中时,英美法系更容易采纳和接受。1978 年,丹宁勋爵在 Edward 诉 Barclays 案中,确认了独立保函的效力,并指出:履约保函与信用证具有相似性,在与保函条款一致的情况下,开出履约保函的银行必须承付,这与供应商是否履行了合同义务无关,也与供应商是否违约无关,唯一的例外是明确的欺诈。[①]

与此同时,除了国内法之外,在独立保函领域业已形成了国际公约和国际惯例共存的局面。譬如,国际商会制定的 1978 年《合约担保统一规则》(URCG325)、1992 年制定并于 2010 年修订的《见索即付保函统一规则》(URDG458、URDG758)、1993 年制定的《合同担保统一规则》(URCB524)、1993 年制定并于 2006 年修订的《跟单信用证统一惯例》(UCP500、UCP600)、1998 年制定的《国际备用证惯例》(ISP98)等均可适用于国际工程承包领域的独立保函。此外,联合国国际贸易法委员会于 1995 年通过的《联合国独立担保和备用信用证公约》是规范独立保函的唯一国际公约,其试图调和法律冲突,凝聚不同法系的共识,就独立保函的适用条件、权利义务、付款条件、欺诈例外、法律适用等进行了较为全面的规制。[②]在国际工程承包合同履约过程中,如果承包商不具备相应的工程担保、保险,几乎无法获取国际工程施工权。由此可见,处理独立保函的法律冲突,厘清独立保函的法律适用,需要统筹国内法与国际法,综合考虑国际条约、国际惯例等各类文件。掌握各国处理工程担保法律冲突的方法,是促使国际工程项目顺利进行的保障,也是管理海外工程承包风险必须直面的问题。除此之外,各国在财税法、外汇管制法、劳工法、环保法方面亦存在相应的法律冲突,此类冲突的解决对于国际工程承包的法律适用亦具有重要影响,但鉴于这些问题具有独立探讨的必要,本书不将其

① 刘应民、张亮:《独立担保制度研究 以见索即付保函与备用信用证为视角》,中国社会科学出版社,2017,第 254 页。

② 陆璐:《保函欺诈例外:一例国际商事规则的中国式创新诠释》,《河南师范大学学报(哲学社会科学版)》2021 年第 1 期,第 72 页。

作为论述的重点,而是重点以国际工程承包合同本身的法律适用为中心。

本章小结

国际工程承包是一种兼具国际贸易、国际投资、国际技术转让、国际金融、国际担保、国际劳务等各类元素的复杂性、交叉性国际经济合作方式。在国际工程承包领域,合同对于明确各方权利义务关系、定分止争具有十分重要的基础价值。由于不同国家关于建筑行业的法律规定以及关于工程承包方面的国际公约、国际惯例、国际工程标准合同条件等规范之间在承包商资质、建筑业技术标准、工期延误、工程量计算、违约救济等方面的规定不同,法律冲突使争议解决趋于复杂。目前,全球范围内尚未达成一部国际工程承包合同领域的统一实体法,通过法律适用来解决相关法律问题,是唯一具有现实可操作性的解决方案。在解决国际工程承包法律冲突时,当事人意思自治原则得到了广泛的运用。与此同时,国际私法中的最密切联系原则在解决国际工程承包合同的法律适用方面也具有重要影响。相比于其他的国际民商事合同,国际工程承包合同的法律适用还具有较强的特殊性,例如,工程所在地法的主导地位、强制性规则的直接适用效力、国际工程合同条件的普遍适用等。英美法系、大陆法系、伊斯兰法系在国际工程承包合同的法律适用方面既有差异,也有共性,对于在国际建筑业市场从事工程承包的中国当事人而言,把握法律适用的基本方法和内在原理,对于推进业务的顺利展开、高效合理地化解争议、谨慎化解风险、维护自身权益具有不容忽视的意义,应予以高度重视。

第三章　国际工程承包主体及法律适用体系

国际工程承包是一种具有高度技术性要求的专业活动，相应地，各国均无一例外地对有权利且有能力开展工程建设的主体进行资质管理，具体体现为建设许可制度。具言之，工程建设许可是指一国的建设主管部门准许特定的国内或国外自然人、法人、其他组织从事建筑活动的具体行政行为。以我国为例，我国的工程建设许可制度包括建设工程施工许可与从业资格管理两个方面。[①] 在国际工程承包合同领域，主体资格问题主要涉及工程所在地的行政主管机关是否准许其他国家的建设工程承包商到本国境内开展工程建设及施工，准许境外承包商承接国内工程的范围，该承包的性质是属于涉外性还是国内性等一系列问题的认定均涉及建设企业权利能力与行为能力问题。各国的国内立法从保护本国国家利益和国民私人合法权益角度，均排除自然人参与工程承包，要求建设工程承包合同主体一方必须是具有法人性质的建设企业，如国际上常用《FIDIC 土木工程施工合同》第 1.3 条规定："凡所称当事人或当事各方，应包括公司、股份有限公司及具有法人资格的任何组织"。因此各国对建设企业主体权利能力与行为能力的认定必然包括该建设企业是否为法人、依据何国法律确定为法人、国内法对法人的认许、市场准入及其相应实体准据法的法律适用问题。

第一节　国际工程承包主体资格法律适用

法人权利能力和行为能力的法律适用问题上，以往为单纯的依法人属人法的规定，也就是依法人的国籍或住所所属国的法律规定。由于各国对法人的国籍或住所的规定存在分歧，因此在国际工程承包合同法律适用中，法人权利能力和行为能力的法律冲突对于统一规范国际工程承包合同的法律适用形成了客观障碍，难

---

① 徐雷主编《建设法规》，科学出版社，2009，第 51 页。

以有效契合于国际经济一体化、自由化的发展趋势，故而有必要针对国际工程承包主体资格的法律适用加以探讨。

一、国际工程承包合同法律关系的基本主体

在国际工程承包合同法律关系中，为了确保工程项目的顺利开展，需要项目利益相关方的共同参与。[①] 与境内的工程项目相似，国际工程项目的主体一般包括业主、监理工程师或建筑师、设计方、承包商等角色，在某些工程项目中，还可能涉及分包商、供应商等主体。这些主体在国际工程承包合同订立及履行阶段履行不同的职责，其权利义务关系各有不同。在探讨国际工程承包主体资格的法律适用之前，需要对各类主体的角色进行充分的认识。

（一）业主（Owner/Client）

业主指的是对所发包的工程项目享有所有权的自然人或法人。根据性质不同，业主具体包括政府部门、地方政府、国有企业、股份公司、私营机构或个人。对国际工程项目进行投资的境外投资者，以及专门为了工程项目的建设而成立的独立法人，都可以作为国际工程承包合同的业主。业主通过招投标方式订立国际工程承包合同从而开展国际工程项目的建设，主要涵盖以下几类情况：在不属于自己的土地上委托开展国际工程建设；在属于自己的土地上委托开展国际工程建设；按照设计-采购-建设的交钥匙模式委托开展国际工程建设；按照包工不包料的模式购买承包方的相关服务从而开展国际工程建设。不过，在转包及分包等语境下，分包商将自身所承揽的国际工程承包合同中的全部或部分工作委托其他主体予以施工，此时分包商并不能被视为业主。换言之，业主这一表述具有其特定的法律含义，更多是使用于国际工程总承包合同的语境下，以发包方对其所发包的工程项目具有所有权作为基本的前提。[②]

在整个工程的构思、设计、施工、运营过程中，业主扮演着不可替代的角色，其也是国际工程承包合同的当事人。具言之，业主是国际工程承包合同的双方当事人之一，也是工程项目最终的产权所有人，其不仅在项目生产、运营方面拥有直接的决策权，且对于国际工程项目所涉贷款负有偿还义务。相应地，业主需要承担相关国际工程承包项目中存在的风险和责任。在“一带一路”建设过程中，沿线国家

---

① 夏雷、邹仙德：《“全过程工程咨询”在国际工程总承包中的运作模式》，《国际工程与劳务》2021 年第 9 期，第 52 页。

② 宋玉祥：《国际工程中的联合体模式与总分包模式利弊之辨》，《项目管理评论》2021 年第 1 期，第 89 页。

政府、政府所属企业、私人企业等均可作为业主,但亚洲基础设施投资银行作为资金的提供者则主要是以投资人的角色参与其中,其并非业主。相应地,不同的业主参与订立的国际工程承包合同,在性质归属上存在分歧:当业主是一国政府部门或国有企业时,其所签订的国际工程承包合同属于公法属性的国家契约,与政府采购语境下的行政合同具有相似性,对其予以调整和约束主要是行政法的使命;[①]对于股份公司、私营企业或个人订立的国际工程承包合同,则其在本质上与一般的涉外民商事合同并无根本差异,仍然需要在国际私法以及民商事法律体系的框架内予以解决。

(二)监理工程师或建筑师(Engineer/Supervisor)

通常而言,监理工程师被业界称为"管理咨询方",特指那些接受业主的聘任(外部)或雇佣(内部),从而在国际工程承包合同履行及工程项目建设中充当首席专业顾问,并且以其所具备的专业知识和技能为业主、承包商及其他参与方执行国际工程承包合同提供监督、管理等高智能服务的工程技术人员。[②] 在现代的国际工程承包合同中,工程规模越来越大、技术要求越来越高、规格标准越来越复杂,导致国际工程承包项目的管理难度显著加大。相应地,业主本身却未必是国际工程领域的技术专家,在签订国际工程承包合同后,短期内难以快速筹备和组建高效的工程管理团队,从而产生了较高的合同风险。为此,聘请专业的工程师或建筑师来提供监督、管理等配套服务,显得尤为迫切。在土木工程当中,监理工程师的任务有过之而无不及,其不仅需要制订计划、进行设计、提供指导、编制明细及工程量表,还不得不承担相应的行政事务性活动,如检测、估价、费用追加等合同内明确约定的义务。此外,工程师在国际工程承包合同争端解决层面也具有一定的重要作用,必须确保其在不受任何非法干扰的情况下,以相对独立且公正的身份,严格按照准据法、合同约定和技术标准做出决定。

在国际工程承包合同履行期间,监理工程师需要承担多项职责,结合实践情况,大体可以归纳并概括为如下方面:在国际工程承包合同的各类主体当中,相比于业主和承包商而言,监理工程师更加接近于自由职业者角色,他们受业主的雇佣在某一个特定的工程项目当中担任技术服务职责,负责工程的监督、咨询、服务、管理(图 3-1)。建筑师一旦承担业主委托的国际工程承包项目后,其通常不得再与作为发展实施该项目的承包商的房地产业主签订子项工程的设计合同,从而避免

① 肖北庚:《论政府采购合同的法律性质》,《当代法学》2005 年第 4 期,第 34 页。

② 郑祺文、邱岩:《浅谈 FIDIC(红皮书)合同条件下的变更索赔管理及实例分析》,《中国水运》(下半刊)2021 年第 5 期,第 33 页。

自我监督和利益冲突。

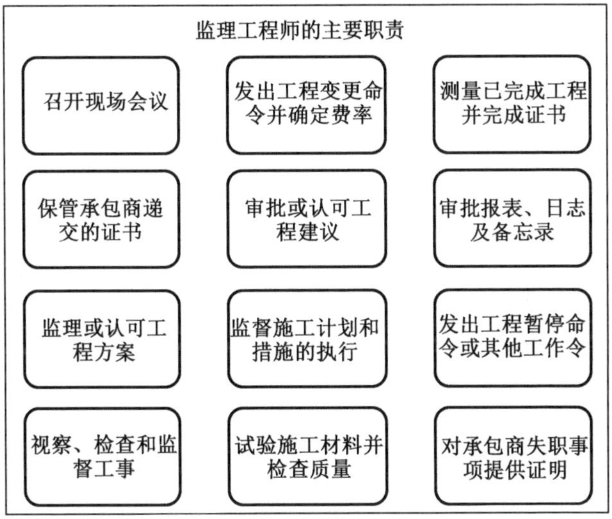

图 3-1　监理工程师的主要职责

(三)设计方(Designer)

所谓设计方,并非所有的国际工程承包合同均涉及的当事方,其特指项目设计工作的主导方。[①] 按照国际工程行业当中的通常理解,初步的设计和施工图设计等,都可以被归入工程设计的范畴之内。从设计方所提供服务的性质来看,其被普遍接受为一种咨询性质的服务。随着国际工程承包项目本身的复杂化,设计方往往不能以独立的身份作为设计服务的唯一提供者,而是需要后续其他的设计者共同参与到国际工程承包合同的履行及项目的设计过程中,这就进一步演化出了业界所熟知的设计-施工总承包(EPC)合同模式。[②] 换言之,在此种国际工程承包合同模式下,承包商不仅要负责具体的施工环节,而且还要负责设计,所以应事先了解承包方与设计方的一体化,避免并减小未来发生履约纠纷时索赔主体分散化的风险。对于那些具有高度专业性的国际工程承包项目,譬如高铁、核电、能源等,承包商既是设计方也是施工方。

① Aurelija Peckiene, "Overview of Risk Allocation between Construction Parties", *Procedia Engineering*, Vol. 57, Issue 1(2013), pp. 889-894.

② 曹成志:《"设计-施工总承包"合同模式在国际工程项目管理中的实践研究》,《交通科技》2013 年第 4 期,第 75 页。

（四）承包商（Contractor）

承包商特指专门从事国际工程项目承包的个人、事务所或公司，或者是不同主体的联合体。[①] 建筑工程承包商主要包括以下几种基本类型：第一，总承包商，即与业主直接订立国际工程承包合同，承接国际工程项目，对业主负责并有义务全面、充分、及时履约的工程承包公司；第二，分包商（亦称为专业承包商），即那些从总承包商处通过分包活动获取部分国际工程项目并订立国际工程合同的当事方；第三，个体承包商，即业主按照其实际需求针对国际工程项目当中的具体辅助子项委托给不同的专业承包商，譬如，将住宅建设项目当中的电、水、气、热力分别委托给不同承包公司，将水管和道路工程分别委托给不同承包公司等；第四，牵头或协调的承包商，指的是国际工程承包合同的总承包方（业主）专门委托某一位负责牵头或协调子项目工程的承包商，由该名承包商在监理工程师的领导和协作下开展工程项目；第五，加入联合体的承包商或承包公司的联合体，即根据不同承包商的专业特长在同一国际工程承包项目当中分别签署相应的合同，招标时他们联合起来共同指定一名代表完成投标和竞标，一旦中标，各自按报价完成任务，分别担责、盈亏自负；第六，连带责任承包公司，即多家公司开展合作，指定一家作为连带责任的委托方，负责各承包公司彼此之间、各承包公司与业主之间、与监理工程师之间的联系。

二、国际工程承包合同主体所适用的属人法

如前文所述，在国际工程承包合同的订立及履行过程中，业主、监理工程师、设计方、承包商等都属于重要的合同主体（图 3-2）。值得进一步探讨的问题是，鉴于国际工程承包合同涉及多个国家的法律体系，而不同的合同主体需要开展跨国业务活动，各国家关于工程主体的法律存在差异，便引起了法律适用及法律选择上的一种矛盾，这一问题即国际工程承包合同主体的法律适用问题。从国际私法视角来看，有关民事主体参加国际工程承包合同时涉及主体资格的法律适用问题，主要是依据属人法这一重要的系属公式加以解决的。[②] 所谓属人法，最初源于自然人的语境下，后拓展至法人的语境下，其针对的是人的身份和能力所适用的法律，而国籍与住所作为与人紧密相关的因素，是属人法最主要的两个基本联结因素。[③] 然

---

① 张尚：《中国国际承包商的市场拓展策略：2012 年全球最大 250 家国际工程承包商排名解读》，《国际经济合作》2013 年第 10 期，第 45 页。

② 宣增益、李大朋：《属人法考》，《河南社会科学》2013 年第 2 期，第 27 页。

③ 徐冬根：《国际私法（慕课版）》，北京大学出版社，2016，第 116 页。

而，属人法本身并不能完全且充分地解决国际工程承包合同主体资格的法律适用问题，其中很大的原因是各国在采纳国籍标准抑或住所标准方面存在显著分歧，大陆法系与英美法系国家存在冲突。再者，即使某些国籍或住所均采取国籍或住所标准，但各国在认定国籍及住所的标准方面存在不同，国际上也没有形成统一的标准确定法人的国籍或住所，各国须依本国冲突规范加以规定。

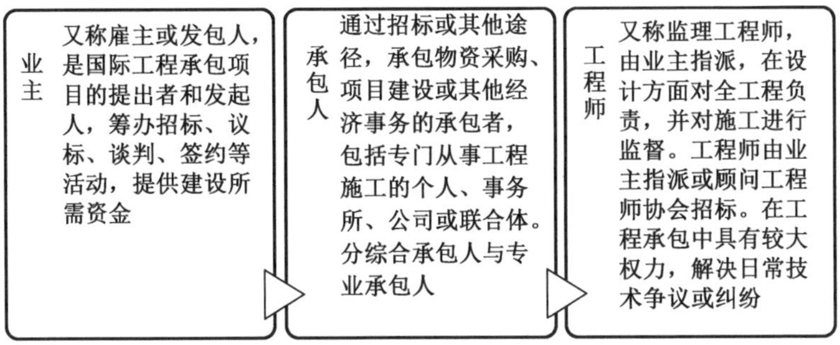

图 3-2　国际工程承包合同法律关系的重要主体

（一）国籍（Nationality）

对于国际工程承包合同的当事人而言，国籍这一标准在确定跨国公司的法律适用归属方面具有重要价值，这不仅是确定本国公司与外国公司的重要依据，也是界定工程承包项目是否具备国际因素的标准，同时还对依据何种法律认定业主、承包商、设计师、工程师的权利义务关系具有指引功能。国际上没有统一的标准来确定公司的国籍，而是呈现出差异化的状态。总结来看，各国的立法和学理对公司作为国际工程承包合同主体的国籍判定标准主要涵盖三类，即公司成立地主义、公司真实本座标准、资本控制标准。

所谓公司成立地主义，又称登记地主义、设立地主义，其理论基础是法人拟制说，在实践中获得了包括中国在内的多数国家法律的肯定。具体而言，持此说者认为，法人是国家以特许方式授予相应民事能力的拟制主体，其适用特定准据法予以成立，在法律的保障下享有特定的行动自由，故而其国籍基于设立地判定。我国对涉外法人国籍的确定，采取注册登记主义，如《中华人民共和国公司法》（以下简称《公司法》）第 192 条即有此类规定。

所谓公司真实本座标准，实际上将法人与社会中存在的自然人等同起来作为独立的实体予以对待，以公司日常经营管理和开展经济活动的中心作为最密切联系的因素，据营业地或管理地的法律作为判定法人国籍的准据法。所谓资本控制标准，也被称为成员国籍主义，其理论基础是法人人格否认说，即认为法人只是假设的主体,实际上并不存在,所以主张法人本身并无国籍可言,判断法人的国籍时只能基于对股东或控制者的国籍加以确定。不过,资本控制说在实施起来颇具挑战:首先,弄清楚法人的资本真正为哪一国家的人所控制并非易事;其次,控制法人资本的股东经常变动,股东的国籍页相应随之变动,并非一成不变;再次,各个股东的国籍不同时,究竟应依据多数股东的国籍作为判定法人国籍的标准,还是依据出资额最多的股东国籍作为判定法人国籍的标准,尚无定论;最后,股东如果是通过购买无记名股票的方式获得公司股权,则更难以根据股东的国籍判定公司的国籍。[①] 因此,控制主义虽然从外观上看似简单,但实际上认定控制权更为困难,仅在战时特殊情况下才能被作为例外加以运用。

(二)住所(Domicile)

普通法上的"住所"是法律术语,具有特定的含义指向,其与事实意义上的住所(Residence)存在显著差异,与海牙公约及现代欧洲法中常用的惯常居所也有区别。无论如何,一个自然人在同一时间点只能有一个住所。自然人刚出生时首先取得的是"原始住所",该住所随后可能会被"继受住所"(来自他人,比如父母或监护人)或自然人自由选择的"选择住所"所取代。换言之,住所要求兼具久居的意思与久居的事实。相比于自然人的住所而言,法人的住所更难认定。在国际工程承包合同的当事人中,有相当一部分比例是法人,在界定法人的住所时采取何种判断标准,存在分歧。以国际私法中选择法人准据法的实践为例,其住所的认定包括管理中心所在地说、营业中心所在地说、章程规定说等标准。[②]

各国关于法人住所的判断,多有差异,第一种标准也是最为常见的一种确定方式就是以法人的管理中心所在地作为法人的住所地,进而判断其在跨国交往中的主体资格和权利能力,此种标准也被称为主事务所所在地说。根据这种学说,法人的管理中心就如同法人的"大脑",正是该地的法律决定了法人参与国际工程承包合同缔结及履行活动的大政方针,因此应以具有管理职能的主要事务所所在地作为法人的住所。不过,这种判断标准容易产生法律规避,原因是当事人可以通过变换管理机构所在地便轻易地实现脱离特定法律规制的目的。第二种标准是营业中心所在地说,即法人以自己的资本实际从事主要营业活动的地点作为法人住所地。相比于管理机构所在地,营业地尤其是主要营业地较为稳定,但是部分国际工程承包商的营业活动往往跨越多个国家或法域,且难以判定其中哪一地点的营业活动

① 邢钢:《公司法律问题的比较法与国际私法评判》,中国法制出版社,2018,第7页。

② [美]彼得·海:《美国法概论》(第四版),许庆坤译,北京大学出版社,2020,第63页。

更为主要,因此在认定时仍然存在一定的难度。第三种标准主张以法人的章程规定作为确定法人住所的主要依据。其原因是,在各国的法人登记机关,通常要求法人在注册成立之初及此后的运营存续期内,将住所在章程中予以明确规定。[①] 据此,相比于其他的标准,以法人章程为据确定法人的住所,在外观上来讲较为清晰和明确,且即便其可能发生变动,亦可通过外在的登记查询加以确定。

(三)惯常居所(Habitual Residence)

相比于国籍和住所,惯常居所这一概念作为属人法的联结点出现于 20 世纪中期。[②] 这一联结因素的产生,在一定程度上弥合了民法法系与普通法系国家之间在属人法认定和适用方面的法律冲突。[③] 海牙《民商事案件外国判决承认和执行公约附加议定书》较早对法人的惯常居所地予以规定,其采用综合不同标准的复合式方法,将法人的所在地、成立地和主营业所所在地判定为法人住所或惯常居所。[④] 相比之下,我国则采取了主营业地作为认定法人经常居所地的主要标准,依据《涉外民事关系法律适用法》第 14 条,法人的经常居所地,特指其主营业地。至于主营业地又该如何判定,实践当中主要是基于对"主要收入来源地"这一具体的客观地点加以认定的。一方面,从事国际工程承包业务的法人在归类上属于典型的营利法人,盈利是公司的目标。[⑤] 因此,将该法人的主要收入来源地认定为该法人的主营业地,在合理性方面并无不当。另一方面,主要收入来源地是与公司业务具有最密切联系的地点,适用该地法律,在国际私法的基本理论上有着较为充分的正当性。

三、国际工程承包企业外国法人认许的法律冲突

(一)外国法人认许的意义及其类型

所谓外国法人认许,在学理上也被称为对外国法人主体资格及民事能力的承认。一方面,外国法人主体资格的认定具有地域性,其域外性需要进一步审视。法人虽然依据其属人法具有独立的法律人格,但是这并不意味着该法人在其所属国

① 霍政欣:《国际私法学》,中国政法大学出版社,2017,第 67 页。

② 宋晓:《属人法的主义之争与中国道路》,《法学研究》2013 年第 3 期,第 122 页。

③ 杜新丽:《从住所、国籍到经常居所地:我国属人法立法变革研究》,《政法论坛》2011 年第 3 期,第 68 页。

④ 齐湘泉:《涉外民事关系法律适用法总论》,法律出版社,2004,第 287 页。

⑤ 李晓楠:《法人属人法研究:从〈涉外民事关系法律适用法〉第 14 条出发》,《经济管理文摘》2020 年第 24 期,第 76 页。

以外的任何国家和法域都必然具有法律主体资格。另一方面,某一法人要在其他国家开展民商事活动,如订立国际工程承包合同,必须具备当地法律所认可的独立法人资格。外国法人只有经过国内的承认才能在国内作为具备权利能力和行为能力的主体从事交往。据此,外国法人的认许,特指一国(通常是工程所在地)根据本地法对来自境外的建设工程企业之外国法人主体资格予以审查。经审查,如果认可外国法人的主体资格,则允许其在本国开展商事交往;如果不认可外国法人的主体资格,则不允许其在本国开展商事交往。概言之,对外国法人主体资格的认许,后果是直接与被认许的对象能够在国内合法地从事国际商事活动的能力联系起来。故而,对外国法人的认许,只具有确认或宣誓的意义,但本身并没有创设的性质,即只意味着外国法人在国内被认为具有主体资格,但并不能直接通过认许的行为就使外国法人转化成为国内法人或在这一基础上创设新法人。[①]

各国对外国法人的认许包括三种模式:第一,一般认许,即通过国内立法的途径,对外国法人的商事主体资格及其可以从事的国际商务活动的条件予以规定,不问外国法人隶属何国,只要满足法律规定,无须履行某种手续即可予以认可;第二,特别认许,即国内对外国法人主体地位及民事权利能力的承认,需要借助于相关的审批机关以特别登记或批准程序予以实现;第三,概括认许,即国内就隶属某一外国国家特定领域的法人予以概括性的一般承认,只要符合国内法的一般性规定均有获得承认的机会。[②] 除了通过国内立法的方式对外国法人加以认许之外,部分国际公约也对外国法人的认许予以规定,例如海牙《承认外国公司、社团和财团法律人格的公约》。但遗憾的是,在国际工程承包合同法律适用领域,迄今并没有专门的国际公约对外国法人的认许予以特别规定。这意味着,针对国际工程承包领域的外国法人认许,与各国关于外国法人认许的一般模式及相应的程序是基本一致的。

(二)国际工程承包企业认许的冲突及法律适用

具体落实到国际工程承包合同领域,各国的国内法律针对外国的承包商,尤其是作为法人的外国承包商在本国境内承接国际工程承包项目、签订国际工程承包合同的主体地位和民事能力采取了不同的认许方式,从而产生了一定的法律冲突。对于外国法人能否在本国领土内进行承包活动,加拿大采取的是高度对外开放的态度,除了安大略省这一具有浓厚大陆法系传统的法域外,加拿大的其他地区采取的是特别认许制,外国法人必须在本国之内设立相应的分支机构或子公司,才能够

---

① 余劲松主编《国际投资法》(第四版),法律出版社,2014,第 21 页。

② 曾远:《一般或特殊:跨国资产证券化中的外国法人认许》,《国际商务研究》2015 年第 2 期,第 82 页。

申请和持有建设许可证，在水力发电站项目方面尤其如此。但是，针对土木工程项目、民用建设承包项目等，加拿大对国内承包商与外国承包商的待遇是平等的，采取的是一般认许制，即对于该种类的法人，不问其隶属何国，一般都加以认可。相比之下，其他国家与加拿大并不完全一致。例如，韩国的建设行业根据从业范围的不同，区分为一般建筑业、特殊建筑业、专门建筑业三种主要类别，允许外国承包商法人在这几个领域通过外商独资、内外合资等途径投资并开展国际工程承包活动。不过，外国法人如果要在韩国本土经营建筑行业，必须先取得该国交通部部长发布的许可证。因此，韩国采取的是一种比加拿大更为严格的特别认许制，即非经官方审批和登记，不得直接在该国境内签订国际工程承包合同。由此，本国政府机构对建筑行业的从业主体和工程承包合同的订立者实现了较为全面且深入的管制和约束。①

相比于加拿大与韩国，美国国际工程承包市场的对外开放程度和市场化程度在全球范围内居于领先地位。原则上，美国对外国法人承包商采取了全面开放，且外国法人在美享有国民待遇。具言之，美国对外国承包商采取的是一般认许制，即外国法人需要在美国相应州的政府部门进行必要的登记，其要求比审批制要宽松，只需缴纳规定额度的登记费，即可与当地业主订立国际工程承包合同并承接工程项目。但是，值得注意的是，美国本土的业主，更加倾向于同那些在美国进行注册登记的当地企业从事国际交易并订立国际工程承包合同，从而确保将争议在美国法院和美国法律的国内制度体系下予以解决。故而，为了符合此种现实需要，外国承包商要想获取美国的国际工程项目，往往还是会选择在当地注册相应的代表机构或子公司，由此便不再需要进一步去考虑外国法人的认许问题，原因是此时可以借助在美国国内的实体，以美国国籍的身份承接相应的工程项目。②

作为特例，日本的国际工程承包行业对外国承包商采取了概括认许与特别认许相结合的制度。具言之，只有来自世界贸易组织（WTO）缔约方的承包商才有资格进入日本的建筑行业市场。但与此同时，单纯具备缔约方资质本身不足以解决国际工程承包的主体资格，还必须在日本本国境内的相关部门注册为当地企业，并接受该国的属地管辖，才能真正享有承接该国工程项目的权利。不论该外国承包商属于哪一细分行业领域，只要其希望在日本设立机构，必须由建设大臣批准，实行资质等级管理。

---

① 师华：《入世过渡期后我国建筑服务贸易法律对策研究》，博士学位论文，同济大学，2006，第 34 页。

② 赵玉荣：《美国建设市场准入规范》，《上海建材》2014 年第 2 期，第 25 页。

我国香港特别行政区的国际工程承包市场采取一般认许制,对本地承包商和来自境外的工程承包商采取一视同仁的非歧视待遇。

欧盟建设市场实行概括认许制,开放政策不仅涉及欧盟成员国,而且逐步向东欧候选国、欧洲经济区成员国、双边合作协议缔约国等依次放开。要求公司的注册资本至少达到2.5万欧元,并向所在地有管辖权的地方法院申报,进行商业登记。自实行对外开放政策以来,外国公司、企业、个人来我国进行商贸、投资活动的越来越多。外商在我国从事的国际工程承包活动涵盖三类:(1)临时来华进行经贸活动;(2)在我国直接投资,并设立相应的外商投资企业;(3)为进行连续的生产经营活动,以外国公司名义在我国设立分支机构。对于采取第一种方式的外国法人,我国立法采取自动承认其在本国的主体资格的政策,在程序上属于一般认许。在第二种方式下,因为"三资"企业均为中国法人,故不存在认许问题。对于第三种方式,则主要体现在2010年国务院颁布的《外国企业常驻代表机构登记管理条例》和《公司法》中,对外国承包商在我国设立的常驻代表机构,遵循特别认许程序,即必须先经批准,再行登记,而后才能订立国际工程承包合同并承接国际工程承包项目。

我国建筑业由于一直以来未向外国建设承包商开放,在国内建设市场他们只能以"三资"形式、中国法人身份出现,不存在认许问题。作为国内具有国际承包能力的建设企业,应看到国际市场为他们提供了发展的空间,因此了解和熟悉这方面的国外法规定,是开展国际工程承包的前提。同时作为国家有关部门也应看到我国目前存在的问题,建设市场具有浓烈的贸易保护主义色彩,"封闭"建设承包市场是国内建设承包业发展的绊脚石。不难看出,建设企业法人认许制度是各个国家适用"行为地法"调整涉外工程承包主体法律关系的一种管理制度,出于各国国情考虑也是无可厚非的,但对于概括认许制,实际上是对国外建设承包企业权利能力和行为能力的一种限制制度,是与国际一体化经济发展战略背道而驰的。

第二节 国际工程承包合同主体市场准入的法律适用

在世界贸易组织的多边合作体系内,承包商订立国际工程承包合同并跨国承接国际工程项目,主要是基于服务贸易的自由化规则。与货物贸易不同,阻碍服务贸易自由化的主要障碍不是来自征收高额关税,而是主要来自国内法规的束缚。据此,研究国际工程承包合同主体的市场准入及其限制,对于提升法律适用的透明度及其合理化具有重要价值。

一、《服务贸易总协定》下建筑业市场准入的含义及其限制

具体来讲,限制国际工程承包企业市场准入的法律渊源涵盖但不限于:工程所在地、业主所属国、建筑材料进口国立法当中有关限制性贸易政策的内容。此外,针对投资、资金流动当中的歧视性条款也被纳入其中。[①] 我国著名国际法专家赵维田先生从服务贸易壁垒的作用范围和作用方式出发,将这些有碍于服务贸易的国内法规区分为四种,即直接明示的歧视性障碍、间接暗示的歧视性障碍、直接明示的中性障碍、间接暗示的中性障碍。[②] 前文探讨国际工程承包合同主体的法律适用,事实上无法脱离建筑业作为服务行业的贸易自由化这一先决命题。通过观察实践不难发现,服务贸易所受到的障碍远甚于货物贸易,需要大量的法律规则予以协调和统一,政府行为对服务贸易造成的扭曲要严重得多。不过,各国政府及承包商能够从服务贸易自由化当中获得的利益也尤其巨大。故而,各国往往通过多边、区域或双边场合对特定服务行业的市场准入问题予以解决。

就其通常含义而言,所谓市场准入,特指一国允许外国货物、技术、服务和资本参与国内市场的范围和程度。[③] 一国对外国市场主体进行开放的程度,可以通过准入加以实现。准入与否以及准入的宽窄,本质上彰显了一国对外贸易及投资管制机关通过实施其法律和规章对本国市场对外开放程度的宏观掌握与控制。从服务贸易的角度来看,建筑行业的市场准入,专指一国允许外国的承包商在本国领土内的建设服务领域参与本国国内市场。市场准入涵盖两个层面:第一,允许外国承包商进入本国市场参与公平竞争和自由交易;第二,准许外国承包商在本国建筑业市场参与经营的范围和程度。它体现了国家通过实施各种法律、规章制度对本国建设服务市场对外开放程度的一种宏观掌握和控制。对于中国承包商而言,其在“走出去”的过程中直接面临着来自外国市场准入方面的限制,需要通过法律适用机制的构建予以解决,这主要是出于两方面的考虑:其一,发达国家和发展中国家在服务领域存在着不同程度上的差距,即使同为发达国家或同为发展中国家,各国的情况也具备较大不同,不可能期望整齐划一地解决准入问题;其二,建筑行业本身是一种存在内部精细分工的产业链条,各国在不同服务门类当中的比较优势错综复杂、盘根错节,故而在细分领域的开放程度不一致。这就决定着,市场开放必须逐步有序地进行,很难做到一步到位地全面开放和绝对准入,在开放国际建筑服务业市场方面,也有必要允许成员方基于自身的特殊情况对不同的细分门类市场准入

① 张劲楠、宋刚:《建筑工程市场准入制度研究》,《学术探索》2017 年第 8 期,第 102 页。

② 赵维田:《世贸组织(WTO)的法律制度》,吉林人民出版社,2000,第 356 页。

③ 陶林:《国际服务贸易紧急保障措施法律制度研究》,人民出版社,2009,第 225 页。

保持相应的条件和限制，当然这些限制性约束不能突破《服务贸易总协定》（GATS）第16条第2款中明文禁止的内容。[①]

首先，根据GATS的法律结构及其法律适用的一般原理，各成员方对市场准入做出的具体承诺，均须经过谈判，逐项列入具体承诺表中。承诺表当中所承诺开放的领域及其开放范围、准入方式，是各国建筑行业服务贸易领域的市场准入最为直接的体现。减让表中的承诺，在类型上可区分为“水平承诺”和“具体承诺”（图3-3）。前者适用于成员方承诺开放的所有服务部门，后者则针对具体服务部门或服务贸易模式，一国对建设服务业的开放受其减让表的约束。[②] 其次，分析各国市场准入的“技术性壁垒”是研究和评判建筑服务业市场准入的重要渠道。值得一提的是，建设服务贸易中存在的技术壁垒，并非《技术性贸易壁垒协议》的范畴，而是减让表所列承诺以外的限制和要求，如个人资料、企业资质、技术标准等，它是WTO减让表所列出的条件之外的合理的市场准入限制和要求。若技术性壁垒符合WTO规则，就可以合理保护各国建筑业。所以，它被视为成员方建筑业实施贸易保护的最后一道安全阀，在诸多国家的对外贸易管理实践中都有体现。

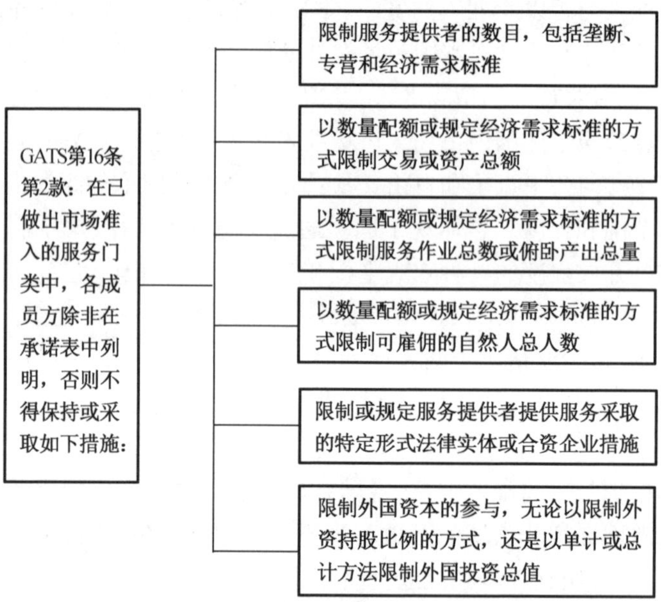

图3-3　GATS第16条第2款的市场准入限制

① 石静霞：《中国国际服务贸易年度观察（2021）》，《北京仲裁》2021年第1期，第5页。

② 陈安、曾华群：《WTO服务贸易总协定法律约束力研究》，北京大学出版社，2006，第88页。

当然,问题的思考需要兼顾两个方面。在全球经济一体化、世界经济全球化的宏观进程中,各国均鼓励本国的承包商"走出去"拓宽国际市场、订立国际工程承包合同,同时也在谨慎考虑如何能够维持一定程度的地方保护,约束外国承包商进入本国建筑服务市场从而造成竞争冲击。开放与保留、自由贸易与产业保护是两对天然相伴的矛盾结合体。各国为了引进境外先进发达的施工技术、管理经验、廉价建材和充沛的劳动力资源,需要开放本国建筑市场。但是,作为国际工程承包的东道国,各国又需要以国内法去调控、约束和规制国际工程承包合同法律关系,以最大限度地实现经济利益最大化,使国际工程承包为己所用,有效促进本国的发展。据此,工程所在地法已经日益成为国际工程界常用的据以调整国际工程承包合同关系的冲突规范。

法律法规是一个国家市场准入的门槛。各国通过制定有关公司设立、资质审查、劳务用工、招投标等法律法规,为国外承包商准入本国市场奠立了若干硬件指标,而此类市场准入条件一定程度上限制了国际工程承包业务的开展。

二、经营者的限制和要求

国际工程承包合同的订立及履行,需要由法律上具有相应资质的经营者予以实施,这不仅要求发包方具有相应的资质,也要求承包方具有相应的资质。尤其是,在一国法律体系下符合相应法定条件的经营者,在另一国未必就能够符合法定的资质要求和准入门槛,关于经营者的正面要求和反面限制,都取决于法律适用方面的回应和处理。以美国为例,作为典型的联邦国家,各州均有独立的立法权,国际工程承包合同主体主要适用于公司法、劳动法、保险法、商业职业法等经济立法的制约。在适用部分州法时,并不对工程承包主体的资质进行分级管理,主要结合保险公司对不同档次工程承包企业的不同分类予以市场调节,通常要求承包商提供履约保函,确保所投标的国际工程规模不超过履约保函金额,而保额需要根据工程所在地法律确定。

相比之下,韩国在对外工程承包方面遵循国民待遇,但同时,为防范外国承包商抢占及挤压国内工程承包市场,故在联合承包、分包转包、开放规模和范围上多加限定。尤其是就政府工程而言,依据《韩国建设法》,在特定期间内,如果外国承包商承接大型国际工程承包合同,只能与韩国企业联合承包,且外国承包商有义务将特定工程内容分包给本土企业。对于注册资本在 2 000 亿韩元以上的外国承包商而言,他们被禁止订立 20 亿韩元以下的国际工程承包合同。为了使国内关于工程承包主体管理和资格认许的法律能够予以适用,并发挥有益的指引作用,依据《日本建设业法》,外国承包商在日本必须先行予以登记注册并申报注册资本,按所归类的资质等级参与特定领域、特定规模的国际工程承包合同投标,承包商必须具备足够资金和技术水准,满足经验和业绩要求。

通过比照各国关于外国承包商市场准入的实体和程序限制,不难发现,各国往往都在不同程度上对外国承包商以经营主体身份订立本国国际工程承包合同、参与承接本国国际工程承包项目设定了具体的要求,这些要求包括但不限于:注册资本、联合承包、强制分包、注册登记、经营规模等。概括来看,关于外国经营者市场准入的具体手段包括外国法人认许、资质等级分层,熟悉工程所在地关于市场准入的法律适用,对于我国承包商拓展海外市场,具有重要的现实意义。

三、技术管理人员和劳务人员的限制与要求

除了外国承包商本身作为国际工程承包合同主体的准入及法律适用外,技术管理人员和劳务人员的法律适用同样十分重要,而各国处理此类法律适用问题的规定不尽一致。譬如,依据《美国建设法》,国际工程承包合同所涉技术管理人员的招募必须公开进行,登报公告,外国技术管理人员和劳务人员不享有超国民待遇。换言之,只有在本国劳动者无法满足特定技术要求时,方可招募外国工程技术人员,且从事水利、消防、电气等行业的外国承包商必须先获取美国的从业许可执照。类似地,依据《韩国建设业法》,建筑商要保障施工现场应配备适合的技术管理者,受雇人员不得在其他承包商处同时兼职,允许外国高管和技术人员入境。依据《日本出入国管理及难民认定法》,在日本经营国际工程承包合同管理资历不足五年者,必须聘请日本当地专业人士经营,并经建设大臣审批,否则吊销营业执照。此外,按照德国的居留许可制度,外国技术管理人员在德国从业,首先要申请长期居留许可,且受聘人员只能在所批准的企业从业。①

国际工程承包合同履行中外国劳动者的法定资质,主要取决于劳动法层面的法律适用。如《美国劳工法》规定国际工程承包商招收雇员时,应当以工程所在地的本地工人为优先,原则上不允许外国承包商携其本国劳工入境和入场。日本法律更是严控和禁止外国技术工人入境,亦未授予其参与国际工程施工的权限。与诸多发展中国家相似,菲律宾的建筑行业对其本国的经济增长和社会发展具有重要价值,在基础设施建设中扮演积极角色,且在国内生产总值、资本投资、提升就业方面有较大贡献。根据《菲律宾海外建筑业奖励条例》,准备前往境外承接国际工程项目、订立国际工程承包合同的菲律宾承包商,必须先行在海外建筑业局、海外雇佣管理局两个主要的政府管理机构进行注册登记,方有权雇佣菲律宾劳工在海

---

① 李冰:《WTO 体制下中国建设服务贸易法制研究》,《河南建材》2009 年第 6 期,第 20 页。

外从事劳务(表3-1、表3-2)。①

表3-1　菲律宾承包商分类及最低资本额要求

等级分类	最低资金
AAA	1 000万比索
AA	500万比索
A	100万比索
B	50万比索
C	30万比索
D	10万比索
贸易	5 000比索

表3-2　菲律宾承包商认证协会的分类标准②

分类	标准		合同金额
	承包商认证协会执照分类	记录	
小型A	贸易	少于或等于50万比索	少于或等于50万比索
小型B	D或C	少于或等于150万比索	少于或等于300万比索
中型A	B	150万至750万比索	300万至1 500万比索
中型B	A	750万至1 500万比索	300万至3 000万比索
大型A	AA	1 500万至2 500万比索	300万至5 000万比索
大型B	AAA	超过2 500万比索	超过300万比索

在劳务合作方面,欧盟成员国内部劳动力可以自由流动,欧盟劳务合作政策是由各成员国自行决定的。至于某一成员国内的第三国劳工能否自由前往他国工

① Aris Gulapa and Melissa Chavez-Dee, "Regulation of the Construction Industry in the Philippines", available at: https://www.iflr1000.com/NewsAndAnalysis/Regulation-of-the-construction-industry-in-the-Philippines/Index/7119, last visited on September 26, 2021.

② 党侃、赵志浩:《菲律宾承包商执照法律问题分析》,《国际工程与劳务》2019年第11期,第64页。

作,法律适用上未有定论。[1] 长期以来,出于社会经济考虑,尤其是对外来人员滞留不归及非法移民现象的顾虑,欧盟国家对劳务合作持谨慎态度并严格限制,只有签订双边协议的国家,才有资格开展国际工程承包方面的劳务合作。

通过以上不同国家关于国际工程承包合同履行中限制雇佣海外劳务人员的法律规定,不难发现,关于限制国际工程中技术管理人员和劳务人员雇佣的法律适用,其来自两个方面:一方面是劳动者派出地,即劳动者所属国对于本国劳动者海外权益的保障;另一方面是劳动者工作地,即工程项目所在地对于优先雇佣本地劳动者的强制性要求。两类法律的限制和要求在侧重点方面有所不同,但毫无疑问均关系到国际工程承包合同的履约效果。

四、设备进出口及工程投标的限制和要求

国际工程承包合同的履行和具体项目施工,在客观上需要依存于相应的材料、设备和专业施工辅助设施,而设备的进出口和人员的进出口,是两个不同的法律适用问题。譬如,美国不限制外国承包商从境外进口相应的设备和材料,但对其质量予以严格把控。日本对其他亚洲国家出口工程设施,但本国的国际工程项目则优先采用本土设备,原则上不从境外进口,且即便需要从外国采购建材,也受到高标准的严格审核及限制。[2] 韩国对建材进出口的法律适用与其他境外货物、商品并无本质不同,区分为自动许可和限制许可两种审批,前者是自由进出口,后者须经产业资源部审批,以公告的方式确定限制入境的建材种类、数量、金额及许可程序。[3]

就国际工程承包合同订立阶段的招投标而言,法律适用直接决定着投标资格的有无及宽窄。在美国,外资承包商从事于工程承包业务、订立国际工程合同时,不受严格限制,通过资格预审者均有机会竞标,但资格预审表中对过往国际承包经历、保函金额等设定很高标准。日本的国际工程承包合同亦以招投标方式订立,程序适用相关法律进行,包括但不限于《会计法》《预算决算及会计令》。依据日本《会计法》,只有《政府采购协定》缔约国的承包商才有国际工程投标权限,且要求特定比例的工程量只能由当地企业施工。各国对外国工程承包在本国开展业务的

---

① 沈太霞:《论欧盟人员自由流动的法律保障制度》,《朝阳法律评论》2020 年第 1 期,第 201 页。

② 周海琴:《日本货物进出口贸易协调性的动态分析及启示》,《日本问题研究》2014 年第 1 期,第 23 页。

③ Sherzod Shadikhodjaev, "Duty Drawback and Regional Trade Agreements: Foes or Friends?", *Journal of International Economic Law*, Volume 16, Issue 3(September 2013), pp. 587-611.

立法中,或构建分级资质管理,或规定强制使用当地劳务、联合承包、强制分包等条款,是国际工程承包合同主体进行了不当限定。运用国际私法确定承包合同法律适用时,更加注重当事人意思自治和公平正义的体现,这与适用工程所在地法不无矛盾。

第三节　国际工程承包法律适用体系比较与借鉴

前文就国际工程承包合同主体的法律适用进行了探讨,基于 GATS 关于市场准入的基本要求,各国基本上都对国际工程承包合同的订立主体,尤其是工程从业人员的资质做出了限定。从主体来看,国际工程承包合同是由业主、承包商等私人主体之间订立的商事合同,但是其履行过程中受到诸多国家实体法的监管和约束,譬如劳动法、环境法、质量管理法、安全生产法等(图 3-4)。故而,国际工程承包合同的法律适用处于各国私法体系与公法体系相互交叠的状态,又因为各国的国内法律制度彼此间存在差异性,导致问题更趋复杂,因此,很有必要对各国关于工程承包的实体立法加以比较,这是探讨法律适用的前提,也是法律适用中必经的环节。当然,即便国际工程承包法律体系中存在多种规范,但处于中心位置、最能反映此类合同独特性的实体法莫过于各国的建筑规范。事实上,各国的建筑立法原本主要是针对无涉外因素的国内工程承包,但其并未排除适用于具有国际因素的工程承包合同,因此其具有可适用性及可借鉴价值。每个国家的具体情况各异,相应地,各国立法中适用于国际工程承包合同的建设法规、标准也不尽一致。出于对国家经济安全和当事人私法权益的维护,适用工程所在地国家的建设立法,已经在一定程度上成为国际共识乃至通例,各国的承包商在海外承接工程项目时,往往都会做到自觉遵守东道国当地的法律体系。但细研究各国建设实体法,法律冲突的存在仍然困扰国际建设工程承包企业。

一、美国建筑法重视承包主体资质的标准化审查

在国际工程承包合同法律关系中,承包单位承包工程应当依法取得相应的资质,并在其资质等级许可的范围内从业,这是从主体方面对合同关系的法律适用和法律调整。对承包商而言,不得超出企业资质的范围承揽国际工程项目。[①] 相应地,国际工程承包合同的签订往往建立在发包人对承包人资质、能力、经验等多方

---

① 生青杰主编《建设工程法》,武汉理工大学出版社,2007,第 17 页。

面的全方位考察基础上,特别是采取招投标方式订立的合同,发包方是按照公开、公平、公正原则经过法定程序而择优选中的承包商,与其订立合同既需要遵守契约精神,又要遵循建筑业的法律法规。与此同时,当国际工程承包合同的发包人是政府或政府机构时,还涉及政府采购合同的法律适用。目前,美国不仅颁布了《联邦采购条例》,而且制定了两项标准化法规,确立了完善的技术规范、版权保护、合格评定和认证程序。[①]

图 3-4　建设工程所涉法律体系及制度体系

美国政府存在司法、立法和行政部分的分工,每个部门都为管理设计和施工合同的法律体系做出贡献。这些法律源于普通法、成文法、法规和行政法,而位于美国境内的国际工程承包项目可能适用于多重法律管辖,所适用的法律取决于项目是私人还是公共、项目所在的司法管辖区和项目的性质。从法律位阶来看,美国关于国际工程承包合同的法律包括建设法规、行业规章、技术标准等。其中,建设法规是地方自治的项目,并非中央政府所管辖,其制定方式是由民间自发性制定,再通过各州政府的立法程序,成为州强制性法规。[②] 美国《统一建设法规》是该国关于国际工程承包及建筑业管理的基本法,其对辖区范围内建设物的施工、改建、维修以及管理、许可等规定得尤为详细。在美国,专业和其他执照和许可要求因州而异,建设工程施工作为一个非常详细和规范的法律领域,不仅取决于司法管辖区,而且取决于正在进行的项目的性质(如设施的建设、公共工程的工程)、所涉及的实体(如个人、公司、合伙),以及正在进行的项目类型。作为一个非常广泛和一般的概述,工程师或承包商可能需要获得的许可证包括:第一,工程师及建筑师牌照,

① 陈燕申:《“走出去”倡议中的工程建设法制与标准问题:美国公共工程采购法规与标准探讨》,《工程建设标准化》2019 年第 1 期,第 54 页。

② 陈浩文:《涉外建筑法律实务》,法律出版社,2004,第 253 页。

工程师或建筑师必须持有专业执照才能在项目所在州提供服务。为了获得所需的执照,工程师或建筑师通常必须达到一定的教育水平,满足该领域的经验要求,通过国家管理的执照考试,并满足其他要求,如居住、道德和费用要求。第二,总承包商的许可,虽然并非每个州都要求总承包商要有执照,但部分州有必须满足的要求。例如,总承包商可能被要求满足特定的教育要求,拥有特定的经验,和/或参加并通过特定的测试。这是非常重要的,因为在一些州,没有执照的承包商被认为已经丧失了任何提起法律诉讼的权利以寻求对已完成的工作的报酬,或可能被要求退还所有收到的项目工作报酬。承包商可能会注册国内或外国公司做生意的国务卿的项目,从机构或机构获得纳税人识别号,收集国家和市政税,去申请当地的营业执照(图 3-5)。

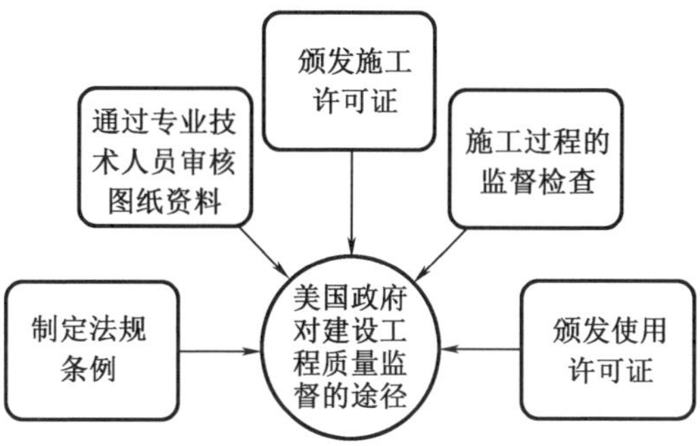

图 3-5　美国政府建设工程进行监管的方式

美国联邦层面的国际工程承包合同和建设工程立法由国会或总统所授权的行政机关制定。在建筑工程方面,美国政府实施工程质量的全过程管理。《美国统一建筑条例》包括三方面内容:第一,设计质量监督;第二,美国建设审图机构;第三,美国的专业执照制度。针对特定的建筑工程项目,美国存在多种格式合同可供当事人选择使用。[①] 实践中,建筑师、工程师或承包商通常会为业主提供可供选用的合同初稿以供商谈,而业主则常会寻求专业律师对合同文件进行必要审查和适当修改。[②] 在美国,标准合同格式是由与建筑业有关的组织发布和销售的。其中最受欢迎的格式合同包括:第一,美国建筑师协会(AIA)合同。此类合同条件由美国建

① 许军珂:《从法律适用条款看冲突法对国际格式合同的规制》,《政法论坛》2005 年第 1 期,第 181 页。

② 杨波、陈生辉:《完善我国注册建筑师管理机制研究》,《工程建设与设计》2018 年第 3 期,第 10 页。

筑师协会提供,普遍适用于国际工程承包合同的文本。但有观点认为,AIA 合同对风险的分配偏向于建筑师而不利于业主,其常用于一般建筑而不是重型建筑。第二,美国工程师合同文件联合会(EJCDC)合同。EJCDC 合同由美国工程公司理事会、国家专业工程师协会/私人执业专业工程师协会和美国土木工程师协会-建设协会编制,常用于专业工程驱动的“水平”建设项目。第三,Consensus DOCS[①] 合同。此类合同条件是由一个总承包商和分包商组成的小组创建的,但其也获得了其他部分小组的认可。此类文件出现于 2007 年,旨在代表建筑项目所有各方的共识,包括 AIA 合同中有关风险分配的各方。Consensus DOCS 将自己标榜为美国联合总承包商文件的继承者。第四,国际咨询工程师联合会(FIDIC)合同条件。FIDIC 合同条件由国际咨询工程师联合会提供。虽然 FIDIC 合同形式在国际上广为人知,但在美国却很少使用。[②] 就国际工程设计责任而言,法律规定设计工程师的设计必须满足基本的规则,如果因为设计并未达到这些最低要求而造成建设单位(业主)的损失或损害,则设计工程师需要承担相应的法律责任。[③]

二、英国建筑法严格约束建筑商主体资质

在英国,建筑工程活动受制于诸多法律体系调整,其中既包括刑法又包括民法,二者均涵盖诸多的工程活动。英格兰和威尔士的法律在适用范围上最为广泛,其建设工程法涵盖国会立法、部门法规、技术准则、行业标准等多种形态。而有关国际工程承包的法规在性质上属于仅低于国会立法的重要规范,具体到建筑法规领域,通常特指的是 2010 年《建筑条例》。[④] 为进一步解释《建筑条例》,英国国会还发布其他次级立法,主要包括《建筑核准检查员条例》《建筑地方机构管辖权条例》《建筑能效条例》等。苏格兰、北爱尔兰、威尔士等议会发布的法规基本上也参考了这些法规。

从上位法角度来看,《建筑条例》的上位法是国会所颁行的 1984 年《建筑法》,这部法律第 1 章的标题即为“建筑条例”;全部的 135 个条文当中,第 1 章占 46 条,

① Consensus DOCS 组织是包括美国总承包协会(AGC)等在内的 23 个企业、协会组成的一个联盟,其中 AGC 是该联盟的领导者。

② DLA Piper, “Industry Forms of Agreement”, available at: https://www.dlapiperrealworld.com/law/index.html? t = construction&s = forms - of - contract - procurement - methods&c = US, June 16th,2021 last visited.

③ 井润霞:《美国建筑工程设计和施工图审查质量的法律责任探析》,《质量管理》2010 年第 9 期,第 22 页。

④ 郭建安:《国外建筑质量监督管理做法之鉴》,《质量探索》2013 年第 5 期,第 43 页。

可见分量之重。依照《建筑法》,由主管社区与地方政府事务的国务大臣,即社区与地方政府部部长负责制定建筑条例。《建筑法》同时规定,《建筑条例》还须征求建筑条例咨询委员会、地方机构代表、相关公共机构(尤其是消防部门)等的意见。①

就刑法而言,从理论层面分析,存在大量可适用于建筑工程行业的刑事法律规范。然而,从实务层面来看,最有可能使建筑公司落入刑法适用范围的莫过于对1974年《工程健康与安全法》的触犯。尽管1974年《工程健康与安全法》仍然是该领域最为重要的唯一的一部立法,但是需要注意的是建筑工程行业还涉及无数其他的法规。其中,2015年的《建设(设计与管理)法规》通常被业界简称为《CDM法规》,总体上移植了欧洲的指令,尤其是那些关于执行临时和可移动的施工场所最低标准的指令。② 尽管在英国脱欧后,《CDM法规》的适用并不会受到直接的冲击和严重的影响,但是对英国的政客而言,他们很可能将脱欧视为对《CDM法规》进行更新,从而脱离欧盟指令等统一立法的契机。除此之外,英国的现行建筑立法中针对有资格从事国际工程承包的当事人设定了许可证制度,打算在英国订立国际工程承包合同的承包商,有必要先申请获得相应的许可证,并由相关组织针对具体个案当中的情况做好事先的法律研究,尤其是要调查清楚其需要获取哪些许可。值得指出的是,主要的建筑工程(包括商用和居住用)通常需要符合建筑法规,并且可以期盼此类法规将会不时进行更新和调整,从而不断改进安全需要,尤其是居住的发展方面的需要。

为了使国际工程承包合同的履行符合当地的标准,还有必要关注英国的环境立法。具体而言,2017年《城乡规划(环境影响评价)(英格兰与威尔士)法规》要求业主和承包商在获得规划许可证之前进行环境影响评价,从而确保工程的施工不至于对当地的环境造成消极的影响。类似地,建筑法规还针对发展设定了可持续性的标准,譬如最低能源要求。似乎有一个确定的趋势,即商业的进行需要符合并追求良好的环境及可持续发展要求。这在国际工程承包领域亦有所体现。

许多发展项目需要与地方当局和公用事业供应商做出安排,以便建立适当的基础设施。这一法律领域本质上是涉及法律规定或暗示的条款和条件,或在合同中是强制性的。由于这个问题太笼统了,所以很难做出任何具体评论,但是,同样

① 叶凌、程志军:"英国建筑法规及其实施监督简介",载中国工程建设标准化网:http://www.cecs.org.cn/jsjl/8024.html,最后访问日期:2021年6月5日。

② Elly Ball, "A Brief Guide to UK Construction Laws", available at: https://www.designingbuildings.co.uk/wiki/A_brief_guide_to_UK_construction_laws, last visited on June 14, 2021.

的,在英国脱欧后,这个领域没有什么明显的更新。

对于实施《建筑条例》的监督,存在三种机制:一是全套方案。图纸提交建筑工程管理机构审查和存档。各环节具体操作由建筑工程管理机构聘用的检查监理人员进行。二是工程告示。要求在工程开工两天前向地方机构提交申告,并由地方机构对各环节进行检查验证。但这种模式不适用于带工作场所,或增加套间的房产。三是资质人员。对于特定资质人员承担的特定工程,可不再进行上述检查等环节。

三、德国以联邦和州法共同调整工程主体

通过回溯历史可以发现,19 世纪中叶的德国,与建筑活动相关的法律法规均规定在警察法之中,与城市规划建设及建筑工程有关的管理和监督活动,均由建筑警察行使审批职权,并由建筑警察予以工程监理。[①] 直至第二次世界大战以后,警察权开始隶属各个州自行规束,由此便产生了州级的警察法。为了对警察的权力进行必要的约束,限制其对建筑行业活动进行过多的干预和监管,各州的立法机关逐渐将建筑行业相关的活动从警察的权力当中抽离出来,从而单独为建筑业立法,形成了一种相对独立的法律状态。[②] 这种情况持续至今,成为各州自行管制的范围。换言之,在德国,关于国际工程承包和建筑行业的法律并不是全国统一的立法,而是各州的地方立法。

发展至今,德国的建筑工程法律体系已经涵盖了《联邦建设法》《劳动保护法》等一系列法律法规和条例标准,《联邦建设法》是国家建设管理的根本大法,与其平行的还有《联邦水平衡法》《联邦土地法》《自然保护法》等,这些法律的集合系统共同组成了德国建设工程法律体系。为了满足德国不同历史发展时期对建设工程承包提出的法治需求,德国先后制定了《规划与建设法》《专项规划法》《空间秩序法》《建设法典》,除联邦层面外,各州建设规章也被视为管理综合发展的核心法律,其在明晰规划授权、规划程序和规范管理的同时,借助于立法层面的衔接,为联邦、州、地区的国际工程承包法律适用确立了基础。[③] 实践中,德国承包商订立国际

① 毛凯:《德国建筑法律法规体系研究》,《工程建设标准化》2020 年第 9 期,第 53 页。

② 张庆阳、刘文钊:《德国建筑业管理概览》,《建筑》2019 年第 3 期,第 52 页。

③ 周宜笑:《德国规划法体系与空间秩序法简介》,《国际城市规划》2021 年第 2 期,第 143 页。

工程承包合同前，首先要受所在州建设法的规制，获取来自国家层面的建设规划许可。[①] 在州法无权规定时，方可适用《联邦建设法》。就州法而言，德国巴州《建设法》最具代表性，其与我国立法的体例安排及立法思路差异较大，前者并没有把建设工程发包与承包、建设工程质量管理、建设安全生产管理规定于其中，而是通过单独立法予以规制，确保法律的实际可操作性。而我国《建筑法》立法思路是以统一的法律规范调整和解决建设市场的具体现实问题。该法律自 1997 年颁布实施后，虽然在 2011 年进行过修订，但其所适用的范围十分局限。这部立法的名称为《建筑法》，其并不同于《建设法》，前者所指称的建筑，严格限定为通过人工建筑而成的固定资产，包括房屋和构建物，而《建设法》则具有更广泛的含义，工程承包、监理、设计、施工等均在其调整之内。从法律规范的适用范围上分析，现行《建筑法》只能囊括房屋建设工程领域的施工，对能源、交通、基础设施等国际工程项目，以及施工之外的决策、咨询、设计、管理、勘察等并无规范，存在严重疏漏，与我国国际工程承包的体量和世界地位极不相称。特别值得一提的是，我国已有人大代表从推进全面依法治国的角度出发，提出在未来的立法修改和完善过程中，有必要将现行《建筑法》修改为《建设法》，确立起基本上能够涵盖整个建设工程领域各行业、各阶段市场运行和建设管理的法律。[②]

四、韩国法高度重视承包商承揽海外工程项目

与其他的大陆法系国家不同，韩国虽然作为我国的亚洲邻国，但是其法律制度在很大程度上吸收和借鉴了英美法元素，其建筑行业立法是在继承英美法系判例法传统并加以现代化改造的基础上不断完善的。[③] 其国内关于工程承包的实体立法，与国际立法的总体趋势高度接轨，对其国内承包商承揽国际工程承包项目具有积极的促进作用。[④]

韩国建筑业有三部基本的法律：《建筑法》《建设业法》《建筑土地法》。其中

---

① 李泠烨：《土地使用的行政规制及其宪法解释：以德国建设许可制为例》，《华东政法大学学报》2015 年第 3 期，第 147 页。

② 戴雅萍："建议将《建筑法》提升为《工程建设法》"，载道路眺望：https://mp.weixin.qq.com/s/9ewdZGfXp4u549Ws5BKRkw，最后访问日期：2021 年 9 月 25 日。

③ Emre Cakmaka and Pinar Irlayici Cakmak, "An Analysis of Causes of Disputes in the Construction Industry Using Analytical Network Process", in Procedia Social and Behavioral Sciences, Vol. 109, No. 1, 2013, p. 183.

④ 张大平：《中韩工程公司国际项目竞争力比较分析》，《国际经济合作》2018 年第 5 期，第 67 页。

《建筑法》偏重技术标准层面的约束,《建设业法》则对整个建筑行业做出工程管理规定。韩国《建筑法》规定,许可审批部门如发现违规,须取缔工程承包合同当事人的建设权利,责令其限期停工并拆除违建,按照法律的规定和许可的范围改建、修理、变更用途,处罚主体包括建筑单位、施工单位、现场管理人员、所有人或占有者等。① 近半个世纪以来,韩国的建设工程承包行业从零起步,现已进入快速发展阶段,迄今成为国民经济的支柱产业,离不开完备且现代化的建设工程立法。② 从工程主体承包资格的法律适用来看,韩国《建筑法》明确了建筑业的种类、许可、基准,细化承包商资质的条件,有利于统一建筑许可申请环节,从源头上对建筑业的准入进行把关。③

在对外工程承包方面,韩国是全世界罕见的通过高位阶立法的形式鼓励并促进本国承包商前往海外承包国际工程承包项目,并订立国际工程承包合同的国家,其颁布的《海外建设促进法》充分重视海外工程承包在国家对外经济发展中的基础性作用。其中,鼓励韩国承包商"走出去"的具体措施包括:为本国承包商赴海外开展工程项目建设发放许可证,弱化政府对本国企业赴海外进行国际工程承包项目的招投标竞争限制,创建韩国海外建设协会,从而以社会团体的组织形态予以促进,确定各企业国际工程承包额上限,为韩国前往国际市场承揽国际工程的承包商设定金融、税收等优惠待遇。韩国海外承包工程(包括建筑、电力、通信)由韩国建设交通部主管,依据《海外建设促进法》进行管理、指导和服务,通过所属海外建设协会实施。在韩国民法体系下,又专门围绕建筑工程中的法律关系制定了《集合建筑物法》,大大推动了不动产登记无纸化,有利于工程质量监管。④ 从韩国参与国际工程承包的实际来看,体现出明显的政府官方推动与民间对外拓展相结合的趋势,半公半私、亦官亦民、相辅相成是韩国企业在国际工程承包市场竞争的主要特征。⑤ 据统计,2020 年新冠肺炎疫情期间,韩国的对外承包工程合同总额达 351

---

① 周健:《美韩日建筑市场及对中国对外工程承包企业的启示》,《江苏建材》2012 年第 1 期。

② 白伟、周啸东:《解析韩国现代工程建设公司》,《国际工程与劳务》2015 年第 6 期,第 72 页。

③ 向必元、刘文峰:《〈建筑法〉修订的思考:与韩国〈建筑法〉的比较研究》,《青岛理工大学学报》2008 年第 2 期,第 39 页。

④ 金荣喜:《试评韩国〈集合建筑物法〉第三次修订》,《现代法学》2009 年第 3 期,第 44 页。

⑤ 金峰:《韩国承包商国际工程市场竞争优势分析》,《建筑时报》2014 年 2 月 20 日,第 6 版。

亿美元,创下近五年的最高业绩,同比增加 57.3%。[①] 2020 年 8 月,韩国海外基础设施城市开发支援公社(KIND)与巴拉圭铁路公司(FEPASA)签订了巴拉圭轻轨项目合作协议,为两国政府间(G2G)合作搭建了桥头堡。2021 年 3 月,韩国现代工程建设公司击败来自西班牙、中国、葡萄牙等国的竞争对手,成功中标秘鲁钦切罗新国际机场场平项目。[②]

近年来,韩国的国内工程承包市场日益饱和,政府出台有关鼓励措施,促进本国承包商拓展海外市场,因地制宜地为大企业和中小建筑企业积极“走出去”奠定相应的基础。工程技术成功地由劳动密集型转为技术密集型。韩国建筑承包商不断提升技术实力,在行业研发、产业竞争力方面苦下功夫,在国际工程界市场竞争中占据了“技术桥头堡”。[③]

五、法国明确国际工程承包四方主体的市场地位

(一)法国建设法规体系及建设市场管理

法国针对建设工程的质量保险采取了强制性立法的模式,其法律制度的发展不仅起步较早,且制度设计较为成熟,对建筑行业的实践具有很强的指导作用。早在 1804 年,《法国民法典》中就明确规定了建筑师和设计师等承包商负有缺陷担保责任,即便工程竣工且合同履行完毕,承包商仍然承担着后合同义务。承包商必须在工程竣工 10 年之内持续性地保持建筑物缺陷维修义务,甚至即使在超出 10 年之后,如果存在确凿证据显示承包商实施欺诈,则承包商将继续承担维修职责。由此,便确立了法国建筑工程立法中工程质量担保制度的雏形。如今,这项制度得以保留下来,分别规定在《斯比那塔法》和《法国保险法典》中。《斯比那塔法》确立了法国工程质量担保制度的框架。《法国民法典》第 1 792 至 1 795 条规定将 10 年保证期确立为强制性保护,即使合同双方存在合意,也不得在合同中约定更改或免除相关义务,免责约定将构成无效条款。“10 年担保”只适用于在建筑物交付时的隐

---

① 韩联社:“2020 年韩国对外承包工程合同额增长 57.3%”,载中国商务部官网:http://www.mofcom.gov.cn/article/i/jyjl/j/202101/20210103030047.shtml,最后访问日期:2021 年 6 月 29 日。

② 韩国国土交通部:“韩国积极推进以政府间合作促海外投资开发新模式”,载走出去导航:https://www.investgo.cn/article/gb/gbdt/202008/502361.html,最后访问日期:2021 年 6 月 29 日。

③ 高景亮:“韩国服务贸易现状、特点及促进政策”,载中国国际贸易促进委员会官网:http://www.ccpit.org/Contents/Channel_3611/2015/0601/464531/content_464531.htm,最后访问日期:2021 年 6 月 10 日。

蔽缺陷,如该建筑缺陷是显见的,则业主应当声明有保留接受或者无保留接受以及拒绝接受并记录在册。

在建设工程质量强制担保制度的基础上,《法国保险法典》进一步构建了建设工程强制保险制度,包括强制责任保险、强制损害保险。前者由工程承包商、施工方投保,主要针对建设工程 10 年担保责任,后者由业主投保,以强化工程的质量保障。强制性技术监督制度是法国建设工程保险制度的另一特色,即由第三方建筑工程质量检查机构对建筑工程的方案设计、施工图设计和施工过程的各个阶段进行检查,该机构应得到国家建筑工程检查机构认证委员会的资质认可,向保险公司和业主负责,保险公司是否愿意为工程承保,很大程度上取决于技术检查机构对工程的规划设计、施工质量的检查意见。①

法国对国内建设承包市场管理的相关法规,主要有《建设与住房法典》《建设设计师道德法典》《公共业主与私营工程管理法》《建设分包》等法令。1991 年,《法国建筑与住宅法》颁布实施。该法包括法规部分和条例部分,法规部分第一卷涉及房屋建设、建筑安全等监管内容,第二卷则专门规范建筑承包商的资质及其活动。② 在法国的国际工程承包合同法律关系中,主要涉及四方主体,包括:第一,业主/客户,这是委托承包商开展国际工程建设的一方(通常是土地所有者或开发商)。在建筑合同中,这个实体通常被称为"业主";第二,承包商(企业家),业主聘用总建筑承建商进行及完成工程,该承包商通常会反过来聘请分包商进行和完成工程的单独部分,业主也可以签订几份合同,每个承包商负责部分工程;第三,建筑工程师,即负责制订计划的一方,并负责监督项目的实施;第四,资助者,这一术语用于描述向所有者提供资金的银行。③ 在履行国际工程承包合同过程中,双方可以自由提供任何付款方式(一次性付款、计量、付款时间表等)。根据测量付款是最常见的。④ 工程款支付担保,是指为保证业主履行工程合同约定的工程款支付义务,由担保人为业主向承包商提供的,保证业主支工程款的担保。此外,业主有权

---

① 孙宏涛、刘秉昊:《强制性及第三方质量检查机制:法国建设工程潜在缺陷保险的启示与借鉴》,《中国保险报》2018 年 12 月 12 日,第 1 版。

② 佚名:《〈法国建筑与住宅法简介〉》,《上海房地》2001 年第 9 期,第 77 页。

③ DLA Piper, "Parties to A Construction or Engineering Contract", available at: https://www.dlapiperrealworld.com/law/index.html? t=construction&s=forms-of-contract-procurement-methods&q=parties-to-a-construction-or-engineering-contract&c=FR, last visited on June 16th, 2021.

④ 马鹏、段泽、晋方钰:《国际工程 EPC 项目固定总价合同模式下计量结算方式探索》,《建筑与预算》2019 年第 11 期,第 9 页。

保留不超过工程总价5%的款项，以保证在工程验收之日对产生的任何缺陷进行补救。承包者有权要求以银行保证人取代该担保人。

（二）法国对外承包工程法律体系

在法律适用层面，鉴于法国并没有单独针对国际工程承包颁布专门法律法规，法国承包商在对外工程承包的合同管理方面往往主要依据各国普遍认可的国际惯例和通行做法。概言之，法国对外承包工程领域管理，可归纳为国内与国际两个层面，一方面按照国际通行惯例和确定业主与承包方的主要权利义务，这集中体现在对FIDIC合同条件的适用上；另一方面，在建筑质量管理和工程安全保障方面，要遵循法国国内法中的强制性规则。[①] 从实务角度来看，多数情况下，法国对外承包工程是按照国际惯例和做法进行管理的。鉴于法国对外工程承包"输出"有不少国际项目位于非洲的法语区国家，法国承包商极力在合同中订入法律适用条款，试图使此类项目的管理和合同争议的解决"挣脱"工程所在地法律的管制，而是适用法国国内法。与其他建筑业发达的国家相似的是，法国建筑业高度重视各种行业团体、私人与公共组织和建筑工程部门的协会向其成员提供标准表格合同，尽管这种示范合同文本更多是推荐性的而不是强制性的，但是其确实在实践中具有不容忽视的价值。由于法国国内存在其本国的示范合同文本，故而FIDIC合同条件绝非唯一选项，目前在法国并不普遍使用。对法国业主和承包商而言，对国际建设工程合同条件的选择通常取决于许多因素，其中包括但不限于：项目的时间框架；预期成本和意外成本的范围；项目是私人的还是公共的；等等。

六、域外国际工程承包法律适用体系对我国的借鉴

在比较域外其他国家关于建设工程领域的成熟立法基础上，借鉴发达国家或地区的经验，完善我国的建设工程承包立法，甚为必要。事实上，上述国家的建设工程立法，大多反映了国际工程合同条件和国际惯例的元素，经过长期的实践，被证明是符合建筑行业发展规律和市场内在要求的。当前我国的国内建筑立法，还有不少尚待完善的空间，这集中体现在以下方面。

第一，国际工程承包活动具有周期较长、涉及面广、人员流动性大、技术要求高等特征，因此在法律适用方面强调三大原则：国际工程承包合同中应突出工程质量和项目安全；国际工程承包活动的有序开展需要符合工程所在地法律当中的安全标准；国际工程承包合同的履行应当在保护当事人合理预期的基础上，不损害社会

① 储直明：《法国建筑工程质量保险经验及借鉴》，《建筑》2009年第10期，第42页。

公共利益及其他主体的合法权益。

第二,鉴于国际工程承包合同涉及多层面的法律问题,在探讨法律适用时,应当合理采取分割法,而不宜僵化地运用单一论。具体而言,合同主体的法律适用、建设工程客体的法律适用、各方当事人权利义务关系的法律适用虽然统合在同一主题下,但是彼此具有一定的独立性。尤其是对于合同主体缔约资质及行为能力的法律适用,离不开对市场准入、外国法人认许等制度的探讨。通过比较各国实体法可见,对承包商及从业人员的资质进行把关尤为必要,但各国的准入门槛宽窄不同,故而需要解决法律适用问题。从建筑行业准入表象背后的深层经济因素思考,充分开放建筑业市场,需要对市场经济体制、对外开放框架加以掌握,不能毫无底线地开放市场,也不能过于保守而封闭市场。[①] 借鉴国际建筑工程立法,顺应行业趋势,构建符合国情的市场准入和质量保障立法为大势所趋。

第三,在国际工程管理和建筑行业合同范本制定中,充分重视行业组织、社会机构等非公共机关的作用,并以立法方式将此类组织的职责明确下来,同时重视法律法规以外的技术标准在建筑工程合同纠纷解决中的作用。例如,日本的《建设业法》设立了建设业审议会等顾问机构和社团等中介组织,还制定了结构完整、科学合理的技术法规与技术标准体系。相比于立法,技术标准包括强制执行的最低标准,也包括行业协会拟定的推荐性标准,供业主和承包商选择适用,以便满足具体情况下的不同需要。相比于立法和法规,技术标准多体现为“自下而上”的特征,由私人建筑企业通过竞争的方式加以制定。另一部分技术标准则属于具有强制力的法规,属于国会立法的范畴,由政府内设的专门机构管理并督促其实施。

第四,同其他国家的建设工程立法相似,我国《建筑法》高度重视工程质量、安全及其管理,全法 85 条中有关工程质量和安全的有 65 条之多。这部法律对加强建筑活动安全监管、维护建筑市场良好秩序、促进建筑业有序发展有所裨益,但是这部法律对违反相关规范后所应当承担的法律责任界定不清。伴随着国际工程承包的快速发展,我国的承包商获得了世界认可,但在处理危害工程质量安全的不法行为时,《建筑法》缺乏有力的处罚机制。追责机制的欠缺,对行业新模式获得国内外认可造成了不良影响。为了促进工程行业管理模式的持续深入发展,必须审慎地评估新模式当中危害质量安全行为的法律责任,在修订《建筑法》时明确责任范围和担责方式。[②]

---

① 林镥海:《顺应发展大势 淡化行政许可 引入市场机制:对我国建筑业资质管理制度的思考》,《建筑时报》2020 年 8 月 24 日,第 3 版。

② 朱树英、石鹏:“修改《建筑法》应将行业新模式出现的危害建筑质量和安全的行为纳入法律责任”,载建纬律师微信公众号,2020 年 8 月 10 日。

本章小结

国际工程承包合同主体的法律适用,是整个国际工程承包合同法律适用体系中的先决问题。无论是自然人抑或法人,其是否具备建筑行业当中的市场主体资格,取决于法律是否认可其民事权利能力和民事行为能力。在一国获得工程承包主体地位的当事人,未必能够在其他国家也享有市场主体地位,而是需要先从法律适用角度对其应当适用的法律予以审视。在传统的国际私法领域中,对于属人法联结点的探讨和对于外国法人认许的探讨同样适用于国际工程承包合同主体的法律适用。但是,应当注意的是,建筑行业有其内在独特性。对相应主体法律地位及民事能力的探讨,无法回避各国建筑行业市场准入的问题。换言之,私法问题与公法问题、国内法问题与国际法问题、程序法问题与实体法问题,在国际工程承包合同主体的法律适用这一重要的基础性问题上出现了交错,对其予以深入探讨,必须确立宏观的法律适用系统论思维。

第四章 国际工程承包合同法律适用方法论

无论是传统国际私法抑或现代国际私法,虽然罕见专门探讨国际工程承包合同法律适用的论著,但是针对国际民商事合同法律适用的通行论著却汗牛充栋。事实上,已有大量法学界巨擘针对合同冲突法及国际商事合同法律适用的方法论展开过鞭辟入里的分析,形成了诸多具有较高价值的成果。值得一提的是,这些针对国际合同法律适用方法论的探讨,在很大程度上也适用于国际工程承包合同。通过对历史的考察不难发现,理论界与实务界对于国际合同法律适用存在不少分歧,但是大抵可以归类为主观论与客观论的矛盾、单一论与分割论的争辩。我国关于涉外合同法律适用的立法,在一定程度上借鉴了国际最新发展,在允许当事人就国际工程承包合同的法律适用加以选择的基础上,明确了在不存在合意选法时允许法官或仲裁员依其裁量权适用与涉案合同有最密切联系的法律。与此同时,工程所在地关于国际工程承包领域的强制性规定、国际上关于工程承包的统一实体法条约及惯例等,对国际工程承包合同的法律适用也具有深刻的影响。本章通过回顾历史,展现关于国际工程承包合同法律适用的理论分歧,并就我国国际工程承包合同法律适用的原则与路径展开论证,试图将理论与立法相结合,将规范充分融入实践,并为未来进一步的完善提供方法论层面的视角参考。

第一节 国际工程承包合同法律适用的多维性与复杂性

我国《民法典》合同编第十八章专门针对建设工程合同这类有名合同做了专章规定,该章共 21 条,分别就建设工程合同的定义、禁止违反分包与转包、竣工验收、支付价款、发包人和承包人的其他权利义务做了详尽的规定。其中,《民法典》第 788 条对建设工程合同做了广义的界定,将其规定为承包人进行工程建设、发包人支付价款的合同,一目了然地明确了合同各方当事人所承担的基本义务。在类型上，建设工程合同包括工程勘察、设计、施工等不同情况。根据这一规定，工程承包合同的客体是建设工程，既包括土木建筑工程，也包括相关线路、管道、设备安装工程所涉及的建筑和装饰等。[①] 就合同的主体而言，建设工程合同由发包人与承包人之间订立，发包人即投资建设工程的单位，统称为"业主"，承包人即具体负责工程勘察、设计、施工等业务的单位。国际工程承包往往具备资金投入量大、工程复杂、技术含金量高、专业性强等特征，工程质量不仅关乎发包人的经济利益，而且与社会上不特定公众的人身和财产利益、国家经济安全等密切相关，其受到国家的干预比较突出，这也是国际工程承包合同不同于普通民商事合同的一个显著特征。

一、国际工程承包合同法律适用的界定

(一) 法律适用概念的词源学考察

所有的建设工程，都诞生于合同。[②] 而合同的概念，特指在法律上具有可执行性的协议。对于国际工程承包合同而言，由于与两个或两个以上的国家具有关联，故而需要先明确特定的争议事项适用的究竟是哪一国家的法律。探讨国际工程承包合同的法律适用问题，需要从两个方面入手：何为国际工程承包合同，何为法律适用。

在界定了国际工程承包合同的前提下，还要进一步探讨何为法律适用。所谓法律适用，学理上存在不同的理解，尤其是，国际私法视角下理解的法律适用，与法理学中理解的法律适用并不完全一致。在谈及法律规范的解释与适用时，法律适用特指司法三段论这一逻辑公式中运用的"涵射"模式，即将抽象的法律规范运用于个案的具体事实，使静态的法律转化为具有生命力的判决结果这一过程。在国际私法学科内，讨论法律适用实则在讨论法律选择，即准据法的确定过程，特指法官根据冲突规范的指引确定将何国法律作为本案的准据法这一问题。在国内法层面，法律适用更多指的是法官根据案件事实和当事人的诉求来确定裁判规则并解释裁判规则的过程，即法官在纷繁复杂的法律体系中寻找具体法律规范，在解释其含义的基础上运用于个案并做出判决的整个流程，可以简要概括为"选法—找法—释法—用法"四个相互依托有序进行的裁判环节。事实上，虽然法律适用这一概念在不同的学科框架内存在不同的界定，但是各类界定之间亦不乏共性，即法律适用是指拥有裁判权的主体遵循"以事实为根据，以法律为准绳"这一基本价值要求而

① 黄薇主编《中华人民共和国民法典合同编释义》，法律出版社，2020，第 656 页。

② Mukund Sarda, "Contract Law and Construction Industry", *All India Law Digest*, Vol. 8 (2011), p. 29.

寻找法律、解释法律并运用法律的过程。

本书聚焦国际工程承包合同的法律适用。法律适用既是本书的研究对象，也是贯穿于全书各个章节的中心线索。因此，对于法律适用这一概念的语义，有必要予以考察和界定，这对后文中的讨论具有基础作用。从词源学或语义学角度来看，法律适用这一概念在不同的语境下具有不同的内涵与外延。在法理学视野下，法律适用存在广义和狭义之分。[①] 广义的法律适用是指国家司法机关、国家授权的行政机关、公职人员、社会团体和公民等，在其法定职权范围之内，按照规定的程序将那些具有普遍性、一般性、抽象性的法律规范运用到具体的社会行动及生活场景之中，从而实现依法而治、遵章办事，践行并贯彻法律规范的活动。在学理上，这种广义上的法律适用，也常被称为法的实施。[②] 根据主体的不同，法的实施方式既包括公共实施，也包括私人实施。[③] 相较之下，狭义的法律适用，仅指公共实施，且特指那些具备司法权的国家司法机关及其工作人员在具体的个案之中运用法律的行动，即公检法机关或司法行政机关依照法定的程序和方式，将法律规范应用于案件审理，此类法律适用活动常被概括为所谓的司法三段论，其具有法定性、权威性、程序性、严肃性、强制性、独立性等诸多特征。按照法律适用的主体、司法职责的分工、适用法律的依据等标准，狭义的法律适用可被分为司法适用、行政适用、仲裁适用，又可区分为民事领域、刑事领域、行政领域的法律适用，还可区分为法律的直接适用与间接适用（包括类推）、严格规则适用（羁束适用）与自由裁量适用（灵活适用）等。[④] 这些分类，对于准确理解国际工程承包合同当中的法律适用现象，具有较强的指导意义。

法律适用是一门严肃的学问，其内在蕴藏着自成一体的运行机理。事实上，与法律相关的活动常被总结为：立法、司法、执法、守法、法律监督。在这几项重要的行为中，除却立法活动是关于法律的制定，其他均可纳入法律适用的范畴。法律制定得好不好，是立法者的使命，而法律运行是否完善，则体现在法律适用当中。在法治实践中，法治之所以不同于法制，在于后者仅重点关注于法律制度本身制定得是否妥帖，而前者还关注现实生活中实际存在的法，二者的区别可以概括为行动中

---

① 雍琦主编《法律适用中的逻辑》，中国政法大学出版社，2002，第47页。

② Howell E. Jackson & Mark J. Roe, Public and private enforcement of securities laws: Resource-based evidence, in The Harvard John M. Olin Discussion Paper No. 638, 2009, p. 10.

③ William M. Landes, Richard A. Posner, "The Private Enforcement of Law", *Journal of Legal Studies*, No. 4(1975), p. 20.

④ 雍琦主编《法律适用中的逻辑》，中国政法大学出版社，2002，第48页。

的法与文本中的法。固然，法律制度的完善很重要，但是光有“良法”而无“善治”，则立法无益于徒有其表，无法为社会秩序提供坚实保障。相反，有些法律制度虽然存在疏漏，立法具备滞后性和不周延性，但是适用法律的主体本身存在一定的智慧，仍然可以借助于法律的解释、推理等活动弥补此种不完备性。[①] 由此可见，相比于法律制定，法律适用更为重要，而法律适用是讲究方法的，方法得当者可事半功倍，方法不当者则事倍功半，此种方法即学理上常称的法学方法论。与此相应，还有学者将法律适用中的理论、方法加以提炼，总结出了法律适用学，这门学问本身并非高深莫测，而是源自实践又超越实践。以我国著名法学家胡建淼为代表的学者，撰写关于法律适用学的专题式著作，分别从法律论、适用论、协调论、责任救济论四个层面构筑了较为完整的法律适用研究体系。[②] 在探讨国际工程承包合同的法律适用问题时，这些理论体系和方法论指引有很强的示范效应，这也是本书写作的立意之一，即将学理上已经在探讨之中的法律适用理论置于国际工程承包合同这一具体的视阈下进行专题研究，从法律适用这个视角入手，对国际工程承包合同所涉各类不同形态的法律渊源加以整合，从而达到辩法以明理、遵法以正身的效果。

相比于法理学、法律适用学方面的理解，国际私法语境下的法律适用概念具有更加明确的指向，其不仅关系到涉外经济交往，而且关系到某些国内法层面的强制性规定与外国法乃至国际法的冲突及适用问题，故而具有极为重要的理论意义。[③] 从国际私法的调整对象、调整方法来看，其旨在处理各国国内法之间的冲突及法院地法域内效力和外国法域外效力之间的抵触。具体落实到国际工程承包合同当中，法律适用是司法机关及法官在裁断争议时进行法律选择、寻求裁判依据的统称。换言之，此种法律适用以待调整的工程承包法律关系具有涉外性为前提，当合同与多个国家具有联系时，如何以法律选择的方式（间接方法）或统一实体法的方式（直接方法）确定合同所适用的准据法。[④] 通俗理解，国际工程承包当中的法律

---

① Gilberto Morbach, Are The Rule of Law and The Rule by Law Really That Different? in Journal of Things we like, (reviewing Jeremy Waldron, Rule by Law: A Much Maligned Preposition, available at SSRN), https://juris.jotwell.com/are-the-rule-of-law-and-the-rule-by-law-really-that-different/, last visited on July 2, 2021.

② 胡建淼主编《法律适用学》，浙江大学出版社，2010，第 55 页。

③ 黄植蔚：《论国际私法中“优先性强制规则”的性质与适用：以〈罗马条例 Ⅰ〉第 9 条为视角》，《东北大学学报（社会科学版）》2019 年第 2 期，第 187 页。

④ Gregory E. Smith, "Choice of Law in the United States", *Hastings Law Journal*, Vol. 38, Issue 6(1987), p. 1041.

适用，更准确地说是法律选择，即据以确定国际工程合同所适用的法律时，包括直接调整和间接调整两类方式。[①] 国际私法中的法律适用在很大程度上着眼于间接方法，诸多学者将法律适用等同于法律选择，即在定性的基础上确定应予援用的冲突规范，以冲突规范作为指引，结合特定事实要素，判断准据法，继而再将准据法适用于个案。[②] 严格来讲，国际私法中的法律适用，包括适用冲突规范、适用准据法这两个阶段，采取"法律适用—诉讼程序—裁判结果"这一实践导向的逻辑思维，但其基本上没有脱离国内法的范畴，无非是国内法的直接适用与国内法的间接适用，经冲突规范指引的准据法，往往特指某一国的实体法，既可能是法院地本国的国内法，也可能是某一外国的国内实体法。[③]

特别值得一提的是，法律适用与适用法律是两个概念。在现有的关于国际工程承包合同的著作中，常会探讨"适用法律"这一问题。严格来讲，从英文表述来看，"法律适用"对应的是 application of law，其本身是动宾结构倒置，蕴含的意思是在有权机关的主导下将法律适用于特定活动，其本身指向的是寻找法律的动作，即通过各种方法论寻求和确定在特殊情况下所应遵循的法律。相比而言，"适用法律"特指 applicable law，更加严谨的翻译方式应为"准据法"，对应的拉丁文系 lex causae，这一概念本身是名词而非动词，以"适用"修饰"法律"。[④] 从英美国家的冲突法来看，也常用自体法(proper law)这一概念来表达适用法律的含义。[⑤] 在国际私法或冲突法学界的共识下，准据法这项术语具有更窄的定义，特指在涉外案件中经冲突规范指引所适用的某一特定国家的实体法，非经冲突规范指引的法律不属于准据法，实体法以外的程序法、冲突法不属于准据法，国内法之外的国际条约、国际惯例、国际软法等非国家法能不能被归入准据法，尚存争议。[⑥]

需要强调的是，国际工程承包合同的法律适用问题与合同实体问题，不宜简单

① 张晓东、董金鑫：《冲突法性质、归属的法理学分析：对国际私法的调整方法和范围的反思》，《法治研究》2010 年第 1 期，第 53 页。

② 梅傲：《论涉外法律适用的风险防控》，《河北法学》2021 年第 5 期，第 20 页。

③ 梁仁辉：《主权原则与法院地法适用的冲突研究》，《理论观察》2018 年第 6 期，第 112 页。

④ 马一飞：《涉外商事合同准据法对仲裁条款的适用：以仲裁条款独立性为视角》，《商事仲裁与调解》2021 年第 1 期，第 139 页。

⑤ Brooke Adele Marshall, "Reconsidering the Proper Law of the Contract", *Melbourne Journal of International Law*, Vol. 13, No. 1(2012), p. 3.

⑥ 王惠慧：《非国家法在国际民事纠纷解决中的适用问题研究》，《青海社会科学》2018 年第 6 期，第 28 页。

地等同起来。具体来讲，对于国际工程承包合同而言，其并不当然地适用某一国家的国内法，而是需要先去解决法律适用问题。换言之，法律适用问题是前提，解决了法律适用问题，才能进一步依据准据法去解决合同的实体问题，否则就陷入“无源之水，无本之木”的境地。

在理解和界定国际工程承包合同的法律适用这一研究对象时，借助于现有的研究成果，需要分别从法律适用的要素、过程、方法、效果等方面进行剖析。就法律适用的要素而言，涵盖主体、客体、内容三个层面。法律适用的主体既涵盖法院、检察院、公安机关、行政机关等公主体，也包括自然人、法人、民间团体、社会组织等私主体。落实到国际工程承包合同中，工程项目的业主可以有多种，合同的类型是多元化的，包括以政府作为发包方的 BOT 合同、BT 合同、PPP 协议等行政契约，也包括发包方和承包方均为私人的民商事合同，二者在法律适用过程中显然属于不同主体范畴。就客体而言，法律适用可概括为将法律规范运用于法律事实从而得出裁判结论的活动，在这一过程中，法律事实与法律规范彼此间不时展开互动和联通，发现事实和适用法律的活动相辅相成，共同服务于法律的实施。相应地，法律适用的内容即适用法律的行为本身，可涵盖多重具体问题，如法律推理、法律论证及“涵射”等活动，这些活动的展开及法律适用的具体进行，需要遵循公认的方法论，如法律解释、漏洞填补、利益衡量、目的性限缩等。[①] 当然，本书的重点仍然要立足于国际工程承包合同这一论证背景，故而不会对法理学上的基础问题做过多展开，而是主要围绕着国际合同法律适用方法论、FIDIC 合同条件适用路径等独特性问题予以深入剖析。但是，在此之前应当明确，法律适用本身是在系统的思维观念基础上加以实现的，不可能抛弃整体的架构而片面地对法律适用进行讨论。

笔者认为，在探讨国际工程承包合同的法律适用时，应当从广义上来理解法律适用这一重要表述，它既包括冲突规范本身的适用，也包括作为准据法的国内实体法、国际条约、国际惯例、国际示范合同文件乃至程序法的适用。[②] 换言之，国际工程承包合同的法律适用，不问适用主体是谁，而是相对笼统地讨论应当遵循何种规范，该种规范是否具有可适用性等基本问题。

（二）国际工程承包合同法律适用的独特性

第一，分割法在国际工程承包合同法律适用中的运用。

从体系化视角审视，国际工程承包合同争议可能会涉及订立、效力、解释、变

① 曾令健、朱福勇主编《法律适用学讲义》，法律出版社，2020，第 70 页。

② 章尚锦、杜焕芳主编《国际私法》（第五版），中国人民大学出版社，2014，第 14 页。

更、履行、违约、救济等问题，解决这些争议毫无疑问是一项综合的任务，全面涉及各方当事人所属国及工程所在地国家关于法人主体资格的法律（如公司法、合伙企业法）、金融监管方面的法律（如外汇管制法）、人员出入境管理方面的法律（出入境管理法）、跨国税收征收及协调的法律（如企业所得税法、个人所得税法、打击国际逃税与国际避税的国际条约、解决国际重复征税与重叠征税的国际协定）、保护海外劳动者的法律（如劳动法、劳动合同法、社会保障法）、财产及信用担保的法律（如担保法、银行法）、工程保险及建设行业法律（如建筑法、保险法）。并且，这些法律的适用环环相扣，彼此间密不可分，对审理和裁断此类纠纷的机关来说是重大且复杂的疑难问题。

事实上，在中国的国际私法立法及涉外商事审判实践中，有关国际民商事合同法律适用的规定最为完善，有关涉外合同争议解决的实践最为丰富，且基本与国际主流趋势保持了高度一致。然而，在诸如国际工程承包这种复杂的跨境合同纠纷中，法律适用问题却仍然处于争议的中心，其解决起来不仅需要高超的法律技能，更需要缜密的法律适用思维。从外延来看，国际工程承包合同既包括 BOT 模式的政府特许协议等公法合同，也包括不同国家的自然人、法人、其他组织所订立的以财产关系为内容的私法合同，二者在法律适用方面显然存在一定的区别。[①] 这也是运用分割法确定国际工程承包合同法律适用的第一个层次，即对合同本身的属性做分类。譬如，通过 BOT 方式订立的国际工程承包合同往往牵涉 BOT 特许协议本身和与之一脉相承的辅助性合同。对于辅助性合同，通常按照法院地关于合同法律适用的冲突规范确定准据法和法律适用，对于 BOT 特许协议，则大多适用东道国的国内法律。[②] 此即分割法在国际工程承包合同法律适用中应用的典型例证。

分割法还涉及第二个更深层次的问题，即以争议的具体指向作为基准，针对合同订立和履行中的不同问题，分别确定其法律适用。具体而言，由于国际工程承包合同的法律适用涉及方方面面，其虽然均与国际工程承包合同密切相关，但每个领域都具有较强的独特性，故而有些国家采用“分割法”来处理国际工程承包合同的法律适用问题。所谓“分割法”，指的是将国际合同有关的各个环节进行拆解，使其区分为各个不同的法律问题，各环节适用不同的冲突规范分别确定准据法，由此可以将庞大复杂的法律适用问题予以分条缕析，更为细致地解决法律适用难题。但相比之下，也有国家在合同冲突法领域采取“整体法”，此种方法特指根据法院

① 丁伟、朱淑娣：《涉外商事合同属性及其法律的分割适用：以合同及其要素的公法性和私法性区分为基准》，《政治与法律》2005 年第 3 期，第 34 页。

② 高岚君：《BOT 方式中的法律适用问题新探》，《河北法学》2002 年第 3 期，第 67 页。

地有关合同的冲突规范确定相应的准据法，此种准据法将用于调整和支配与合同有关的所有问题。我国现行法律对国际私法意义上合同准据法的适用范围没有做出非常清晰的规定，已废止的司法解释曾经对此有所阐述。[1]

第二，冷冻条款在国际工程承包合同法律适用中的运用。

就国际私法基本原理而言，之所以在国际工程承包合同领域存在着对法律适用问题加以探讨的迫切需要，主要是相较于国内工程承包合同而言。涉外性是国际工程承包合同的基本属性，正是由于建设工程承包活动的主体、客体和法律事实中至少一方面涉及外国民商法的适用和管辖，如公司法、建设法规、保险法、劳动法及诉讼和仲裁制度等，而国际上尚不存在多边性质的统一实体法条约，各国的国内建设工程立法往往“各自为政”，究竟适用哪一国家的建设工程法律制度，如何从中加以挑选，便成为承包商、业主乃至法官和仲裁员所不得不直接面对的问题，因此产生了研究法律适用的必要。

然而，相比于国内工程建设，国际工程承包项目的实施，往往需要耗费更长的时间，在这个过程中经常会涉及工程所在国的政策调整乃至法律变动，此与该国所处的法律环境密切相关。在国际工程施工及建设过程中，投资人、业主、承包商、分包商等各类国际工程承包合同主体之间难免诱发相应的争议，而鉴于各国的法律规定存在差异，不排除在个案中产生法律适用冲突的可能。但是，此种冲突不只是停留在空间层面的地域法律冲突，因国际工程承包合同履行的时间跨度较长，还常常面临时间上的法律冲突。具体而言，时际法律冲突，指的是由于一国关于工程承包的法律发生变更或修订而产生的新法与旧法之间法律适用上的一种矛盾。实践中，时际法律冲突常见于三种情况：(1)法院地冲突规范在国际工程承包合同订立后发生了立法变更；(2)法院地的冲突规范虽未改变，但承包商或业主等主体的国籍、住所或惯常居所发生变化；(3)法院地的冲突规范虽未变化，但是与国际工程承包合同相关的准据法(国内立法、国际条约或国际惯例)发生了变化，这些情况都可能产生因新旧法律更替所引发的时际冲突。[2] 为了避免因国内立法的变迁而给国际工程承包合同的法律适用增添不稳定因素，部分承包商在谈判合同法律适

① 《最高人民法院关于审理涉外民事或商事合同纠纷案件法律适用若干问题的规定》(已废止)第2条规定：合同争议包括合同的订立、合同的效力、合同的履行、合同的变更和转让、合同的终止以及违约责任等争议。

② 韩德培主编、肖永平主持修订《国际私法》(第三版)，高等教育出版社、北京大学出版社，2014，第122页。

用条款的过程中,会选择订入冷冻条款。[①] 所谓冷冻条款,又称为稳定条款,被普遍运用于国家契约。[②] 但是,更难以解决的问题是,冷冻条款本身是否具有法律拘束力,冷冻条款的有效性又该根据何种准据法加以认定？此种条款是否具有独立性,抑或与主合同的准据法保持同一性？这些疑难问题,目前学理上还没有给出统一的答案,因此产生了分歧。为了更好地应对这些问题,详细调查并全面把握工程所在地的相关立法以及法律适用的有关规范,对于国际工程承包合同的风险防范和争议解决而言,显得尤其重要。

第三,当事人需要在合同起草阶段对法律适用做出安排。

相较于其他的国际民商事合同,承包商在决定订立及谈判国际工程承包合同时往往要更加慎重,从法律角度对合同内容加以反复斟酌并对合同中可能涉及的风险点进行仔细推敲。从法律角度来看,所谓合同审查,是指当事人根据国际工程承包项目的具体情况,依照合同所适用的国际法或国内法及相关惯例,对合同的订立、效力、履行、争议解决等进行管理,以最大限度地防范风险。[③] 实践中,合同管理的过程与合同审查相伴随。在对合同进行审核的过程中,需要由专业法律人士从法律适用角度对风险加以甄别,从而供当事人决策时借鉴。故而,国际工程承包合同的法律适用问题本身虽然是争议发生后需要重点解决的客观任务,但是这一任务的筹划与管控往往被前置到合同谈判及订立阶段。从这个角度来看,当事人往往对国际工程承包合同的法律适用问题有更多的事前争论空间,这为当事人意思自治原则的贯彻和执行提供了框架性基础。

第四,国际工程承包合同须遵循工程所在地强制性规定。

相较于其他的国际商事合同,国际工程承包合同既涉及大量的私法规范,也涉及部分有关工程管理的公法规范,因而是一个公法与私法充分交融的法律适用领域。事实上,在建筑工程法律领域,各国出于保护本国建筑产业、发展经济贸易、维护本国公共利益和保持国际收支平衡等目的,往往从公法角度对国际工程承包项目的质量、安全、设备、验收及外汇、税收、贷款等进行规制,这些具有公法属性的国内法律制度符合国际私法上对强制性规定的界定,具有排除冲突规范予以直接适

---

① 张正怡:《国际能源投资合同主要法律条款的选择:以产量分成合同范本为实例》,《苏州大学学报(法学版)》2017 年第 1 期,第 18 页。

② 杨卫东、郭堃:《国家契约中稳定条款的法律效力认定及强制性法律规范建构》,《清华法学》2010 年第 5 期,第 29 页。

③ 魏方编《工程项目法律与实务》,机械工业出版社,2008,第 84 页。

用的效力,故而应当特别加以重视。[①] 在传统的国际私法语境下,涉及经贸及商务活动的国内公法规范,应当遵循属地适用的基本原理,原则上不会产生域外适用效力。但是,随着国际工程承包活动的深入发展,一国仅仅对国内工程承包合同加以规制,已难以实现建筑立法(尤其是公法)的立法意图,也难以满足保护工程承包合同当事人权益的需要,基于此种考虑,拓展本国建筑公法的域外效力,成为解决问题的手段之一。但是,从域外适用的效果来看,拓展公法的域外效力,经常会产生与其他国家立法管辖相冲突的情况,在多国利益难以协调时,为应对其他国家工程承包公法域外适用所引发的冲击,部分国家开始采取对抗立法(亦称阻断法)的方法,抗衡他国法律的域外适用对本国造成的消极影响,譬如 1980 年英国《贸易利益保护法》。总体来看,国际工程承包合同的履行过程中,无法脱离工程所在地法律的强制性规定,这既是传统国际私法中直接适用的法理论在国际工程承包领域的客观体现,也是立法强制在私法事务中的映射。

二、国际工程承包合同法律适用方法论的多维思考

事实上,合同准据法一词有广义与狭义之分,就广义上讲,合同准据法是指解决那些与国际工程承包合同存在直接或间接关联的所有法律适用问题的实体法,不但包括国内法,也包括国际条约、国际惯例、示范合同文本、一般法律原则。[②] 狭义上讲,合同准据法仅指直接确定合同当事人的权利和义务的某一实体法律,其所涵盖的范围涉及国际工程承包合同的成立、效力、解释、履行、违约救济等法律关系中适用于各方当事人的特定法域实体法。国际工程承包合同作为涉外合同的一种,其法律适用历史渊源具有涉外合同的一般共性。纵观历史上涉外合同的法律适用,大致经历三个发展阶段。

(一)客观论为基础的法律适用方法

所谓客观论,也称国际合同法律适用中的客观主义,是指在决定国际合同应适用的法律时,主要依据客观的联结点(如缔约地、履行地、当事人住所或居所地等)来加以判定。其理论基础在于,合同的成立与效力总是与一定的空间场所具有内在的特定联系。从历史来看,在法国学者杜摩兰于 16 世纪中叶提出合同应适用当事人明示或默示选择的习惯法之前,客观论在国际合同法律适用中长期占据垄断

---

① 刘弓强:《国际商事合同研究》,北京大学出版社,2008,第 31 页。

② Nuwan Thilakarathna Karawita Arachchige Akalanka, "A Utopia or Reality: Possibility of Using the Proper Law of Contract throughout an International Commercial Arbitration Claim", *Beijing Law Review*, Vol. 12, Issue 1(2021), p. 15.

地位。早在《汉谟拉比法典》中就曾经记载,该法典调整所有在巴比伦订立的合同,而无论当事人的属人法居于何地。14 世纪,意大利的后注释法学派代表巴托鲁斯在整合前人学理的基础上再次重申了合同法律适用中的客观论,即"契约形式,由缔结地法支配""契约履行,由法院地法支配""契约内容或延迟履行,适用履行地法"等。①

在客观论的各种具体选法方法中,合同缔结地与合同履行地最具代表性,同时也较易从案件事实中予以查明和确定,故而在法律适用的可预见性和稳定性方面受到认可。但是,这些联结因素的弊端也是显而易见的,难以摆脱法律适用属地主义的内生局限。就合同订立地而言,其往往具有偶然性、短暂性的特点。如果国际工程承包合同一概适用合同订立地法,在一定程度上给当事人通过约定合同订立地而规避对其不利的法律创造了可能性,且在双方当事人分处不同国家的情况下,订立地如何判定具有不确定性。相比之下,适用合同履行地虽然与债权的实现具有密切关联,但是同样存在困难。国际工程承包合同常常涉及多项待履行的义务,且各项义务包括金钱义务与非金钱义务,即使根据特征履行说,以非金钱义务优先,但当非金钱义务同样为多项并散布在不同法域时,究竟以哪一方当事人的哪一项义务履行地作为合同履行地,实际上并不易于确定。此外,对于国际工程承包合同而言,标的是建设工程项目,主要涉及不动产物权的创设、归属及变动,故而亦不乏观点主张此类合同应适用物之所在地法。但严格来讲,物之所在地法主要系涉外物权关系法律适用的系属,其并不能当然地直接延伸到国际合同的法律适用中,将物之所在地法原则径直适用于合同准据法的确定,极易处于物权、债权混为一谈的状态,使问题的处理愈加复杂化。②

总的来看,在法律适用客观论的具体方法中,无论以合同订立地作为联结点抑或以合同履行地作为联结点,都属于单纯依据僵硬的空间联结因素确定合同准据法,在部分案件中难免违背合同当事人的意愿,且难以适应和满足国际工程承包合同缔结实践日新月异的发展现状,甚至会对法院判决或者仲裁裁决的域外承认与执行造成消极影响,故而并非良策。应特别关注的是,随着网络时代的到来,大量的国际工程合同在网上签约甚至履行,导致倚重地理联结因素的传统合同法律适用规则捉襟见肘。在国际工程承包合同订立中,尤其是在新冠肺炎疫情对正常生产生活制度的冲击下,亦不乏采取视频会议方式进行跨境合同谈判,同时采取"云

---

① 齐湘泉、齐宸:《涉外民事关系法律适用法实施研究(分论编)》,中国政法大学出版社,2020,第 226 页。

② 李旺主编《国际私法》,高等教育出版社,2015,第 158 页。

签约”的模式完成订约。[①] 在应对互联网环境的国际工程承包合同法律适用困境时,经典国际私法关于合同冲突规范的规则亟待重构和更新。[②]

(二)主观论为基础的法律适用方法

国际工程承包合同的双方当事人通常希望尽可能清晰地在合同中对各方的权利义务关系加以详细规定,从而取得预期的订约意图,使工程施工顺利展开,确保各类争议尽速解决。与此同时,由于国际工程承包往往与多个国家具有关联,为了能够使各方对于在何地、依何法律解决争议保持必要的可预见性,国际工程承包合同中常会订入法律适用条款和争议解决条款。以双方当事人的主观意图为标准确定合同准据法的选法方法,即主观论。在国际工程承包中,明确选定准据法十分必要。首先,国际工程承包合同往往涉及多个国家法律制度,以 BOT 合同为例,其广泛地涉及发包方所在国法、承包方所在国法、合同订立地法、合同履行地法、工程所在地法,各国确定建设工程合同法律适用的方法不尽相同,在合同中就法律适用事宜做出约定,可以尽量避免因工程承包的国际性所产生的不确定因素。特别是,工程承包各方当事人权利义务的后果和范围、合同有效性等具体问题均由工程承包合同的准据法决定。因此,与其将合同的各方面争议交予不确定的法律体系支配,不妨通过合同当事人自行约定法律适用。当然,主观论方法在国际工程承包合同中的适用受到一定限制。这主要是考虑到,部分国家与建设工程相关的法律制度中往往包括一些强制性规定,此类规定具有直接适用的强制力,当事人无法通过自行约定加以排除。[③] 譬如,关于工程建设标准的强制性条文,对那些在本国境内的工程项目施工活动具有强制适用力,无论当事人是否选择外国法乃至国际法作为合同适用的法律,都无法规避此类规定。

从制度层面来看,世界范围内的国际私法立法普遍地认可遵循当事人的意思自治来确定国际合同的法律适用。[④] 意思自治原则之所以被各国广泛接受,除了其具备确定性、一致性、可预见性及易于解决争议的优势外,还存在更为深刻的原因:其一,自由资本主义经济为该原则奠定了物质基础;其二,私权神圣、自由平等、个人主义为该原则奠定了思想基础;其三,私法上的契约自由和私法自治要求在国际

---

① 曲艺:“中国石化云签约境外最大施工总承包合同”,载中电传媒能源大数据:https://mp.weixin.qq.com/s/rkIcKcz4z5IZIs77sv6ENA,最后访问日期:2021 年 7 月 3 日。

② 霍政欣:《国际私法学》(第二版),中国政法大学出版社,2020,第 188 页。

③ 郭玉军:《国际贷款法》,武汉大学出版社,1998,第 243 页。

④ 高宏贵:《论涉外合同准据法的确定》,《华中师范大学学报(人文社会科学版)》2007 年第 1 期,第 99 页。

工程承包合同的法律适用中确立其与之相匹配的制度。[①] 实践中,业主与承包方在选择适用于国际工程承包合同的法律时,会存在不同的考量,既包括利益方面的,也包括政策方面的,但归根结底会落实到法律制度层面。总的来看,国际工程承包合同的当事人可能会选择下列法律作为准据法:合同缔结地法、合同履行地法、发包方或承包方住所地法、国籍国法或惯常居所地法、当事人营业地法或事务所所在地法、国际工程项目所在地法、法院地法或仲裁地法、第三国法律、国际条约或国际惯例等。[②] 那么,双方当事人究竟怎样去考虑合同法律适用这一重要命题从而使法律适用的选择更加理性呢? 对于业主而言,其往往倾向于选择业主方住所地法或工程项目所在地法,这主要是因为业主往往认为,适用自己熟悉或商业、金融立法相对完备的国家的法律能够为自己提供更强有力的法治保障。尽管业主知道,适用己方住所地法或项目所在地法在实体处理结果上并不必然对自己有利,但至少其不用耗费大量精力、时间和金钱去进行外国法查明,或者去研究自身所不熟悉的法律,故而选择己方熟悉的法律,往往能够获得心理上的优势。

对于承包商而言,在选择合同所适用的法律时,要么选择己方最为熟悉的法律,要么在双方的妥协与让步下选择第三国的法律,从而使双方在法律的适用中都没有特别的优势。但无论是哪种情况,鉴于合同的法律适用是双方自行选择,故而其可预见性和稳定性比客观论下的法律适用方法更强,双方可以基于合同中所选择的法律适用条款,对照准据法对双方的权利义务关系及不履行合同义务所产生的制裁进行明确的探知,从而督促各方切实履行合同、顺利推进工程项目施工,以实现国际工程承包合同的缔约目的。相比于客观论,将主观论作为国际工程承包合同法律适用的方法论,在增强当事人自身对法律适用预期和确定性追求的同时,可有效排除并克服司法机关对法律适用意图的主观臆断和肆意推定,有助于国际工程承包合同争议的妥当化解。[③]

(三)主观与客观相结合的法律适用方法

自 20 世纪之后,尤其是在美国冲突法革命和欧洲现代冲突法改革后,尽管以当事人意思自治原则为核心的主观论仍然是国际工程承包合同法律适用的基本方法,但是“最密切联系说”“特征履行说”“政府利益分析说”等选法方法的提出,已

---

① 霍政欣:《国际私法学》(第二版),中国政法大学出版社,2020,第 188 页。

② 宋宗宇:《完善我国国际工程承包法律制度的基本构想》,《重庆建筑大学学报(社科版)》2001 年第 3 期,第 89 页。

③ 田晓云:《意思自治原则确定涉外合同准据法比较研究》,《西南政法大学学报》2005 年第 3 期,第 75 页。

经使国际合同的法律适用方面进入新的调整期。将主观论与客观论的优势融合为一体的合同自体法理论就是这样一种典型的折中主义方法的代表。合同自体法由英国学者最先提出,这一专业表述长期以来被视为英国普通法以及基于英国法所发展出来的国际私法体系所特有的称谓。[①] 在其他国家及法域的国际私法中,更为常见的表述是准据法、适用法。在一些重要的国际私法公约中,也常直接或间接地提及准据法。但是,对于到底如何依据自体法方法确定国际工程承包合同的准据法,实则见仁见智。[②] 换言之,即便许多英美法学者及法官均采用合同自体法这一表述,但对这一专业术语的内涵及其确定方法,却实属见仁见智,不同历史时期、不同场合下其含义也发生了一系列演变。在 Amin Rasheed 案中,威伯福斯勋爵将国际工程承包合同的自体法定义为用于支配合同及当事人合同项下义务的法律,此种法律通常可据以调整合同的有效性及合法性、合同的解释及其效果、当事人的权利与义务、违约的后果及救济等。[③] 在韦斯特莱克看来,合同自体法用于指称适用于调整和支配国际合同内在有效性及其效力的法律,其与合同存在最为真切且实际的联系。而戴西与莫里斯、戚希尔与诺斯等国际私法学者则认为,合同自体法在国际合同法律适用中的应用,指的是当事人明示选择的法律,在不存在明示选择时,则适用根据合同条款、性质和案情所推断出的当事人意图适用的准据法,若此种意图不确切或难于推知,则适用最密切联系予以判定。[④] 概言之,所谓国际工程承包合同的自体法,究其实质,即适用合同各方当事人通过明示或默示所共同选择的准据法,在不存在此种选择时,则适用与国际工程承包合同具有最密切、最真实联系的法律。

从功能来看,合同自体法在一定程度上是对国际合同法律适用主观论与客观论方法的协调,其旨在平息各国在法律适用方面的激烈争论,提供一种可予适用的统一方案。这一概念的提出,既认许了意思自治原则的确定性、可预见性、满足当事人预期等优势,又弥补了意思自治的缺憾与不足,在当事人未明示选法时,亦可借助于默示的推断来确保法律适用基本得当。从某种意义上来看,《中华人民共和国涉外民事关系法律适用法》第 41 条亦汲取了这一法律适用方法的内涵。概言

---

① A F M Maniruzzaman, "Choice of Law in International Contracts: Some Fundamental Conflict of Laws Issues", *Journal of International Arbitration*, Vol. 16, Issue 4(1999), p. 141.

② Ernest G. Lorenzen, "Validity and Effects of Contracts in the Conflict of Laws", *Yale Law Journal*, Vol. 30, No. 7(1921), p. 655.

③ Amin Rasheed Shipping Corporation v. Kuwait Insurance Co, [1984] AC 50.

④ 孙静曲:《涉外合同纠纷未选择准据法时的法律适用与规范完善——以〈涉外民事关系法律适用法〉第 41 条为中心》,《国际法与比较法论丛》2020 年第 1 期,第 196 页。

之,在包括国际工程承包合同在内的契约的法律适用问题上,主观论方法不能满足全部需求。或是出于疏忽,或是有意为之,当事人有可能并未在国际工程承包合同中订入法律适用条款,没有对适用何种法律做出约定,但是对于法官和仲裁员而言,他们仍然需要解决法律适用这一难题。为此,各国的方案不尽一致,对于我国承包商而言,如其前往"一带一路"沿线国家开展国际工程承包,有必要掌握关于合同法律适用的基本方法。总结来看,重点包括以下几类。

其一,在当事人意思自治缺位时,尤其是在即使根据默示推定亦难于合理判定合同所适用的法律时,则适用最密切联系原则。这种法律适用规则,实际上暗合了合同自体法理论的最新趋势。例如,2014 年《捷克国际私法法案》第 87 条第 1 款即有此种规定。[①]

其二,在当事人意思自治缺位时,适用各方当事人共同的住所地法或营业地法等属人法解决合同的法律适用。[②] 将属人法原则适用于国际工程承包合同,有较强的合理性。除英国外,实际上大多数国家都认可共同属人法原则在合同法律适用当中的适用。当业主与承包方均为同一国家的法人或在某一国家均拥有住所或惯常居所时,此种共同属人法可用于推定合同具有最密切和最真实的联系,从而作为意思自治的补充。适用双方共同熟悉的法律,有益于司法判决或仲裁裁决的跨国执行。不过,共同属人法原则主要适用于双务合同,对于单务合同而言,则应当重点以债务人一方的单方属人法为准。这种观点虽然过于机械,但在单务契约中,如当事人未选择法律,则双方默认债务人一方应按照其住所地的法律体系履行义务。譬如,对保险契约及银行业务的合同,应推定适用承保人和银行营业所所在地法。

其三,在当事人意思自治缺位时,适用不动产所在地法,对于国际工程承包合同而言,即适用工程项目所在地法。这种方法实际上将不动产物权关系的法律适用方法,即不动产所在地法(lex loci rei sitae)延伸适用于与不动产密切相关的工程承包合同债权关系。[③] 例如,中国国际私法学会所起草的《国际私法示范法》第 101 条第 1 款第 13 项即明确,工程承包合同,适用工程所在地法。对于不动产而言,物之所在地法的适用由来已久。然而,适用这项法律适用规则的理由,却不尽相同:

---

① Pfeiffer, Magdalena, Selected Issues of the Re-Codified Czech Private International Law: A Comparative Czech-Korean Perspective (April 1, 2015). Charles University in Prague Faculty of Law Research Paper No. 2015/1/5.

② Ronald A. Brand, The CISG: Applicable Law and Applicable Forums, Working Paper No. 2019-14.

③ W. H. Upjohn, "Choice of Law", *The Cambridge Law Journal*, Vol. 2, No. 3 (1926), p. 321.

有的观点从领土主权出发,认为一国对于本国领土范围内的一切物权关系具有绝对的支配地位,不许外国法适用其间,而关乎本国工程建设和不动产全书的法律尤甚;有的观点基于任意服从或自愿受制的主张,以国际工程项目等不动产占有特定的空间,当事人既然选择以该国作为工程所在地,即默示对该物上之权利,自愿受所在地法律管辖;还有的观点采取实际必需说,一方面工程项目权利的行使和施工活动的进行如果不符合工程所在地法律则难以正常运转,另一方面如果工程承包合同争议的解决不依物之所在地法势必依据属人法,而属人法的联结因素国籍、住所、惯常居所等都可以被当事人所操纵而发生变动,易于引发法律规避,故而为了保护交易安全,最佳方案莫过于采取物之所在地(工程所在地)法。[①] 但是值得一提的是,无论是在民法上,抑或在国际私法上,物权关系与债权关系存在显著的内在差异,在物权关系中通常并无当事人意思自治可言,但对于国际工程承包合同而言,其虽然属于合同,但最终目的是获得工程承包项目的所有权,即以合同作为取得物权的手段,同时也作为创设债权的工具。因而,有关合同的成立要件、有效性及相关义务的履行,均应遵循债权关系的法律适用原则,同时以物之所在地法的适用作为候补规则。[②]

其四,在当事人意思自治缺位时,适用特征履行说据以确定合同准据法。[③] 譬如,在欧盟关于国际工程承包合同的法律适用中,通常援引《罗马条例Ⅰ》第4条,该条明确,在当事人没有选择合同准据法时,应首先审视涉案合同是否属于本条第1款明文列举的合同类型,在不属于此类合同时,即按照第2款适用代表合同特征性履行一方当事人的惯常居所地法。[④] 国际工程承包合同并没有被第4条第1款专门地列为一种类型,故而按照该条第2款,适用特征履行说确定准据法。但是,当从整体情况来分析可以发现合同与另一国具有更密切联系时,则该种法律将优先于依特征性履行方法所确定的准据法予以优先适用。在学理上,有学者据此将特征性履行规则理解为是最密切联系原则的一般性规则,后者被理解为是例外规则,二者之所以共同规定于欧盟关于合同的法律适用规则中,目的是协调可预见性

---

① 卢峻:《国际私法之理论与实际》,中国政法大学出版社,2004,第287页。

② 吕岩峰:《论国际合同法体系》,《吉林大学社会科学学报》2006年第1期,第24页。

③ Kurt Lipstein, "Characteristic Performance—A New Concept in the Conflict of Laws in Matters of Contract for the EEC", *Northwestern Journal of International Law & Business*, Vol. 3, Issue 2 (1981), p. 402.

④ Britton, "Oxalic Acid and the Applicable Law: the Rome Convention and Construction", *International Construction Law Review*, No. 5 (2003), p. 381.

与适当性之间的关系。[①]

其五,将合同订立地、合同履行地等客观论方法下的联结因素作为当事人意思自治缺位时的候补法律适用规则。[②] 例如,1982 年《土耳其国际私法和国际诉讼程序法》第 24 条就通过立法将合同履行地确立为法律适用的候补方法。再譬如,意大利、葡萄牙、伊朗、日本、秘鲁、哥斯达黎加等国家长期以来将合同订立地法作为确定国际合同法律适用的重要规则。如果某一国际工程承包合同在缔结地法律体系下已经构成违法,则其在域外的履行无疑将面临更多的障碍,故而在合同的有效性及合法性方面,合同缔结地法律具有较强的适用性,其适用将有助于保障国际工程承包法律关系处于一种稳定和可预见的状态。不过,合同订立时与合同履行时当事人的属人联结点是可能发生变动的,以哪一时间点的联结因素作为确定履行地的依据,各国之间不无争论。例如,德国、瑞士、奥地利等国家将合同成立时债务人的居住地或惯常居所地为履行地,而法国、意大利、波兰、西班牙和葡萄牙等国家则将合同履行时债务人的居所地作为履行地。故而,客观方法虽然貌似简单明了、清晰稳定,但是其在实际运用时未必理想,这在国际工程承包合同的法律适用中也是如此。

此外,值得一提的是,在国际合同法律适用当中,有些国家还采取了以可保障有效性的准据法优先适用的思路。事实上,国际工程承包合同适用有利于对合同做有效性解释的法律,其源自"与其使之无效,不如使之有效"的合同解释规则,如法国《民法典》第 1 157 条即有类似规定。前文已提到,国际工程承包活动当中往往不仅牵涉一项单一合同,而且常会涉及大量合同群组成的整体。其中以业主与承包方之间订立的国际工程承包合同为主合同,其他的保险合同、担保合同、劳务合同、分包合同、设计合同、采购合同等往往构成附属于主合同的从合同。当能够确定两个或多个国际工程承包合同之间存在主从关系时,若无相反规定,在当事人未专门去合意选定从合同应适用的法律的情况下,可推定主合同的准据法直接适用于从合同。譬如,在国际工程承包中,因劳务合同或融资担保合同而引发的国际合同争议,在当事人未选择法律时,可推定适用主合同的准据法,这样可以增强法律适用的一体性,从而提升法律适用的确定性和可预见性。

上述各种用于补救当事人意思自治缺位的法律适用方法虽然各有特点,且能

---

① [比]海尔特·范·卡尔斯特:《欧洲国际私法》,许凯译,法律出版社,2016,第 156 页。

② 例如,1939 年《泰国国际私法》规定,对于不属于同一国家的当事人签订的契约,依契约缔结地法,对于隔地成立的契约,承诺人向要约人承诺的通知到达地视为契约成立地。如到达不明确,依契约履行地法。

够在一定程度上发挥作用,但是,这些方法主要取决于受案法院主审法官的司法经验和国际视野。法律适用方法的多元化虽然解除了无法可依的困境,但是却缔造了新的难题,哪一种方法最具有合理性,且最适宜在具体个案中克服法律适用难题,有赖于对与合同相关的各种情况进行判断,从而推断出合同所应当适用的法律。事实上,正如有学者所提出的:"凡值得尝试者,都已经以某种名义尝试过了"。[①] 这些方法的共存,为法官合理确定国际工程承包合同的法律适用提供了有益的借鉴。

三、国际工程承包合同法律适用的复杂性

(一)法律适用复杂性的成因

众所公认,国际工程承包合同的法律适用是一个突出的实践难题,解决起来十分困难。问题之所以复杂,是因为其体现为多个层面:第一,国际工程承包合同本身的跨国因素错综复杂,主体方面也可能存在多重跨国因素,工程所在地、设备采购地、业主与承包商的国籍及住所分属于多国,资金从多个国家筹措而来,部分工程项目分包给散布于不同国家的设计方、施工方、监理方,目力所及之处,无不落入跨国因素的支配之中,这意味着,当事人往往"身在此山中",一时难于将不同层面的问题分解开来,而跨国因素又直接关系到合同的法律适用,着实面临诸多困惑。[②] 其二,国际工程承包合同是一个相对宽泛的范畴,可以被归入此类合同的种类和性质千差万别,与合同相关的争议本身呈现出多样性,法律适用方法亦体现为多元化,何以博采众长确定最为恰当的法律适用方法,千百年来已有大量国际私法学者投身其中。对国际工程承包合同而言,问题解决的难度可谓有过之而无不及。[③] 其三,国际合同的法律适用是国际私法的重要命题,也是在日常的跨国争议解决实践中最为常见的纠纷类型。但是,传统的法律适用方法在当代却未必是最佳的解决方案。随着科技的进步、工程承包模式的更新、跨国交往的频繁、法治环境的健全,国际工程承包合同的缔约方式、条款内容、书面形式、人员关系和所涉争议类型都发生了变化,如果法律适用的方法不能进行与时俱进的改革,无疑将会出现滞后性,难于满足实践需求,甚至可能会引发新的问题。

---

① [美]弗里德里希・K. 荣格:《法律选择与涉外司法》(特别版),霍政欣、徐妮娜译,北京大学出版社,2007,第6页。

② 唐建勋:《论国际工程承包中的法律适用》,《建筑与文化》2013年第12期,第424页。

③ Wiegand, "The Applicable Substantive Law in the Case of International Contracts", *International Construction Law Review*, No. 3(1983), p. 133.

(二)法律适用复杂性的具体表现

第一,国际工程承包合同法律关系及法律渊源较为复杂。国际工程承包合同并非简单的买卖合同、投资合同,其具备高度组织化、体系化的特征,将多种不同层面的法律问题充分囊括其中。具体而言,在国际工程承包合同中,往往需要对工程质量、工期控制、设计方案、施工进度、项目监理、资金运用等多方面问题进行明确,对违约后果、损害赔偿、争议解决等也预先做出安排。在合同履行期间,不单纯关系到债权关系,还涉及以工程项目为核心的不动产物权关系,当业主具有政府部门的身份时,还可能被归入国家契约从而与公法层面的利益牵涉。[①] 这就表明,工程承包合同本身是复杂的,它所涉及的法律适用需要兼顾各方诉求,平衡多重利益。与此同时,与工程承包相关的法律规范更是延伸到多个方面,建筑安全、工程质量、劳动者权益保护、税收监管、外资外汇等都是合同所无法回避的问题,单纯依据合同法本身难以解决所有问题。浩如烟海的国内法与国际法规范本就存在诸多差异,而各国的法律又存在彼此间的差异,国际法律冲突、区际法律冲突、国内法与国际法之间的冲突使得法律适用中充满规范间重叠的情况,如同“戈迪亚斯之结”(Gordian knot)一般难解。

第二,国际工程承包合同的联结因素较为复杂。联结因素,也称联结点,是国际私法中的特有概念,指的是冲突规范当中据以确定国际民商事关系准据法的根据。[②] 就国际工程承包合同而言,无论是在法律层面,抑或在事实层面,都存在大量可供援用的联结因素,其中既有必然的,亦不乏偶然的,既不乏动态的,亦不乏静态的。可以说,国际私法当中有关于联结点的各种观点,在合同领域都有所适用。譬如,合同缔结地、合同履行地、工程所在地、当事人属人法、当事人意思自治、最密切联系等。且不论各国立法选用的联结因素不同,即使选择了相同的系属公式,如属人法,仍然存在采取国籍抑或住所的争执。各国对于究竟采取哪一联结因素,答案不一而足。[③] 更何况,合同法律适用中还存在主观论、客观论、单一论、分割论等方法论层面的不同见解,这些不同方案的存在,毫无疑问使国际工程承包合同的法律适用面临困扰。

第三,国际工程承包合同争议的解决方法具有多元性,由此使得法律适用问题

---

① Louise Ellen Teitz, “Complexity and Aggregation in Choice of Law: An Introduction to the Landscape”, *Roger Williams University Faculty Scholarship*, No. 2(2009), p. 10.

② 刘晓红主编《国际私法:案例与图表》,法律出版社,2012,第 36 页。

③ Marco Raiteri, “Citizenship as a Connecting Factor in Private International Law for Family Matters”, *Journal of Private International Law*, Vol. 10, Issue 2(2014), p. 309.

的处理表现出复杂状态。具体而言,可用于解决国际工程承包合同争议的不仅包括国内法院诉讼,还包括国际仲裁、调解、工程争议评审机制等替代性解纷机制,当事人有权利以合同争议解决条款的方式对解决纠纷的方法做出自由约定,且解决工程争议的场所绝不限于工程所在地的国内法院,还可选择业主或承包商的本国法院。相比之下,各国争议解决机构据以确定管辖权的法律依据不同,法院与仲裁在法律适用方面亦有显著差异。即使都遵循冲突规范的指引,各国法院往往首先寻求法院地法中本国冲突规范的指引,而鉴于各国的冲突规范本身就不统一,法院地不同,便决定了冲突规范各异,在法律适用规则和最终准据法的确定方面也可能千差万别,这种情况几乎是难于避免的。事实上,在国际私法统一化进程中,早已有国家试图通过构建国际统一的合同实体法及国际统一的合同冲突法等方式寻求共同解决方案,但是现有的成功范例大多停留在欧盟等区域统一立法方面,多边层面统一的合同法律适用规则尚未构建起来。故而,争议解决的多元性决定了法律适用的问题具有必然的复杂性。更何况,各国在处理涉外合同争议时往往不同程度地存在过多滥用法院地法的“返家趋势”,即各国法院出于种种考量,倾向于在具有涉外因素的国际案件(包括国际工程承包合同争议案件)中主要依据本国的国内法审理案件。故此,国际私法学界有观点称,选择了法院即选择了法律。[①] 这一说法的存在本身就表明,法律适用的内在冲突和复杂性是难于彻底克服的。

第二节 国际工程承包合同法律适用的理论分歧

国际工程承包合同的法律适用虽然是一个实践性极强的法律问题,但是其在过往长期的历史发展中历经学理的沉淀和法学家持久的思考,已经形成了若干理论。值得一提的是,对于不同主体作为发包方所订立的国际工程承包合同,其在法律适用上分歧很大,尤其是私人业主与承包商订立的私法契约,与政府或其他公共主体作为业主与承包商订立的公法契约,其法律适用的进路不宜等同视之。在传统的国际私法中,向来存在主观论与客观论、整体论与分割论的划分,随着时代的进步,有学者又提出了关于合同法律适用的适当论,进一步拓展和扩充了关于国际合同法律适用的学理基础。相较之下,就公法层面的国际工程承包合同而言,其在法律适用的确定方面更为冷静、理性,但鉴于政府等公共实体作为业主在合同谈判

① Franco Ferrari, “Autonomous Interpretation versus Homeward Trend versus Outward Trend in CISG Case Law”, *Uniform Law Review*, Vol. 22, Issue 1(March 2017), p. 244.

上享有优势地位,其议价能力远强于私人承包商,故而在法律适用的选择上,常会出现一定的偏好,即适用工程所在地法或业主所属国的本国法,这在特许协议的法律适用、BOT 合同的法律适用中已成为不争的事实,并日益成为趋势。

一、私法视野下国际工程承包合同法律适用方法辨析

(一)法律适用中的整体论与分割论之辨

整体论,亦称单一制、同一制,其特指与合同有关的各类问题,均应统一适用同一法律体系。因为一项合同无论从经济意义还是从法律意义来看都应是一个整体。经当事人选择或经冲突规范确定的合同准据法,可用于调整、支配和约束合同的所有方面、所有义务。①

分割论最先由意大利法则区别说的创始人巴托鲁斯所提出,此种方法要求合同的不同方面应分别适用不同的法律,故而反映了国际合同的诸项要素之间彼此独立,且不同性质、不同类别的合同之间在法律适用上存在显著差异,对其法律适用问题分别加以确定,可以更合理地解决法律冲突。2015 年,HCCH 颁布实施《海牙国际商事合同法律选择原则》,该原则即采取分割法,其第 1 条第 3 款明确排除适用于某些与合同相关的问题,所排除的范围包括当事人的行为能力、代理、破产、公司等。由此可见,对于其他的问题,按照该通则确立的法律适用方法确定准据法,尤其是合同的效力及履行等重要问题。这部国际统一冲突法原则,是国际社会从多边层面试图对各国关于国际商事合同法律适用进行统一的冲突法立法,其对国际工程承包合同的法律适用亦具有可适用性。在规则设计上综合了大陆法系和英美法系的共同实践,且同时适用于诉讼和仲裁,在很大程度上反映了国际最新趋势,故而受到高度重视。②

相比之下,整体论力图使合同处于一种稳定统一的法律状态,它符合现代国际经济交往所追求的高效和便利,但忽略了国际工程承包合同法律关系的复杂性和合同争议的多样性,因而缺乏针对性。就国际工程总承包合同而言,分割论更加注重于对不同类型的合同关系做出区分处理,兼顾合同内在各要素的不同情况,对国际工程承包合同争议解决做出更加理性的归类,从而对法律适用给出更为妥帖、理性、优化的方案。特别是,对于国际工程承包合同主体的法律适用与合同其他要素

① 李先波、黄然:《论合同的法律适用:统一论和分割论》,《湖南师范大学社会科学学报》2002 年第 4 期,第 51 页。

② 张扬:《〈海牙国际商事合同法律选择通则〉的启示》,《江西社会科学》2017 年第 3 期,第 172 页。

的法律适用加以区分，采取不同的方法论，前者采取属人法，后者主要适用工程所在地法或经双方一致选定的第三国法，已成为国际通例。[①]

（二）法律适用中的主观论与客观论之争

国际合同法律适用的客观论，特指以某种固定的场所因素作为联结点来确定合同准据法。从巴托鲁斯提倡的合同缔结地法，到萨维尼提出的合同履行地法，都可以被归入客观论的范畴。[②] 国际工程承包合同适用工程所在地法，亦属“客观论”。就国际工程承包合同的当事人来看，其有时具有合同订立地或履行地的国籍，或在此拥有住所，或在此开展投资并承揽工程，故必须服从并适用于当地的法律拘束。相比于其他的联结因素，缔约地、履行地分别是国际工程承包合同关系据以形成和兑现的地点，从外观来看，其相对较为明确、稳定，且此类地点的法律易于识别和查明，适用此地的法律调整国际工程承包合同关系，对维护交易安全、促进经济稳定有所裨益，故客观论在长期以来始终居于方法论的基础地位。所谓主观论，前文已有探讨，即尊重当事人双方的意愿确定法律适用。在其看来，既然合同是当事人自由意志的表现，那么当事人应有权就合同的法律适用进行协商和约定。如当事人在订立国际工程承包合同时就执行对法律适用做出安排，便使合同的履行增强了可预见性和确定性，从而在工程承包中有法可依、有章可循，确保交易秩序。

在国际工程承包合同的法律适用当中，主观论和客观论这两类理论在各国立法和实务中均有所体现。相比之下，二者各具利弊，难分伯仲。一方面，客观论要求国际工程合同受履行地法（或工程所在地法）约束，对那些以建造不动产或基础设施为标的的国际工程合同而言，并无不妥。毕竟，对于工程所在地国家而言，土地是领土主权的重要组成元素，在该国主权管辖领土建造不动产，受该国法律约束堪称理所当然。并且，工程所在地相较于其他的联结因素，不仅易于查明，而且相对固定，对双方当事人而言是可预期的。但是，机械地要求必须适用履行地法，显得过于强制，不利于合同的履行。相比之下，主观论赋予双方当事人以共同选择并合意约定合同适用法律的权利，这在很大程度上归因于合同法的私法属性，毕竟合同法中兼具任意法与强行法元素，且前者相较于后者有过之而无不及，当事人自愿选择的法律是对双方都公平的法律，允许选择才能减少法律适用上的冲突。在国

---

① 白雪涛：《国际工程总承包合同法律适用问题探析》，《现代国企研究》2015 年第 8 期，第 176 页。

② Zheng Tang, “Law Applicable in the Absence of Choice: The New Article 4 of the Rome I Regulation”, *The Modern Law Review*, Vol. 71, No. 5(2008), p. 785.

际工程承包合同缔结与履行实践中,业主一方往往具有更强的议价能力和更为优势的谈判地位,其在法律适用的决定权上占据上风,往往要求承包商必须接受其关于法律适用的方案,譬如东道国法律、业主所属国法律或第三国法律。另一方面,高度依存于当事人意思自治原则确定法律适用,在一定程度上使工程所在国对"不动产"的法律控制权受到贬义,故二者之间的关系有时不易调和。

(三)适当论在国际工程承包合同中的运用

合同适当法理论,也称自体法理论,由英国学者戴西和莫里斯所创立,目前已成为英美法系国家关于国际合同法律适用的经典理论。所谓"适当论",顾名思义,特指结合有关合同的内在特质和其与众不同的履行特征,遵循"适当"的原则以决定和处理与合同法律适用有关的具体问题。[①] 从效果上来说,适当论是在现有不同观点和学派的基础上做出的折中与协调,其不仅提炼了主观论、客观论等方法的优势,而且将其统合起来,使原本不同的方法相互衔接。在国际工程承包合同的法律适用中,适当论可以说是一种折中主义的产物,其不仅充分考虑到不同合同形态特有的制度化需求和价值取向,而且为法律适用提供了较为灵活的多元方案。概言之,适当论即采取以当事人意思自治原则(包括明示、默示)为主,以最密切联系原则为辅,将二者以有机结合的方式,来确定国际工程合同的法律适用。有关合同法律适用的规定,采纳了这一理论,明确建设工程承包合同法律适用上当事人意思自治原则优先,最密切联系的"工程所在地法"为补充原则。适当论逐渐成为确定国际合同法律适用法的主流理论。

不过,适当论并非毫无缺陷。近年来,越来越多的国家注意到将不同方法不假思索地混合在一起将导致回归法院地法和单边主义法律适用的"返家趋势"。为此,澳大利亚法律改革委员会、欧盟委员会、海牙国际私法会议等都在试图对适当论进行改良和调整。有关学者提出,鉴于默示选法理论有被滥用的风险,法律默示选择可作为法律适用方法的一个子集吸收到明示选择当中去,默示确定准据法时应结合具体的合同条款或情况明确确定。此外,也有观点建议,在当事人意思自治缺位的情况下,最密切、最真实联系原则应当被确立为一种例外条款,从而在固定的法律适用规则之外针对商业活动的特殊性构筑起备选方案。[②]

① F. A. Mann, "The Proper Law of the Contract", *The International Law Quarterly*, Vol. 3, No. 1(1950), p. 60.

② Brooke Adele Marshall, "Reconsidering the Proper Law of the Contract", *Melbourne Journal of International Law*, Vol. 13, No. 1(2012), p. 2,

二、公法视野下国际工程承包合同法律适用方法辨析

(一)特许协议的法律适用

如前文所言,在国际工程承包合同领域,基于争端各方是私人抑或政府,可以区分为公法性质的国际工程承包合同与私法性质的国际工程承包合同,已有的学术研究大多聚焦后者,而对前者的法律适用问题则缺乏充分的重视。事实上,当国际工程承包合同的业主系某一国政府或公共实体时,其在法律适用问题的处理上存在若干与纯粹民商事合同所不同的一些特征,但也存在若干共性。[①] 具体而言,对于政府作为业主,承包人系来自外国的法人或实体时,合同在订立、履行、违约、终止方面同样可能产生法律冲突上的矛盾,需要进行法律适用上的解决(图 4-1)。

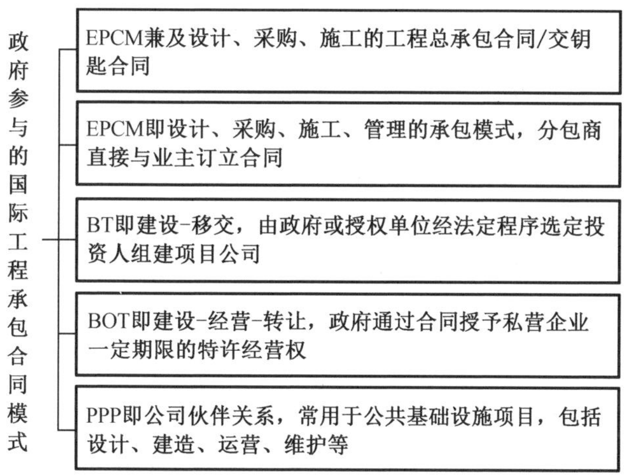

图 4-1　政府参与的国际工程承包合同模式

所谓特许协议,是指作为业主的东道国政府与承包商之间订立的国际工程承包合同,其常见于国际投资法中,通常用以明确东道国政府将国际工程承包的有关合同事项让渡给承包商,并给予其特定的优惠,承包商在完成所投资的国际工程承包项目后将有关利润返还业主。相较于普通的国际民商事合同,国际特许协议在法律适用上有一些独特性,这主要是由于合同的内容常会涉及某些原本属于国家专属的权力。在以 ICSID 为代表的国际投资仲裁实践中,仲裁庭常会就特许协议

① Jean-Flavien Lalive, "Contracts between a State or a State Agency and a Foreign Company: Theory and Practice: Choice of Law in a New Arbitration Case", *The International and Comparative Law Quarterly*, Vol. 13, No. 3(1964), p. 987.

引发的法律适用问题进行裁断。[①] 例如,在利比亚美国石油公司诉利比亚案中,仲裁庭非常明确地指出,特许协议具有半公法属性,但仍然保留着主要的合同性质,行政属性总体上弱于民商事属性,故而基于特许协议所进行的工程项目不具有公共服务的特质,而仍然应被看作私人项目,受合同法管辖。[②] 为了对特许协议的法律适用进行规范和统一,联合国国际贸易法委员会主持制定了《私人融资基础设施项目示范立法条文》,其对统一特许协议的法律适用具有积极的促进意义。

(二)BOT 合同的法律适用

BOT 合同通常涉及的是大型的公共基础设施建设项目,此类合同具有工程规模大、投资风险高、资金稳定、建设周期长等特征,通常由东道国政府或公共机构垄断经营,故而在国民经济中占据重要地位。[③] 在以 BOT 合同为基础的国际工程承包合作项目中,涉及多重法律关系,包括但不限于项目主办人、项目公司、贷款人、总承包商、设备供应商、产品或服务购买人之间的法律关系等。

在我国行政法与民商法学界,对于 BOT 合同的性质曾有过激烈的争论,探讨合同性质问题的关键主要是为了明确有关争议的法律适用。[④] 具言之,对于 BOT 合同所引发的争议究竟受国内法调整抑或国际法调整,是以私法的原则和规则适用抑或以公法的理念和规范适用的问题,学者间见仁见智,始终未能达成共识。与此同时,立法对此问题并未给出明确的立场,便使得 BOT 合同的法律适用愈发扑朔迷离。[⑤] 总的来看,学者的观点可以归类为三种:第一类观点认为 BOT 合同在订立和履行时必然服从于某一特定国家的国内法,其与其他的国际民商事合同在法律适用问题的处理上应等同待之;第二类观点认为,BOT 合同与其他的国际工程承包合同存在本质的差异,国家或其他公共实体的参与使得 BOT 合同应被归入国家契约的范畴,而为了使国家能够承担相应的国际义务,BOT 合同引发的争议自然应适用国际法调整;第三类观点主张,BOT 合同是一种自成一体的新型合同形式(sui generis agreement),具有独一无二的特征,故而应当受到一套专门规则的调整,部分

---

① 周月萍:《仲裁在国际工程争议解决中的应用》,《施工企业管理》2016 年第 7 期,第 111 页。

② 姚梅镇主编《国际投资法成案研究》,武汉大学出版社,1989,第 60 页。

③ 张国平:《外商直接投资的理论与实践》,法律出版社,2009,第 208 页。

④ G. Meng, "Legal Nature of BOT Concession Agreement and the Legislative Structure", *Journal of International Economic Law*, Vol. 13, No. 3(2006), p. 206.

⑤ Emmanuelle Auriol et al., "A theory of BOT Concession Contracts", *Journal of Economic Behavior & Organization*, Vol. 89(2013), p. 187.

问题的处理适用国际法,部分问题的处理适用国内法,并无僵化、固定、机械、一成不变的法律适用规则。[①]

本书主张,在国际工程承包领域,BOT 合同以及其他的特许权协议,应当被视为国家契约的具体形式,因当事人的独特性而使得此类合同在法律适用上呈现出差异。当国家根据双边投资条约(bilateral investment treaty,BIT)承担相关国际义务时,此类合同应当适用并遵循条约下的国际义务,但在国际条约对特定事项(如合同的效力、救济、赔偿)并无规定时,则仍然需要适用东道国的国内法。值得一提的是,当 BIT 中规定了保护伞条款时,国内法义务将被国际法义务所涵盖并转化为国际义务。类似地,当 BIT 中的投资定义条款明确将特许权协议纳入适格投资的类型时,也具有类似的法律适用效果,对此已有部分 ICSID 投资仲裁案例予以佐证。

第三节　国际工程承包合同法律适用的原则与路径

国际工程的特点决定了各国就国际工程合同的规制会产生法律上的冲突。解决各国法律间的冲突问题,就必须对国际工程合同的适用法律,以及在工程实施过程中应遵守的法律加以规范。在每一个国际工程承包合同纠纷中,都有必要适用国际私法上的冲突规范,据以确定调整合同争议的实体法。[②] 国际工程合同的法律适用遵循国际商事合同的一般原则,但在个别方面具有一定的独特性。

关于国际工程承包合同的法律适用,实践中更为通行的法律适用路径是在尊重当事人意思自治的基础上,辅之以最密切联系原则作为补充方法,同时设定例外规则,包括但不限于工程所在地的强制性规定、公共秩序保留、国际条约的数量有限、国际惯例补缺等。为了具体指导我国有关合同法律适用的司法实践,《法律适用法司法解释》中对合同的法律适用做出了具体规定,不仅明确了分割法的适用,而且将当事人意思自治、最密切联系、法律规避、公共秩序保留等制度进行了全方位的细致规范。2010 年《法律适用法》第 41 条则对涉外民商事合同法律适用的一

---

① Norah Gallagher and Wenhua Shan, *Chinese Investment Treaties: Policies and Practice* (Oxford University Press, 2009), p. 246.

② R H Christie, "The Law Governing An International Construction Contract", *International Construction Law Review*, No. 4(2007), p. 344.

般原则做了立法层面的指引，彰显了多元选法方法之间充分融合和有序衔接。

一、依当事人意思自治确定合同准据法

（一）依据意思自治原则确定准据法的原理

国际工程承包合同法律适用问题的核心在于，在各方发生分歧和纠纷时，如何确定调整业主与承包方权利义务的准据法。事实上，探讨这一问题，首先便离不开对意思自治原则的厘定。在法律适用诸多的系属公式和联结点中，当事人意思自治具有毋庸置疑的主导地位，对于合同领域尤甚。无论是在我国抑或其他国家，意思自治原则都被视为国际合同法律适用的基本原则。[①] 所谓意思自治，体现的是私法中的自由与自治精神。在法律正当约束下的意思自治，最大限度地肯定了私人的认识能力和自主判断，在此基础上形成的权利意识为抗衡国家公权力的扩张和促进市场经济的良性发展方面做出了不可磨灭的贡献。严格来讲，无论是国际工程承包合同，抑或是其他的国际商事合同，作为法律行为而言，这些均属私法主体在意识自治下根据行为自由与效果自由所做出的选择。所谓行为自由，即业主与承包商订立国际工程承包合同的意志不受外在的强制与干涉，具体体现为合同的订立由双方自由选择，且无须向任何人出示理由。所谓效果自由，指的是合同本身即为双方的行为规范，能够直接作为请求权的规范基础，且合同产生何种法律效果，取决于当事人的意思表示。[②] 落实到国际工程承包合同领域，当事人双方不仅有权自主决定是否订立合同，也有权选择合同所适用的准据法。

从历史视角审视，早自16世纪开始，当事人意思自治原则就已经正式步入国际私法学者的视野，后经过荷兰的胡伯、意大利孟西尼等人的支持和阐扬而得到进一步完善。1760年，英国的曼斯菲尔德勋爵在Robinson诉Bland案中，以判例法的方式正式确立了当事人意思自治原则在司法领域的适用。国外学者普遍认为，以当事人意思自治原则作为确定国际合同法律适用的基石，具有多重优势：其一，凭据意思自治选择法院和法律，可以保持相对的中立性，尤其是摆脱法官适用法院地法所造成的“恋家情绪”及“返家趋势”；其二，意思自治原则可以有效避免强行法在解决某些合同问题上的失效性；其三，意思自治原则相较于传统的法律选择方法而言，将准据法的确定权交予当事人，而当事人作为理性的市场主体，更为熟知适

---

① 例如，我国《涉外民事关系法律适用法》第41条规定，当事人可以协议选择合同适用的法律。

② 朱庆育：《民法总论》，北京大学出版社，2013，第110页。

合于其工程项目及其他商事交易的法律体系。[①] 在我国现行法律体系中,《法律适用法》不仅在第 41 条明确将当事人意思自治作为确定合同准据法的系属公式,而且在第 3 条中将当事人意思自治作为涉外民事关系法律适用的基本原则,其地位相较于过往得到了更高的推崇。与此同时,《法律适用法司法解释》第 6 条重申了当事人选择准据法应以法律有明文规定者为限,较好地缓释了我国法官适用本地法的倾向。

(二)依据意思自治确定法律适用的合同类型受限

虽然当今世界上大多数国家,都允许合同当事人自行约定合同适用的法律,但是部分国家对当事人意思自治的适用范围、适用方式等规定了不同程度的约束和限制,具体包括可以选择准据法的合同类型、可选择的法律的性质及空间范围、选择适用法律的方式、法律选择的时间等。具体来看,当事人意思自治原则并不适用于所有类型的国际合同。譬如,《民法典》第 467 条第 2 款即否定了涉及三资企业的合同当事人选择外国法的可能性。这种从合同的范围上限制当事人选择合同法律适用的方式主要有两种:一种可称之为“积极的限制方式”,仅有正面列举的几类合同可允许当事人选择准据法,列举之外的其他合同默认为排除当事人选择准据法的自由,苏联即采取这种模式,这种立法模式大大限制了当事人意思自治的适用范围。另一种可称为“消极的限制方式”,即一般不对当事人可选择准据法的合同范围进行规定,而是默许国际合同当事人拥有选择准据法的自由,除非法律明确否定某些合同不得由当事人选择适用的法律,目前更多的国家采取的是消极限制方式,这也更加符合于私法领域关于法无禁止即自由的基本推定。对涉及特殊需要和特殊利益的合同排除当事人的意思自治,主要表现为以下两种情况:一是,一些发展中国家,为了保护其资本输入国法律的尊严和特殊利益,明确规定某些特殊的涉外合同不允许其当事人依据意思自治原则去选择适用于涉外合同的法律。二是,一些国家的立法出于维护合同当事人一方主要是本国当事人一方特殊需要的考虑,对意思自治原则进行限制。

(三)对当事人选择法律的空间范围未做限制

尽管意思自治原则为绝大多数国家的国际工程承包合同法律适用立法所接纳或确认,但对于当事人所选择的合同准据法,究竟可适用于调整和支配哪些空间范围内的合同争议及合同关系,实践中不无差异。所谓空间范围,即允许当事人选择适用的法律是否要求只能限定于特定国家或地区的法律。部分国家要求,当事人

① 孟昭华:《意思自治原则定位论:法律选择视阈的研究》,人民出版社,2017,第 6 页。

只能选择与合同存在实际联系、特定联系、密切或真实联系的法律，而不能选择与该合同毫无实际联系的法律。如美国《统一商法典》及美国《第二次冲突法重述》均要求，当事人所选择的法律必须与合同存在实际联系，否则所选法行为将归于无效。事实上，在美国冲突法实践中，意思自治的概念与礼让和司法克制原则一样突出，其在合同法律适用中的运用尤为频繁。抛开对“合同义务神圣”的格外强调，国际贸易的繁荣和跨国公司从事国际工程承包业务的增加，使得对当事人意思自治的尊重显得格外必要。[①] 相比之下，另一些国家采取更为充分的意思自治原则，不对当事人选择法律适用做空间限定，亦不禁止当事人选择与合同并无实际联系的国家的法律。这类观点以英国最具代表性，其之所以反对就法律适用做严格的空间限定，是认为这将不适当地妨碍国际商事合同及海事合同的当事人自由选定英国法。在国际工程承包中，双方当事人经协商一致，经常会选择中立的第三国法律适用于合同。这意味着，尽管合同与该国在空间或客观上并不存在联结点，但由于该国或者该国的法律具有较好的声誉，当事人仍然会将其选定为合同准据法。而只要当事人的选择意愿是真实的、自由的，就没有理由对选法合意加以否定或排除。

我国立法和司法实践对于当事人选择法律的空间范围未做严格限制，根据《法律适用法司法解释》第 5 条，一方当事人如果以所选择的法律与争议无实际联系为由提出抗辩，法院不予支持。换言之，当事人在我国法律适用语境下选择合同准据法，无须与合同有特定的联系。事实上，中国承包商与部分西方国家业主签订的国际工程承包合同，虽然与瑞士的法律无任何联系，但鉴于瑞士具备永久中立国的地位，其法律往往被双方当事人共同接受，从而广泛适用于国际工程承包合同，有益于促进我国对外工程承包交易。

（四）当事人选择法律的时间既宽松又灵活

在依据当事人意思自治确定合同准据法的过程中，合同当事人应于何时选择涉外合同的准据法，各国的规定有所不同，根据选法时间与争议发生时间的关系为标准，大体上可区分为事先选择和事后选择。所谓事先选择，指合同当事人在订立合同时就通过协商确定了合同所应适用的法律。从晚近各国冲突法立法及国际私法条约来看，通常不会对当事人选择法律适用的时间加以严格限制，并且明确肯定当事人订约后仍可合意变更原本就法律适用做出的选择，但法律选择权的行使不

---

① [美]帕德罗·J. 马丁内兹-弗拉加：《国际私法程序中礼让的新作用》，李庆明译，中国社会科学出版社，2011，第 48 页。

得使合同归于无效或导致第三人权益受损。

在实践当中,双方当事人既可以在完成法定招投标后,订立国际工程承包合同时,以法律适用条款径直对法律适用做出约定,也可以在合同履行期间,尤其是在国际工程承包合同争议发生时,就法律适用做出协商和安排。但为了尽可能保障法律适用的稳定性,立法通常对依意思自治选择适用法律的时间做出了限定,原则上截止于一审程序结束前,而不得在二审或再审程序中再允许当事人进行法律选择。我国的立法与实践不仅认可事先的法律选择,也认可事后的法律选择,为当事人自由约定合同所适用的法律留出了相对灵活的时间和相对宽松自如的条件,使其得以在双方协商一致的基础上选择中立的第三国法律,且并不强制要求与涉诉工程承包项目具有实质联系。①

(五)当事人选择法律的方式包括明示与默示

世界各国对合同当事人选择法律适用的方式之规定也各不相同,但大体上可以区分为明示选择与默示选择两类。前者是指当事人以文字或言辞明示表达合同应适用的法律,当事人在国际工程承包合同中订入法律选择条款即属明示。后者是指当事人虽然未明确合同所适用的法律,但是根据国际工程承包合同的其他相关条款、词语及双方订约、履约、施工等事实,可以推断出当事人意图使合同受到何种法律的支配。默示的意思自治在一定程度上是法官和仲裁员对当事人意图的推定,其在实务中引发了不小的争论。有学者批判道:“解释与臆断之间的界限较为模糊,无论是推断还是猜测,法官都在试图为当事人代言。然而,当事人若从未在合同中订立法律适用条款,最为现实的解释应当是,要么他们从未考虑到法律适用问题,要么他们虽然已经考虑到法律适用问题,但是由于自身的原因而有意留白暂时不去解决”。可见,默示选法这种法律适用方式的合理性深受质疑,其与当事人意思自治的基础理念存在一定距离。②

从立法来看,有的国家规定只能是明示选择,有的国家则规定既可以是明示选择,也可以是默示选择。如《奥地利联邦国际私法法规》第 35 条第 1 款即同时认可

---

① 例如,2007 年最高人民法院《关于审理涉外民事或商事合同纠纷案件法律适用若干问题的规定》(法释〔2007〕14 号,以下简称 2007 年《若干规定》)第 4 条第 1 款规定:“当事人在一审法庭辩论终结前通过协商一致,选择或者变更选择合同争议应适用的法律的,人民法院应予准许。”

② [美]弗里德里希·K. 荣格:《法律选择与涉外司法》(特别版),霍政欣、徐妮娜译,北京大学出版社,2007,第 74 页。

两类选法方式的合法性与正当性。[①] 再如,HCCH 于 1978 年通过的《代理法律适用公约》、1986 年《国际货物销售合同法律适用公约》等,亦采取此种相对宽松、灵活、自如的规定。

当然,值得肯定的是,明示选择在透明度、可预见性、稳定性方面有其内在优势,被各国广泛接纳。但亦不能否认,默示选法有其自身的独特价值。在国际工程承包合同的法律适用方面,尊重当事人默示选法的意图,已成为现代国际工程承包合同法律适用立法及实践的重要趋势,越来越多的案件和条约认可了此种选法模式,但是,默示选法在学理上仍不无争论。[②] 意思自治原则作为决定法律适用的重要方法,其在发轫之初就认可默示方式,甚至是空间上客观联结点的设计,也具有默示选法的色彩。柯迪乌斯指出,之所以适用合同缔结地法,是因为当事人已默示地同意适用该法。[③] 对于默示选法问题,各国所重点关注的问题,并不是是否承认默示选法的问题,而是如何确保对当事人默示选法意图的认定具有充分的客观性和公正性问题。事实上,默示选法可能导致法律适用的不确定性,故而有学者坚持认为,应当将意思自治局限于明示选法,在确保确定性的目标下,部分法院往往以默示选法作为频繁适用法院地法的借口。[④] 事实上,相比于最密切联系原则等其他的法律适用方法,默示选法的出发点是尊重当事人意思自治,故而其准确的适用应当是对当事人业已存在的默示选法意图之认定,而并非无以为据的主观臆断,且明示选法仍然是主流,默示只能作为一种特殊例外。实践中,据以确定默示选法的参酌因素和关联事实,包括但不限于仲裁协议或法院选择条款中对特定国家的约定、构成整个国际工程承包合同争议的其他关联交易中对法律适用达成的选择与约定、主合同中的法律适用约定对从合同默示选法的影响、在合同中提及或并入某国法律以及标准格式合同等。[⑤]

相比之下,我国在过往的立法和实务中,仅承认当事人就合同法律适用做出的明示选择,不承认默示法律选择的合法性,这种情况当前出现了一定的松动。具言之,我国在《法律适用法司法解释》第 6 条第 2 款当中,将默示选法作为认许的对

---

① 刘慧珊、卢松:《外国国际私法法规选编》,人民法院出版社,2006,第 8 页。

② George A. Zaphiriou, "Choice of Forum and Choice of Law Clauses in International Commercial Agreements", *Maryland Journal of International Law*, Vol. 3, Issue 2(1978), p. 311.

③ 刘仁山:《国际私法与人类命运共同体之构建》,法律出版社,2019,第 141 页。

④ [法]保罗·拉加德、亨利·巴迪福尔:《国际私法各论》,曾陈明汝译,正中书局,1997,第 302 页。

⑤ 刘仁山、黄志慧:《国际民商事合同中的默示选法问题研究》,《现代法学》2014 年第 5 期,第 162 页。

象。根据该条款的规定，如果国际工程承包合同各方当事人均援引相同国家的法律，且任何一方都未提出异议，可以认定在各方之间就国际工程承包合同的法律适用业已达成选择和约定。尽管理论上仍然存在不同意见，对于该条款是否真正将默示意思自治纳入合法范畴，但毋庸置疑的是，该规定在实务中客观上就有限的情况下承认了默示选择，最起码是以双方诉讼活动中的选法行为为基础，承认了默示选法的合法性。这种既有原则性，又有灵活性的规定无疑是一个重大的进步，表明我国关于国际合同法律适用的制度设计正在与国际上普遍承认默示选择的趋势保持一致。

关于当事人所选择的适用于国际工程承包合同的法律的性质，各国立法和司法实践所采取的主张大致相同，即各国大多主张当事人只能选择适用有关国家或者地区的实体法，不允许选择适用冲突法。之所以如此，是因为国际社会比较普遍地认为，国际工程承包合同争议关系到项目施工、工期计算及合约履行，故此类纠纷需要尽速解决，不宜久拖不决，而一旦允许选择冲突法，将使法律适用问题更为棘手，势必拖缓争议解决乃至国际工程项目的竣工，并非确立当事人意思自治的初衷和本意。故，在容许当事人所选择法律的类型上，我国与世界主流方案保持一致，即仅允许国际工程承包合同的当事人选择实体法，不允许选择冲突法和程序法，从而排除了反致、转致等在确定合同法律适用中的干扰。但也有观点对于无条件地绝对排除反致制度表达了不同见解，认为完全排除反致在国际工程承包合同法律适用中的应用并不可取。[①] 为此，在确定国际工程承包合同法律适用时，最好能够将原则性和灵活性相结合，原则上规定，合同当事人可选择有关国家或者地区的实体法，从而一般性地排斥反致。但当外国冲突规范的适用将以反致的形式使中国法成为准据法的情况下，则可以接受反致，使我国法律成为合同适用的准据法。[②]

综上，具体运用到国际工程总承包合同中，合同的双方当事人对于该合同的成立、效力及争议的解决，通过自由协商可以选择适用某国法律，但当事人在选择法律适用方面权利时受到外在制约：首先，对法律适用的选择，不得违反工程所在地强行法及公共秩序；其次，当事人对法律适用的选择，在主观意图方面应力求做到善意、合法，不得合谋和欺诈，也不得以规避法律为目的和违背国家的公共政策，特别是法院地国和当事人所属国的公共政策。《瑞士国际私法法规》第 17 条亦规定，

---

① Martin Gebauer, Exclusion of Renvoi, *The Eu Regulations on the Property Regimes of International Couples: a Commentary*(Elgar, 2020), p. 312.

② 于飞：《反致制度反思与展望》，《政法论坛》2001 年第 5 期，第 11 页。

如果当事人选择以外国法作为国际工程承包合同的准据法，而该外国法的适用明显与瑞士公共秩序相违背，则排除该外国法的适用，这实际上以公共秩序保留的形式对国际工程承包合同的法律适用做出了兜底式的限制。[①]

我国虽然肯定了根据当事人意思自治原则确定国际工程承包合同法律适用的合法性，明确了当事人享有对适用法律做出选择的权利，但与赋权伴随的是对当事人法律选择权的限制，而这种法律适用的限制体现的是国家强制和政策干预。事实上，无论在普通法系抑或大陆法系国家，都综合采用公共秩序保留、强制性规则和公法域外适用等多种制度对当事人意思自治进行设限。通过拒绝适用那些与公共政策相违背的外国法，维护法院地有关国际工程承包的经济政策和主权观念。

笔者认为，在国际工程承包合同的法律适用中纳入当事人意思自治原则的前提下，为了避免当事人滥用选法自由，对他人利益或社会公益造成侵害，或者对国际工程承包项目的施工及争议解决造成消极的影响，实际上有必要对当事人的法律选择权进行合理限制。合理限制当事人的意思自治，既可防范法律规避，顾及国家与社会的公共秩序，又有利于法院进行法律适用及判决的跨境承认及执行。当然，在当事人意思自治与工程所在地及法院地的公共秩序间需要设定相应的“黄金分割点”，既不能过于纵容当事人的选法自由，也不能太过僵化地限制当事人的法律选择权，把握好意思自治的尺度并非易事。事实上，只要当事人所选择的合同准据法并不违反公共秩序，不属于恶意避法行为或欺诈，原则上应当肯定当事人选择法律的权利。特别是，鉴于国际上普遍存在国际工程承包合同选择第三国法律的客观情况，出于中立的目的，应当允许当事人选择与合同和工程项目无关的第三国法律，所选择的法律无须与当事人或合同具有密切联系。[②] 在业主和承包商谈判合同及解决争议的过程中敲定法律适用事宜，系出于双方的自愿与妥协，更是出于一种协商和让步，尊重选法合意，对加强国际民商事交往、便利判决的全球流通、促进国际工程承包项目的有序进行是有益的。

二、依最密切联系原则确定合同准据法

最密切联系原则在我国国际私法立法与司法实践中居于关键地位，其不仅适用于合同的法律适用，而且在其他领域亦多有适用。所谓最密切联系原则，是指在

① Adam Samuel, “The New Swiss Private International Law Act”, *International & Comparative Law Quarterly*, Vol. 37, Issue 3(1988), p. 681.

② Symeon Symeonides, “Party Autonomy in International Contracts and the Multiple Ways of Slicing the Apple”, *Brooklyn Journal of International Law*, Vol. 39, Issue 3(2014), p. 1124.

确定国际合同的法律适用时,综合考虑、分析与法律关系有关的各类因素,从“质”和“量”的角度,对当事人及案件事实相关的主客观因素加以权衡,找出案件法律关系的重力中心地,即具有最密切和最真实联系的地方,将此地的法律作为合同准据法。[①] 所谓特征履行方法,最初滥觞于欧洲,由瑞士学者施尼策提出。[②] 他认为,合同与其经济和社会效用的产生地具有本质联系,该地通常为非金钱义务方所在地,国际合同法律适用的本质就是探寻存在争议的法律关系在哪个法律生活空间发挥的作用最大。[③] 将最密切联系方法引入国际合同法律适用的实践,是 1978 年《奥地利联邦国际私法法规》所首创,该法第 1 条第 1 款将最密切联系原则提升为指引法官确定国际合同准据法的总括性原则。[④]

由于最密切联系原则在一定程度上协调且兼顾了法律适用的确定性与灵活性,实现了法律秩序价值(形式)与正义价值(实质)的统一,其一经确立,便在较短期间内为全球所知晓,但各国在运用该原则确定国际合同法律适用的具体方式和适用领域方面不无差异。有的国家将该项原则作为总原则,有的将其作为补充性一般原则,还有的仅适用于合同和侵权领域。随着时代变迁,最密切联系原则在国际工程承包合同领域的适用潜能得到充分挖掘。[⑤]

就国际工程承包合同的法律适用而言,在当事人意思自治缺位没有选择准据法时,最密切联系原则堪称最重要的替代性选法原则。[⑥] 我国《法律适用法》第 41 条亦肯定了最密切联系原则在合同法律适用中的现实价值,但是,该条款将最密切联系原则与特征履行说并列规定,与当前国际上关于合同法律适用的具体方法存在一定的差距,这也引发了一定的争论。此外,将最密切联系原则在国际私法中的地位和价值从具体的法律领域提升为具有总则地位的基本原则,其得当与否,也面临学理上的质疑。[⑦]

---

① 郝泽愚:《法律选择上的最密切联系原则研究》,中国政法大学出版社,2020,第 15 页。

② Zheng Tang, “Law Applicable in the Absence of Choice: The New Article 4 of the Rome I Regulation”, *The Modern Law Review*, Vol. 71, No. 5(2008), p. 785.

③ 许庆坤:《涉外民事关系法律适用法的司法解释问题研究》,法律出版社,2019,第 215 页。

④ 马志强:《国际私法中的最密切联系原则研究》,人民出版社,2010,第 91 页。

⑤ 同上书,第 65 页。

⑥ YU Shu Hong et al., “The Closest Connection Doctrine in the Conflict of Laws in China”, *Chinese Journal of International Law*, Vol. 8, Issue 2(2009), p. 423.

⑦ Chi Chung, The Easier Way to Have ´Better Law´?: The Most-Significant-Relationship Doctrine As the Fallback Conflict-of-Law Rule in the People's Republic of China (September 6, 2016), Available at SSRN: https://ssrn.com/abstract=3238996.

在我国《法律适用法》制定之初,学界共同认为,我国立法对当事人未做法律选择的合同所应适用的法律不必也不宜做过于具体的规定。通过引入最密切联系原则,在一定程度上达到了这样一种预期效果,既充分考虑据以确定国际工程承包合同法律适用的多元方法,又充分将原则性与灵活性进行有机结合,这样较之以固定的冲突规则做出呆板的规定更为务实。但这种模式也具有模糊性和不确定性,具言之,在司法实践当中,到底如何界定与国际合同具备"最密切联系",法官们见仁见智,产生了许多不同理解。[①] 事实上,在有的案件中,法官将最密切联系地确定为合同订立地,有的案件中将其确定为合同履行地,还有的案件将其确定为标的物所在地或当事人住所地。最密切联系原则司法适用中存在的差异,恰恰体现了试图在国际工程承包合同法律适用中以不变应万变的不可能性。事实上,最密切联系原则本身即暗含着不确定性和灵活性,需要结合具体的工程项目和个案当中的各类情形加以权衡和分析。为了避免法官们的不同理解使最密切联系原则沦为"深口袋",增强这项法律适用原则的现实可操作性,我国最高人民法院曾经试图以司法解释方式对最密切联系的确定因素加以规范。[②] 该规定不仅表明了我国法院认定最密切联系因素的态度,也是我国法院多年来处理国际合同案件法律适用的经验总结,在借鉴域外学理和实践的基础上,兼顾本土特色及中国经验,相对较为合理。

国际工程总承包领域适用最密切联系原则,还体现在国际工程承包合同争议引发的商事仲裁实体问题法律适用上。相比于诉讼,国际仲裁庭在处理国际工程承包合同法律适用时,具有更强的裁量权。[③] 譬如,2021 年《国际商会仲裁规则》第 21 条第 1 款规定:"当事人可自由约定仲裁庭处理案件实体问题所应适用的法律规则。当事人没有约定的,仲裁庭适用其认为恰当的法律规则。"

---

① 田洪鋆、张雪媛:《失去控制的灵活性:最密切联系原则在我国的适用及反思》,《社会科学战线》2019 年第 8 期,第 217 页。

② 譬如,在已废止的 2007 年《关于审理涉外民事或商事合同纠纷案件有关法律适用若干问题的规定》中明确,依最密切联系原则确定合同法律适用时,应根据合同的特殊性质,以及某一方当事人履行义务最能体现合同的本质特性等因素综合判断。同时,该规定通过列举和概括相结合的方法,对 17 种涉外合同的最密切联系地予以具体规定。

③ Joshua Karton, "Contract Law in International Commercial Arbitration: The Case of Suspension of Performance", *The International and Comparative Law Quarterly*, Vol. 58, No. 4(2009), p. 863.

三、以分割法确定国际工程承包合同法律适用

作为据以确定国际合同法律适用的一种方法，分割法（Dépeçage）是相对于法律适用的单一论或称整体论而言的。无论是在当事人选择合同准据法时，抑或法院依据最密切联系原则确定合同准据法时，分割论着眼于准据法适用于合同争议的范围上。具言之，国际工程承包合同法律关系的不同方面分别适用不同的法律适用规范，允许当事人就合同的不同方面加以分解或者切割，从而分别确定其法律适用，这就是分割法。[①] 从历史发展来看，早在法则区别说时代，巴托鲁斯便主张，合同形式及其实质有效性适用缔约地法，合同效力及履行适用履约地法，在当事人没有明示或默示选法意图时，则可适用法院地法，从而增强当事人对法律适用的可预见性。由于美国《第一次冲突法重述》受到诟病的突出缺陷之一就是用单一的选法规则僵化地适用于有关涉外争议的所有方面，故而在《第二次冲突法重述》第186条、第198条、第199条当中特别突出地引入分割法，对合同的形式问题、实质问题、当事人缔约能力问题分别依不同冲突规范确定准据法。[②] 当然，以分割法确定国际合同的法律适用面临着新的难题，即对于特定的争议到底属于哪一个方面，是需要先行予以判定的。[③] 例如，一方当事人如果要求对方实际履行，完成工程项目建设，这显然属于合同的实体内容争议，应适用缔约地法；而对于对外不适当履行所产生违约责任及后果承担问题，无论是出于故意抑或过失，均应当适用合同履行地法；至于当事人的行为能力，则以当事人的住所地法为依据。[④] 由此可见，争议的定性和识别与实体问题的法律适用紧密联系在一起。

在国际工程承包合同领域，分割论这一法律适用方法被诸多国家所沿袭下来，合同当事人的缔约权利能力和行为能力都以适用属人法为主，而合同形式、成立及其实质有效性适用缔约地法，合同履行适用履行地法，区分合同争议的不同方面分别确定其法律适用的分割方法，受到了立法的接纳和实践的肯定。此外，值得一提的是，除英美法系外，以萨维尼为代表的欧陆国际私法学者也对分割法予以肯定，但是其对于分割法的理解存在微妙的差异。具体而言，在法律关系本座说的运用

---

① Christopher G. Stevenson, "Depecage: Embracing Complexity to Solve Choice-of-Law Issues", *Indiana Law Review*, Vol. 37(2003), p. 303.

② Symeon C. "Symeonides, Issue-by-Issue Analysis and Dépeçage in Choice of Law: Cause and Effect", *The University of Toledo Law Review*, Vol. 45(2013), p. 2.

③ Sahar Karimi and Evaristus Oshionebo, "Depecage in the Context of International Upstream Oil and Gas Contract", *Asper Review*, Vol. 20(2020), p. 79.

④ 李双元：《国际私法冲突法篇》，武汉大学出版社，2007，第341页。

中,萨维尼认为,每一种特定类型的法律关系在本质上拥有一种专属于其自身的“本座”,合同债权正是以履行地作为本座的。但在双务合同中,由于双方的履行地可能分处于不同国家,此时就需要将合同的义务加以分解,分别适用各自的义务履行地确定双方的权利与义务。此外,还有观点认为,分割法是针对合同的核心问题与外围问题分别确定法律适用,主要问题依据合同冲突规范的基本方法加以确定,主要问题以外的其他外围问题和不重要的问题则受辅助准据法的支配。所谓辅助准据法,是指在当事人合意选择的准据法所支配的争议之外,其他争议适用的合同履行地法。

值得肯定的是,采取分割论方法确定国际工程承包合同的法律适用,有其内在优势。随着科技进步和人员跨国流动的加强,传统的法律选择方法正在逐步有所突破,而现代方法的总体趋势是改良传统仅偏重主观论或仅偏重客观论所导致的僵化弊端,在法律适用的确定性与公正性之间寻求平衡点。但是,从僵化走向无拘无束并非法律适用的真实目的,在明确规范引领的基础上适当地赋予法官以适用法律的自由裁量权,才是改良的目的。为了达到这个目的,国际上正日益对传统的冲突规范加以软化处理,而引入分割法恰恰是增强活动性的路径之一。特别是将当事人意思自治与法官自由裁量嵌入具有确定性和可预见性的合同法律使用方法之中,注入法律适用的主观因素,中和法律适用的僵化逻辑,不仅有助于提升国际工程承包合同法律适用的整体效果,而且也是符合国际法治发展的基本规律的。[①]

在与国际合同相关的司法审判实践中,分割论与单一论各执一词,显然已产生两个相互对立的派别。1875 年,美国法官亨特在 Scudder 诉 Untion National Bank of Chicago 一案中曾采纳分割论,主张将契约的成立和契约的履行分别适用合同订立地法与合同履行地法。在美国,对于分割法的运用,基于所涵括的范围由宽到窄,存在三种理解:第一,在特定案件中适用不同州的法律调整案件的不同问题,譬如程序与实体法律适用的分割;第二,在特定案件中,适用不同州的法律来调整案件当中不同的实体问题;第三,在特定案件中,对不同的实体问题分别确定法律适用,且此种法律适用将导致单独适用某一州法律所无法达到的结果。[②]

笔者认为,采用分割方法确定国际工程承包合同准据法面临现实难题。首先,增加了受案法院适用法律的困难,对法官提出了苛刻的要求。在一起国际工程承包合同争议当中,如果争议焦点涉及多个层面的问题,适用分割法意味着法官很可

---

① 徐冬根:《国际私法案例百选》,高等教育出版社,2019,第 31 页。

② 徐伟功、蔡鑫:《美国冲突法中的分割方法评析》,《武汉大学学报(哲学社会科学版)》2008 年第 3 期,第 299 页。

能需要同时查明并适用多个国家或法域的法律体系，这要求法官对涉外争议的裁判及法律适用的处理上具备全方位的驾驭能力，要求不可谓不高。其次，采用分割法处理国际工程承包合同争议的法律适用，可能会增加案件审理的时间成本，而时间因素对于国际工程承包而言至关重要，无论是工期的确定抑或损失的计算，都关系到时间因素，分割法可能拉长案件裁判时间线，不利于工程合同纠纷的及时和妥善解决。再次，过于强调国际工程承包合同法律适用中的分割，可能会对整体的合同法律适用效果产生破坏，导致业主和承包商在具体的争议处理上游走于不同法律体系之间，从而降低当事人债务履行的协调性。[①] 由于分割法的弊端所在，美国、瑞士、法国等出现废弃分割法的趋势，但因噎废食，未必是解决法律适用的最佳方案，对分割法加以适当的调整，增强其实体导向，以法律适用的结果分析来考察这一方法的可适用性，不失为一种可予考虑的方案。

四、工程所在地强制性规定直接适用

前文已经提及，国际工程承包合同虽然属于私法行为，但是却往往关乎社会公共利益及国家建筑安全，故而兼具私法与公法属性，这在法律适用方面体现为，出于对保护本国建筑业市场、维护国家经济安全等公共利益的考虑，对于国际工程承包合同履行中的部分问题，须强制性地适用中国法。所谓强制性规范，学理上常称之为直接适用的法。[②] 它具体指的是，国际工程承包合同当中所涉及的某些具体问题，只能适用中国的国内法，不允许当事人选择适用外国法，也不允许法官援引冲突规范而适用外国法，而此种强制性规定的范围以维护工程所在地的社会公共利益为限。[③] 就公共秩序保留的立法模式而言，我国采取的是合并限制的模式，一方面，《法律适用法》第 3 条与第 4 条分别从立法层面明确了强制性规定的直接适用以及公共秩序保留原则，另一方面，《法律适用法司法解释》第 11 条确立的法律规避制度，这实际上为国际工程承包合同中适用工程所在地的强制性规定提供了法律基础。

就其外在特征而言，强制性规定特指那些无论当事人的主观意愿如何都必须予以适用的法律规范，此种规范不容当事人合意排除，也不允许被修改或限制适

① 王卿：《论国际私法中的“分割方法”》，《法律方法》2012 年第 1 期，第 46 页。

② 徐冬根：《国际私法趋势论》，北京大学出版社，2005，第 393 页。

③ Jimerson Birr, Mandatory Provisions in Residential Construction Contracts, https://www.jimersonfirm.com/blog/2013/06/mandatory-provisions-in-residential-construction-contracts/, last visited on July 27th, 2021.

用。这种规范在国际工程承包中的适用,主要出于两方面考虑,一是维护政府在工程承包方面的监管权力,二是保护国家希望获得保护的个人利益。就其内在分类而言,国际工程合同法律适用领域的强制性规定又具体分为两类:第一类是合同准据法体系之内具有强制性效力的国家立法,应关系到该国建设工程法律体系的统一性而不容许当事人规避或排除;第二类是更狭隘和更强势的一类强制性规定,其对维护国内的政治、社会和经济利益至关重要。在审理国际工程承包合同争议时,法院适用本国的强制性规定,实际上属于对公共政策的积极贯彻,而法院适用准据法所属国或者第三国的强制性规定,则存在一定的争议。[①]

随着社会的发展进步和国际工程承包商"走出去",国际工程法律领域的公共政策和强制性规定也在不断发生调整,从而使国际工程承包项目与实现国家公共政策的目的衔接起来。[②] 强制性规范在某种意义上就是公共政策、社会公共利益的具体化。事实上,各国的学说和判例都在积极归纳和整理不同类型的公共政策问题,已经实现类型化的公共政策包括:反对损害国家经济利益的政策;保护政治制度的政策;反对就立法者和其他政府官员施加不当影响的政策;反对干涉司法过程的政策;国家在产业结构调整方面的政策;保护人权的政策;反对牟取暴利的政策;反对赌博、限制交易和财产转让的政策;反对损害家庭关系、保护弱者的政策等。[③] 我国《法律适用法》及其司法解释针对涉外消费者合同、涉外劳动合同的法律适用规定了有别于一般合同的冲突规范,这在一定意义上正是公共政策的反映,但是我国立法并没有明文规定国际工程承包合同领域的公共政策,此类政策需要结合个案加以具体裁量和酌定。

首先,从最密切联系的角度观之,之所以在国际工程承包合同中强制性地适用工程所在地法的某些规定,归根结底是来自"场所支配行为"这一法律适用原理的作用。根据我国建筑工程法律法规,国际工程承包合同项目须经我国建筑管理部门进行审批和登记注册,并服从工程所在地的公共管理,确保在工程质量、安全施工、环境评价、劳动权益保障等各方面在合规的状态下进行工程项目建设和合同的履行。故而,在有关问题的解决上强制适用中国法,具有合理性。[④]

---

① 齐湘泉、齐宸:《强制性规定在国际商事仲裁中的适用》,《北京仲裁》2015 年第 4 期,第 71 页。

② 宗妍:《承包商会制订〈中国对外承包工程和劳务合作行业和谐发展公约〉》,《国际工程与劳务》2007 年第 9 期,第 89 页。

③ 申婷婷:《国际私法中意思自治原则及其司法适用》,中国检察出版社,2019,第 83 页。

④ 涂广建:《涉外合同意思自治外情形下准据法的确定——部分法院实践的考察与分析》,《中国国际私法与比较法年刊》2013 年第 1 期,第 211 页。

其次,国际工程承包合同在性质上具有一定的国际投资属性,业主的投资体现在项目竣工验收后支付工程款,而承包商的投资体现在投入时间、金钱和劳动力推进施工进度并确保工程承包项目的质量和按期完工。对于国际投资合同而言,东道国法律具有支配性的适用地位。譬如,1974 年联合国《各国经济权利和义务宪章》第 2 条第 2 款肯定了东道国的外资规制权,1965 年《华盛顿公约》第 42 条关于投资仲裁的法律适用条款也将东道国的国内法作为当事人意思自治缺位时的重要候补规则。落实到国际工程承包合同的履行中,工程所在地法当中的强制性规定,是工程施工和合同履行所无法规避的,其直接适用有利于维护法律的权威性和工程承包的安全性。

再次,在对外直接投资和国际工程承包实践中,由主权国家、政府机构与外国承包商签订的工程承包合同,兼具商事性与公用性的特点,其常被称之为国家契约。[①] 可被归入为国家契约的国际工程承包合同以公用事业、基础设施建设、自然资源开发等最为典型。这类合同被认为与国家的资源主权、经济安全、社会秩序具有密切的关联,无论在发展中国家,抑或在发达国家,普遍都强调排除合同当事人的意思自治,只适用东道国的国内法律。[②] 我国《民法典》关于三资企业合同强制适用中国法的规定、《法律适用法》关于涉外消费合同、涉外劳动合同特殊法律适用规则的规定,对当事人意思自治原则予以排除或限制,有其内在的政策考虑。即便如此,基于对市场经济的维护和对私权自治的捍卫,单边冲突规范的适用必须予以严格控制并限缩解释,适用东道国法律并非国际工程承包合同的唯一选项,而是必须以相关规范构成强制性规定作为前提。故而,对强制性规定的识别是合理确定法律适用的先决要件。[③]

在国际工程承包合同的法律适用中,可以划分出两大类事项:关于工程项目施工、竣工、运营、维护等关系到工程质量和安全的核心合同事项,应适用工程所在地法;不涉及工程项目施工、竣工、运营、维护的外围合同事项,如联合体协议、联营协议、合作协议、设备采购协议等,则可援用国际商事合同法律适用的基本方法,亦可经双方一致同意选择适用非工程所在地国家的法律。当国际工程承包合同的业主方系政府或其他公共实体时,需要特别考量:在 PPP/BOT 投资项目中,股东协议、

① 姚梅镇主编《比较外资法》,武汉大学出版社,1993,第 405 页。

② 乔慧娟:《私人与国家间投资争端仲裁的法律适用问题研究》,法律出版社,2014,第 72 页。

③ Thomas G. Guedj, "The Theory of the Lois de Police, A Functional Trend in Continental Private International Law-A Comparative Analysis with Modern American Theories", *The American Journal of Comparative Law*, Vol. 39, No. 4(1991), p. 661.

贷款协议、包销协议等不涉及工程项目主体的外围合同纠纷，得遵照双方的合意确定合同所应适用的法律，而实施协议、购电协议、特许经营协议等，应直接涉及工程项目实体的进行，则应以工程所在地的法律作为首要选项。在此类因特殊投资所订立的国际工程承包合同中，项目公司或特殊目的公司（SPV）的法律适用，不应脱离公司注册地的法律监管体系。[①]

五、国际条约与国际惯例的国内适用

国际法与国内法的关系问题，是理论与实务界常谈常新、亘古未决的命题。尽管我国《宪法》和《立法法》等法律对此未做出一般性的规定，但是在包括国际工程承包合同在内的民商事领域，过往一贯的司法实践采取国际条约优先适用原则。[②]关于工程承包的国际法，主要是指两个或多个国家间缔结的条约、协议，或超国家团体决议之国际规范。原则上，这些条约的规制对象多为主权国家，而不直接对缔约国的私人（如承包商、业主、设计师、工程师、施工人员等）发生效力，故而必须经过国内法层面的转化适用，才能对工程承包中的个人发生效力。例如，我国加入的WTO《服务贸易总协定》《国际货物销售合同公约》（以下简称CISG），我国批准的《建筑业安全卫生公约》、国际上普遍认可的《国际融资租赁公约》等，均被视为国际工程承包法律制度的重要组成部分。这意味着，针对国际工程承包合同的法律适用，如果我国业已缔结或参加的某一国际条约同国内法有所抵牾时，除非我国对条约的相关内容提出了保留或者相关条约的条款属于必须经过国内法转化方可适用的范畴，否则原则上应适用国际条约的内容。概言之，我国对国际工程承包领域国际法与国内法的关系总体上采取了“一元论”的立场，并且认同国际法的优先适用效力，国外学者也注意到了这一点。[③] 相较之下，国际惯例的适用更多是依赖于当事人意思自治，有观点认为，国际惯例与国际条约的区别在于，前者是一种实质上的法源，后者是一种形式上的法源，故而前者如何获得规范上的拘束力，更需要予以审慎探讨。[④] 有细心的学者，试图就国际惯例与国际习惯进行辨析，指出二者之间的差异不仅仅是出于措辞或翻译上的不同，更主要在于其适用的场域、效力的

① 崔军：《FIDIC 分包合同原理与实务》（第2版），机械工业出版社，2018，第35页。

② XUE Han Qin and JIN Qian, "International Treaties in the Chinese Domestic Legal System", *Chinese Journal of International Law*, Vol. 8, Issue 2(2009), p. 299.

③ Björn Ahl, *The Application of International Treaties in China*(Springer, 2009), p. 356.

④ 黄茂荣：《法学方法与现代民法》（第五版），法律出版社，2007，第15页。

基础、规制的内容有别。[①] 通常来讲，习惯国际法的识别需要满足物质要素与心理要素的双重考察，其确定的标准较为严格。[②] 在国际工程承包领域，国际惯例日益出现"扩张化"趋势，表明了此类规范在法律适用层面具备隐含的"准规范效力"。如果当事人在国际工程承包合同中选定了某一国际惯例，则该国际惯例具有准据法的地位。但是，即使当事人没有选择某一国际惯例，在针对具体争议的法律适用方面，既不存在相关国际条约，亦不存在国内法的规定时，为了填补法律空白，法官可直接参照适用国际惯例作为一种补缺适用的制度工具，这在国际工程承包合同领域体现得尤其明显。[③] 针对国际法律渊源在涉外纠纷中的适用，我国《民法通则》第 142 条，以及《法律适用法司法解释》（法释〔2020〕18 号）第 4 条、第 5 条曾分别做出规定。遗憾的是，在《民法典》出台后，这些规定均被删除，从而使国际条约与国际惯例在我国的适用问题处于不确定状态。

事实上，充分肯定国际条约和国际惯例在国际工程承包合同法律适用中的重要地位，不仅可彰显我国认真贯彻及履行国际条约义务、遵约践诺的正面形象，也可以为化解国际法与国内法在合同适用法律上的矛盾和冲突提供良好的解决方案。对于相关法律及司法解释条款的删除，不仅使法律适用问题无法可依，而且对于统筹国内法治与国际法治并无裨益。

国际工程承包合同的法律适用不仅事关国家主权和国家尊严，关系到一国的法律权威和公共秩序，而且也直接关系到合同当事人的权利义务，影响国家间正常的民商事往来，应予重视。在国际法的框架内，普遍肯定条约必守原则。这意味着，只要加入了某一项与国际工程承包相关的国际条约，无论是多边抑或双边条约，都具有了国内执行力。执行条约就是适用条约，一方面，当缔约国之间对条约的履行发生争论，可将争议交付国际法院裁断；另一方面，作为条约当事国国内的立法、司法、行政部门，都有适用条约的义务。当然，国际法仅仅为各国设定了善意履行条约的义务，至于在国内如何执行条约义务的程序和条件，则留待各国自行决定。但严格来讲，各国不得滥用其自由决定权以违反善意履行条约的义务，否则将因违反条约而承担国际责任。事实上，国际司法裁判机构已在多起案件中重申，缔

---

① 翟仲：《国际惯例与国际习惯的概念界分及现实考察》，《国际法研究》2021 年第 4 期，第 32 页。

② 姜世波：《习惯国际法的司法确定》，中国政法大学出版社，2010，第 325 页。

③ Britton, "Choice of Law in Construction Contracts: the View from England", *International Construction Law Review*, No. 4(2002), p. 242.

结了有效国际条约的国家,必须在其国内立法和法律适用实践中做出必要的改变,以确保国际义务的履行,这在国际工程承包合同领域亦不例外。[①]

值得一提的是,已废止的法释〔2007〕14号、法释〔2012〕24号等,均基于为对外开放提供法治保障的需要,肯定了国际条约和国际惯例的国内适用。但随着《民法典》的出台,这些司法解释关于国际条约与国际惯例在我国适用的条款被废止。鉴于《民法典》中没有就国际条约与国际惯例的适用做出规定,司法解释原则上不宜突破立法的限定。但是,通过我国多年来涉外商事审判实践来看,国际工程承包合同的法律适用中不能全盘否定条约与惯例的实践价值,不假思索地予以拒绝适用,与大国司法的定位不尽相符。[②] 鉴于此,在未来制定或更新《法律适用法司法解释二》时,有必要将国际条约优先适用、国际惯例补缺适用等合理元素予以重新纳入,同时对最密切联系的判定标准、明示与默示意思自治的协调、分割法的适用等予以明确。此外,我国现行立法和司法解释在国际工程承包合同法律适用中的哪些法律属于可予直接适用的强制性规定,缺乏评定标准,这一点亦有尚待完善的空间。

六、国际工程承包合同法律适用方法的评价

国际工程承包往往历经较长的一段周期,其间,工程所在地法很可能发生调整和变化,法律的不断更新给法律适用造成了难题。另外,合同中所涉及的问题是方方面面的,包括但不限于当事人的缔约能力、履约阶段的材料设备采购、分包合同的签订、担保、劳务、工程计价、价款支付、索赔及争议解决方式等。对各类法律适用方法而言,它们在实践运用中的共同点在于,允许国际工程承包合同的当事人选择适用法,在没有选择时适用“工程所在地法”,把“工程所在地”作为最密切联系地。[③] 各国实体法层面存在冲突的成因之一是,是否将建设工程合同有名化,以及将其归入哪一类合同。从标的来看,国际工程承包合同属于不动产合同,部分国家将此类合同归入承揽合同,但承揽合同更多针对的是动产,故而此种归类的合理性

---

① 李浩培:《条约法概论》,法律出版社,2003,第314页。

② 何其生:《大国司法理念与中国国际民事诉讼制度的发展》,《中国社会科学》2017年第5期,第123页。

③ Kevin O´Brien, “Are Your Construction Contracts´ Forum-Selection and Choice-of-Law Clauses Enforceable?”, available at: https://www.jonesday.com/en/insights/2014/06/are-your-construction-contracts-forumselection-and-choiceoflaw-clauses-enforceable, last visited on September 28th, 2021.

值得拷问。笔者主张,我国《民法典》将工程承包合同独立于不动产合同和承揽合同,作为单独的一类有名合同,这种立法模式和分类方式具有合理性,突出了此类合同在权利义务关系方面的独特性。

综上,各国的法律对待国际工程承包合同与其他国际商事合同一样,关于合同当事人实体权利义务关系的确定、合同的解释、义务的履行及工程争议解决等,均赋予当事人自主选择合同准据法的权利,但主观论的适用应以不损及强制性规定及公共政策所保护的法益为限度,当事人亦不得滥用法律选择的权利进行规避。[①]值得注意的是,由于其天然具有的特殊性,国际工程承包合同的法律适用不能完全比照其他的国际商事合同。具言之,国际工程承包合同双方当事人在选择法律适用方面的意思自治,受到工程所在国法律中强制性规定的约束,当事人任何试图规避此类规定管束的意图都不切实际。实践中,业主也往往会更加倾向于选择工程所在地法,这不仅符合于"场所支配行为"的古老法则,而且也是因为业主对工程所在地的法律及合同条件较为熟悉,将该类法律作为合同条件的内容并入招标文件中,便排除了承包商选择其他准据法的可能性。故而,相当一部分国际工程承包合同在法律适用条款中选择的是工程所在地法。实践中,即便当事人未选择合同适用的法律,法院、仲裁庭或争端评审专家亦可采取行为地法、物之所在地法、最密切联系原则等指引,最终适用工程所在国的法律作为案件准据法。至于国际承包工程合同双方为履行承包合同而与合同外第三人(工程的分包商除外)发生的各种国际商事合同法律关系的准据法,则基本上是由与第三人签订合同的承包合同的一方与第三人自由约定的,很少受到工程所在国的强制性法律的限制。事实上,由于国际工程建设涉及工程所在国的公众安全、建设规划、土地和其他资源的开发利用、环境保护、经济发展目标、项目融资等重要问题,工程所在国对合同当事人的合同行为的干预力度非常之大。不管国际工程承包合同当事人选择什么样的准据法,只要其订立合同的行为或合同本身的约定违反了工程所在国的强制性法律规定,该合同就是不可执行的,有过错一方或合同双方还要受到工程所在国的行政乃至刑事处罚。换言之,对于国际工程承包合同当事人任何违反工程所在国强制性法律规定的行为,不论当事人所选择适用的法律是否也同样认为是无效民事行为,其实际后果都等同于无效民事行为。

---

① 严明:《浅谈国际工程合同中法律适用条款的选择》,《化工建设工程》2004年第3期,第12页。

本章小结

国际工程承包合同法律适用的方法充分汲取了传统国际私法理论与现代国际私法实践中关于国际商事合同法律适用的基本原则,包括当事人意思自治原则、最密切联系原则等国际通行方法。但在法律适用的具体路径与适用法律的类型方面,国际工程承包合同又体现出不同于其他国际商事合同的特点,譬如说对主观论与客观论的协调,对法律适用分割法的合理采纳,对工程所在地法律中强制性规定的认可,以及对国际条约和国际惯例地位的合理适用。准确地说,以业主和承包商主体属性为界分标准,国际工程承包合同包括私法视野下的国际工程承包合同与公法视野下的国际工程承包合同,二者遵循的法律适用方法不尽一致,甚至呈现出泾渭分明的态势。就法律适用的方法论而言,要清晰了解当前国际工程承包合同缘何出现多元性和复杂化的现状,必须充分去考察历史上各类法律适用方法相互交织、彼此更替的征程。早期以地域化、空间化为基础的法律适用方法论,越来越被契约自治与合同自由的法律适用理论所取代,但合同缔结地、合同履行地、工程所在地等联结因素在当事人选法合意缺位时仍然具有现实价值,这也正是自体法理论赖以存续的逻辑基础。[①] 从法律适用依据的视角来看,我国以《法律适用法》为中心的国际私法立法没有单独针对国际工程承包合同的法律适用做出特别规定,这意味着此类合同的法律适用遵循合同法律适用的一般性冲突规范。在《法律适用法》及《民法典》中,虽然对合同的法律适用问题不无规定,但其对于默示选法的认定标准、特征履行说与最密切联系关系的处理思路、国际工程承包合同特殊性的关注等缺乏重视,在一定程度上导致我国在国际工程承包合同法律适用仍然存在有待完善的空间。为了弥补缺憾、填补不足,引入国际通行规则,架构完整的国际工程承包合同法律适用体系显得尤为迫切。鉴于此,第五章将以 FIDIC 合同条件入手,探讨国际示范合同文本在我国适用时所面临的困境、冲突及其解决。

---

① 参见吴小平:《印度国际私法中债权法律选择问题研究》,《国际法与比较法论丛》2019 年第 1 期,第 154 页。

第五章 FIDIC 合同条件在国际工程承包合同中的适用

FIDIC 特指国际咨询工程师联合会。[①] 作为全球公认最具权威性的专业咨询工程师国际组织,FIDIC 总部坐落于瑞士洛桑,于 1913 年由英国、法国、比利时等五个国家所创立。截至 2021 年 7 月 30 日,FIDIC 在全球范围内有 102 家会员,这些会员系遍布于世界各国的咨询工程师商业组织协会,其代表了全球超过一百万工程专业人员和四万家公司。[②] 早在 1996 年,中国工程咨询协会即作为会员加入了 FIDIC,并与 FIDIC 开展了一系列有关国际工程承包合同咨询工程师的认证、培训。[③] 论及国际工程承包合同的法律适用,不可回避 FIDIC 合同条件以及各国建筑业协会颁布的相关国际工程承包合同范本,这些范本已成为业主与承包商商谈并拟定国际工程承包合同的蓝本乃至模板,其对于决定法律适用具有关键价值。实践中,甚至可以说,争议评审专家组及法院、仲裁庭很多情况下正是通过适用 FIDIC 合同条件裁断有关争议的,FIDIC 合同条件的适用成为法律适用的大部分乃至全部内容。本章将对 FIDIC 合同条件的生成背景、法律性质、制度体系、适用特征等展开观察,在此基础上就 FIDIC 合同条件在我国适用的原则、方式、冲突及对策进行探讨。

---

① FIDIC 作为简写,其来自法语全称的首字母。法语全称为 Ferderation Internationale Des Ingenieurs Conseils,即国际咨询工程师联合会。

② Italo Goyzueta, "FIDIC Member Associations", https://www. fidic. org/membership/membership_associations, last visited on July 5th, 2021.

③ http://www. cnaec. com. cn/notice/2019-11-11/2844 html? pphlnopphlnophdb,最后访问日期:2021 年 7 月 5 日。

第一节　FIDIC 合同条件的法律性质及其适用理据

在国际工程承包法律领域,FIDIC 具有举足轻重的全球影响力。探讨国际工程承包合同的法律适用,无法回避 FIDIC 合同条件在国内的适用问题。严格来讲,对 FIDIC 合同条件是否属于法律这个问题存在较为激烈的争论,故而 FIDIC 合同条件的适用是否属于"法律适用",尚且值得推敲。但是,FIDIC 合同条件虽然不像国际条约那样具有强制拘束力,但鉴于其在国际工程承包界所具有的普遍认可度和实践中较高的适用频率,将其归入"国际软法"的范畴,具有可行性。[①] 故而,从广义上理解国际工程承包合同的法律适用,必须要探讨 FIDIC 合同条件的法律性质、适用方式、相关冲突及解决对策等具体问题。

一、FIDIC 合同条件形成背景的考察

作为一家非政府组织,FIDIC 向来以公正性、独立性自居,并且在这一理念的指引下先后编制并出台了一系列的国际工程承包合同条件,从而在国际工程界奠定了难以企及的卓著地位,并被世界银行、亚洲开发银行及各国政府纳入指定的工程合同文本及合同管理文件。毫无疑问,FIDIC 合同条件对于国际工程承包合同的规范化和工程界的标准化发挥了不容否认的作用。在合同条件的具体设计方面,FIDIC 合同具有较强的包容性、灵活性、自治性,广泛汲取和吸纳了西方发达国家国际建筑工程承包行业数百年的优秀经验,将工程技术、合约管理、法律规范有机融为一体,一度被国际工程界的承包商、业主、工程师等各类专业群体誉为建设工程界的"圣经"。

作为 FIDIC 编制的国际工程承包合同范本,这一系列合同文件随着工程承包实践需要的演变而不断进行更新和优化,最新版本的 FIDIC 合同条件主要包括四个范本,即:《施工合同条件》(新红皮书)、《永久设备和设计-建造合同条件》(新黄皮书)、《设计采购施工交钥匙项目合同条件》(银皮书)及《简短格式合同》(绿皮书)。

---

① Larry A. DiMatteo, "Soft Law and the Principle of Fair and Equitable Decision Making in International Contract Arbitration", *The Chinese Journal of Comparative Law*, Vol. 1, Issue 2(2013), p. 221.

二、FIDIC 合同条件法律性质的界定

(一)关于 FIDIC 合同条件法律性质的不同观点

FIDIC 合同条件是由 FIDIC 组织编制的规范性、标准化适用于国际承包市场的一种合同条件,其并不是一个单独的合同范本,而是由四个合同范本构成的合同体系。FIDIC 合同条件本身并不是法律法规,而是一种国际惯例。相应地,FIDIC 合同条件在国际工程承包合同中的适用,属于典型的非国家法的适用。对比之下,传统的国际私法采取相对狭义的法律适用方法,法院通常仅适用经过冲突规范指引所导向的某一国家的国内合同法,现代的国际私法则更加多元和灵活,国际商事合同适用非国内规则已成为全球范围内确定合同准据法的重要趋势。[①] 严格来讲,非国内规则中的很多内容,如国际惯例、标准合同等并不当然具有强制性的法律约束力,但这些规范却因其实践上操作性较强而逐渐被许多国家的法院和仲裁庭所接纳并适用。[②] 在国际工程承包争议解决背景下,当事人有权通过法律选择条款协议约定 FIDIC 合同条件等非国内规则,也可以直接基于 FIDIC 合同条件并在此基础上制定合同。甚至即使是在当事人没有选择的情况下,裁断国际工程承包争议的机关仍然可依职权主动地适用 FIDIC 合同条件。故而,FIDIC 合同条件在国际工程行业的影响力不言而喻。近年来,国际私法理论与实务界越来越关注非国家法在国际经济交往中的运用。不同于某一个国家的国内法体系,国际条约、国际惯例、示范法等非国家法具备超国家色彩,更加契合于跨国商事交往和商人自治的内在需要。[③] 相应地,非国家法体系中的很多元素和理念来自欧洲中世纪地中海的商人法理论。[④] 故而,在国际工程承包合同法律适用方面也更容易被发包方与承包方所共同接受。[⑤] FIDIC 合同条件属于总承包模式下的一种标准国际工程承包合同,它要求承包商承担全部的项目施工任务,严禁签约后把项目整个地分包出去,承包商

---

① 戚燕方:《仲裁实体法初析——兼论非国内规则的适用》,《中外法学》1998 年第 2 期,第 12 页。

② 刘益灯、陈璐:《论非国内规则在国际商事合同中的适用》,《中南大学学报(社会科学版)》2015 年第 3 期,第 66 页。

③ 张建:《国际建筑工程施工合同条件在我国的适用问题研究》,《北京仲裁》2016 年第 2 期,第 102 页。

④ 杨梦莎:《国际商事仲裁依职权适用商人法法律依据探析》,《政法学刊》2019 年第 4 期,第 21 页。

⑤ 王惠慧:《非国家法在国际民事纠纷解决中的适用问题研究》,《青海社会科学》2018 年第 6 期,第 43 页。

要想项目雇主承担全部责任。同时 FIDIC 合同条件是单价合同,强调“量价分离”,投标是承包商报的不是总价,而是单价。单价乘以咨询工程师认可的数量,即工程数量单后,才汇总出工程的总标价。[①]

(二) FIDIC 合同条件并非法律法规或国际条约

FIDIC 合同条件本身并不是法律、法规,但因其成熟的体系、完备的内容被世界银行、亚洲开发银行以及各国政府广泛适用。在全球经济一体化的背景下,随着中国经济的迅猛发展,中国建设业有与国际建设业接轨的迫切要求。但由于中国国内建设业起步较晚,经济环境相对滞后,与国际建设业水平仍有一定差距。在此背景下,FIDIC 合同条件在中国的适用是一种必然的选择,FIDIC 合同条件在中国适用问题的研究也具有了深远的意义。FIDIC 合同条件是集合了西方上百年的建设业经验,受英美法系影响明显,其自身条款条文详尽、体系科学、责权明确。在发达国家成熟的市场经济模式以及相对完善的法律体系下,FIDIC 合同条件通常被全盘适用。而中国因其市场经济发展较晚,法律体系还不尽规范,同时,FIDIC 合同条件是适用要求在公正公开的招投标前提下,进行工程师为中心的线性管理并以单价合同方式加以结算。这使 FIDIC 合同条件适用中产生了不少的问题与冲突,这极大地掣肘了中国建设业的发展。

(三) FIDIC 合同条件系具有软法性质的示范文本

如前文所言,FIDIC 合同条件并非国内立法,亦非国际条约,这一点学理上已有共识。至于 FIDIC 合同条件是否构成国际法意义上的国际习惯,或者国际商法意义上的国际惯例,尚有待论证。通常认为,判定某项规则是否构成国际习惯,必须同时满足物质要素与心理要素两方面要件,即必须存在主观上的法律确信与客观上长期、反复、一致的类似实践。[②] 如果认定 FIDIC 合同条件构成习惯国际法,则其地位高于国内法,但这与现实的法律适用情况不完全相符。事实上,包括 FIDIC 合同条件在内的合同范本,以及英国、美国、日本等国家的行业协会、国际组织编制的合同范本,作为标准合同,虽然不是国际法的正式渊源,但是毫无疑问有助于促进国际贸易法的统一。[③] 就标准合同的法律适用而言,并不能完全挣脱、规避或超

---

① Michael Robinson,*A Contractor′s Guide to the FIDIC Conditions of Contract*(West Sussex: Wiley-Blackwell), 2011. p.130

② 张炳南:《论习惯国际法的识别与确定》,《大连海事大学学报(社会科学版)》2017 年第 4 期,第 65 页。

③ 翁国民:《国际标准合同与国际贸易法的国际统一》,《杭州大学学报(哲学社会科学版)》1996 年第 2 期,第 54 页。

越国内法的调整。换言之,FIDIC 合同条件的适用需要建构在国内法的框架之内而非超越于国内法的框架之外,无论是合同当事人、国内法院抑或仲裁庭,都必须遵循某一国的国内法,受国内法的制约和管辖。通常而言,国际工程承包合同中会对法律适用问题做出明示或默示选择,但即便不存在此种选择,FIDIC 合同条件的适用亦不是“无法之地”,而是需要适用工程所在地国家的法律。[①] 笔者认为,FIDIC 合同条件在法律性质上应当被归入为国际软法的范畴,更具体地说,FIDIC 合同条件属于一种示范法。所谓示范法,是在法律冲突与法律适用语境下从法律制定的视角为推进法律统一化所采取的方式之一,特指由学者、专家或职业团体、学术机构、社会组织等非官方部门草拟的法律文本,用以推荐给各法域在立法时予以借鉴和采纳。[②] 当然,对于何为示范法,学理上本就存在不同的理解,有的从国内法律统一化的角度出发,有的立足于“软法”视角,有的将其作为国际组织采用的一种法律协调手段,有的将示范法作为国际立法(或称“国际造法”)并据此实现法律统一化的方式,有的从拘束力角度加以论证,还有的从国际商事合同统一化的目标进行阐释。所谓示范法,既是法学研究者的一种学术表达方式,也是在理论与实践之间建立的一种重要沟通和对话机制。从外在表现形态来看,示范法既包括国内的,也包括国际的,前者的成功例证如美国统一州法全国委员会与美国法学会合作编纂的《统一商法典》,后者的成功例证如联合国国际贸易法委员会制定的《国际商事仲裁示范法》,其汇聚了学术界的各类合理化观点,试图在弥合分歧的基础上寻求共识,并旨在为实践中的法律适用提供依据。作为示范法的独特价值,其一方面呈现出了专家学者对“应然法”的价值追求,汇聚了具有前瞻性的智慧成果,另一方面对于推动法律的趋同化和统一化发挥了重要作用,为法律适用与立法完善开辟了新的路径。自 1957 年以来,FIDIC 合同条件已经在全球范围内得到推广并适用了大半个世纪,取得了相对成熟的经验,并且通过与时俱进的不断更新和持续修订彰显国际工程承包界惯例规则发展的新动态,因此而获得了相对持久且旺盛的生命力,成为国际工程承包合同法律适用领域别具一格的风景。从示范法的视角来看,FIDIC 合同条件作为法律统一化的柔性方法,其本身既是一种制度安排,也是一种学术表达,是 FIDIC 以国际协会的身份组织专家学者和实务人士基于现实需要、参酌学理基础制定出来的统一规则。相对于以冲突规范指引准据法的间接模式和国际统一实体法公约的直接模式,FIDIC 合同条件的适用更近乎协调式博弈,其强调的是业主和承包商基于对自我利益的调和来进行理性选择,从而达到国

① 崔军:《FIDIC 分包合同原理与实务》(第 2 版),机械工业出版社,2018,第 36 页。

② 曾涛:《示范法比较研究》,人民法院出版社,2007,第 134 页。

际层面的和谐,减少可能的不必要摩擦,其在规则的稳定性和争议解决的成本控制方面有内在优势。但是,当业主和承包商来自不同国家,且所属法域的法律冲突剧烈,工程承包传统习惯难于调和时,其是否会选择适用 FIDIC 合同条件以及是否以排除或变更其中部分条款为前提,则存在不确定因素。相比之下,国际公约的执行力和监督效果更强,一旦出现背离规则的情形,将自动触发惩戒机制,从而诱发法律责任的归因和追究,故而其强制性更为突出。①

虽然各方的观点不同,但其存在共识,即在法律效力层面,严格讲,示范法并不当然具有法律拘束力,FIDIC 合同条件符合这一构成要素。实践中,当事人在商谈、草拟、订立国际工程承包合同的过程中,既可以选择采用 FIDIC 合同条件,也可以选择不采用 FIDIC 合同条件,还可以选择仅适用 FIDIC 合同条件的部分内容,并对相关条款进行必要的增、删、改,这既是 FIDIC 合同条件的优势所在,也是当事人意思自治原则在国际工程承包合同制定中的具体体现和贯彻。②

综上,笔者认为,FIDIC 合同条件是一种具有普遍适用性、确定性,同时又不失任意性、灵活性的国际规范,其本身的效力高于完全任意性的国际商务惯例,同时又以 DAB 争端解决作为适用的保障,故而具有强制性,它是一种具备综合属性的标准合同文本。

三、适用 FIDIC 合同条件的体系及特征

(一)FIDIC 合同条件的内容体系

随着国际工程承包实践和相关管理学科的发展,FIDIC 合同条件每隔十年就会有一次修改以适应发展的新需要,1999 年新版 FIDIC 合同条件 FIDIC 合同条件是科学性与完备性的代表,本书所指 FIDIC 合同条件皆为 1999 年新版 FIDIC 合同条件。新版 FIDIC 合同条件在内容上更加科学完善,在条款数目、编撰体系上都有了重大调整,具有了更鲜明的特点。

2017 年,FIDIC 发布了 1999 年版三本合同条件的第二版,分别是《施工合同条件》(2017 版红皮书,行业简称施工合同条件)、《生产设备和设计—建造合同条件》(2017 版黄皮书,行业简称 DB 合同条件)、《EPC/交钥匙项目合同条件》(2017 版银皮书,行业简称 EPC 合同条件)。新版合同条件在保障资产和权利、协调目标一致性、应对未来不确定性等问题的处理上具有时代性、创新性、务实性,代表国际

① 曾涛:《示范法比较研究》,人民法院出版社,2007,第 174 页。

② 严骥:《浅谈国际工程承包合同中法律适用条款的选择》,《中国石油和化工经济分析》2008 年第 9 期,第 56 页。

工程承包合同法律适用的发展趋势(表 5-1)。

表 5-1　FIDIC 系列合同条件全称与简称对照

年份	FIDIC 合同条件全称	简称
1957 年	《土木工程施工合同条件》	红皮书第一版
1963 年	《土木工程施工合同条件》	红皮书第二版
1977 年	《土木工程施工合同条件》	红皮书第三版
1988 年	《土木工程施工合同条件》	红皮书第四版
1994 年	《土木工程施工分包合同条件》	褐皮书
1998 年	《顾客/咨询服务模式的协议》	新白皮书
1999 年彩虹系列	《由业主设计的房屋和工程施工合同条件》	新红皮书
	《由承包商设计的电气和机械设备安装与房屋和工程合同条件》	银皮书
	《EPC/交钥匙项目合同条件》	绿皮书
	《简明合同格式》(适合小规模工程)	金皮书
2008 年	《设计-建造-运营合同条件》	金皮书
2017 年	《施工合同条件》《生产设备和设计-建造合同条件》《设计-采购-施工与交钥匙项目合同条件》	新版红皮书、黄皮书、银皮书

其中,2017 版红皮书专用于承包商遵照雇主的设计方案予以施工的国际工程承包合同,此类工程虽然基本由雇主或代表雇主的工程师设计,但在土木、机械、电气、构筑物方面则遵照承包商的设计,从而形成一定的制衡和配合。从结构来看,2017 版红皮书由通用条件、专用条件编写指南投标函、合同协议书、争端裁决协议书格式构成,形成了集程序与实体于一体的国际完整工程承包合同范本。[①]

在适用范围上,2017 版黄皮书主要适用于以电气、机械设备等国际建设工程项目的设计与施工。就此类合同的内容而言,主要由承包商按照业主的要求,对工程项目予以设计,同时还须由承包商提供相应的生产设备,亦可用于那些综合土木、机械、电气、建设物为一体的任何组合式国际工程承包。结构方面,2017 版黄皮书也由通用条件,专用条件与投标函、合同协议书、争端裁决协议书格式组成。

① 牛福洲:《FIDIC 2017 版和 ECC4 合同条件风险机制对比研究》,《项目管理技术》2020 年第 12 期,第 48 页。

其中,在通用条款方面,与红皮书具有较高的一致性,但第5条和第12条与红皮书存在显著差异,这也主要是考虑到此类工程的特殊需求,从而契合于合同独特性。①

与其他的国际工程承包合同条件均有不同,2017版银皮书以EPC/交钥匙模式设计合同条款,主要适用于发包方负责提供加工或动力设备,旨在建设工厂或类似设施、基础设施项目、其他开发类型项目。② EPC是建筑行业中常见的通例之一,可供当事人谈判合同时选用,这种合同最突出的特点是要求承包商负责全部的设计、采购和施工工作,业主为其配置相对完整的设施和材料,最终承包商需向业主交付配备完善的工程项目,工程交付后,只需"转动钥匙"即可对有关工程项目启动运行,故而非常形象地符合了"交钥匙"工程这一命名。此类工程承包合同的特点在于:项目最终价格和要求的工期具有更大程度的确定性;由承包商承担项目的设计和实施的全部职责,雇主介入很少。

相对于1999版合同条件,2017版合同条件在合同功能的优化上有所改善。总体上,国际工程承包合同对于各方当事人而言,核心目标旨在应对工程交易过程中的各类风险,FIDIC条件的风险预防功能体现在控制、协调、适应三方面。③ 当各方适用FIDIC条件防范机会主义行为导致的关系风险,促进交易方按既定的资源投入与回报规则合作时,即控制功能。对于此类功能,国际工程承包合同通过规定各方的权利、义务、惩罚、限制、仲裁予以实现。在国际工程承包合同履约期间,发包方、承包方、工程师、设计师等不同履约方在交易进行阶段密切接触、频繁沟通,不时会发生各类矛盾和争议,FIDIC条件的条款中要求各方相互沟通、客观说明、有效履职、恪守任务,此即协调功能的体现,而协调行动的采取,对澄清各方预期、明确工作安排、减少误解、提高效率方面有积极促进作用。此外,在订立合同后的履约阶段,很可能会发生各种具有不确定性的事后突变,包括外部环境的改变(外生性)或工程内容的变更(内生性),FIDIC合同条件对不确定事件的处理提供预案,此即适用功能。在2017版的FIDIC合同条件中,一定程度上完善了1999版的合同功能配置,有益于促进FIDIC合同条件的适用实效(表5-2、表5-3)。

---

① 卢腾:《2017版FIDIC黄皮书保险条款分析对比及项目对应的实施策略》,《项目管理技术》2019年第7期,第64页。

② 张然:《我国新版总承包合同范本与FIDIC银皮书的风险机制研究》,《工程经济》2021年第3期,第60页。

③ 张冰心、杨健雄:"从合同功能看FIDIC 17版与99版的变化",载全球工程经营:https://mp.weixin.qq.com/s/mGynWnfGXdOXLJrEL1kbeg,最后访问日期:2021年7月12日。

表 5-2　FIDIC 99 版三本合同条件合同功能分类统计表

99 版施工合同条件			99 版 DB 合同条件			99 版 EPC 合同条件		
大类	小类	小类数量	大类	小类	小类数量	大类	小类	小类数量
控制（294）	权利分配	67	控制（313）	权利分配	73	控制（314）	权利分配	81
	惩罚条款	64		惩罚条款	63		惩罚条款	58
	受第三方控制	7		受第三方控制	7		受第三方控制	7
	限制行为	38		限制行为	38		限制行为	36
	义务	118		义务	132		义务	132
协调（485）	相互沟通	48	协调（485）	相互沟通	46	调（411）	相互沟通	40
	客观说明	236		客观说明	238		客观说明	198
	任务描述	160		任务描述	165		任务描述	147
	明晰职权	41		明晰职权	36		明晰职权	26
适应（63）	外生性	53	适应（68）	外生性	59	适应（36）	外生性	26
	内生性	10		内生性	9		内生性	10
总计		845	总计		866	总计		761

表 5-3　FIDIC 17 版三本合同条件合同功能分类统计表

17 版施工合同条件			17 版 DB 合同条件			17 版 EPC 合同条件		
大类	小类	小类数量	大类	小类	小类数量	大类	小类	小类数量
控制（535）	权利分配	102	控制（555）	权利分配	96	控制（536）	权利分配	89
	惩罚条款	142		惩罚条款	155		惩罚条款	147
	受第三方控制	17		受第三方控制	22		受第三方控制	17
	限制行为	53		限制行为	58		限制行为	51
	义务	221		义务	224		义务	232
协调（842）	相互沟通	179	协调（858）	相互沟通	167	调（799）	相互沟通	168
	客观说明	351		客观说明	369		客观说明	337
	任务描述	224		任务描述	241		任务描述	215
	明晰职权	88		明晰职权	81		明晰职权	79
适应（80）	外生性	68	适应（77）	外生性	66	适应（67）	外生性	56
	内生性	12		内生性	11		内生性	11
总计		1 457	总计		1 490	总计		1 402

(二)FIDIC 合同条件的内容构成与法律特征

从组织结构和内容的体系化来看,尽管 FIDIC 合同条件包括了多种多样的文本,但是其无一例外地均可区分为“通用条件”和“专用条件”两部分。这二者的区分,是基于体例合理和内容科学性的考虑。所谓合同通用条件,是针对这一特定种类的所有工程项目具备的共性特点,为保障国际工程承包的顺利展开而有必要在合同中明确下来的内容,包括了相关的技术、经济、法律、工程、管理各方面条款,其通常产生直接适用的效力,当事人在谈判国际工程承包合同的过程中,较少对 FIDIC 条件中的通用条款进行删改或变动。

相比之下,所谓合同专用条件,是在这一类工程项目之内,具体落实到某一个非常具体的工程承包合同项目,结合个案的特殊需求和业主发布的相关指令,充分顾及工程所在地与承包商本国法律体系之间的差异、项目的独特性元素与个性化需求等前提条件的基础上,为双方当事人提供更契合于双方需求的合同内容所设计的具体条款。① 不同于通用条款,专用条款具有较强的任意性,当事人双方在洽谈的基础上,可以对不涉及根本内容的专用合同条款进行调整、修改、删减或补充。也正因如此,专用条款是双方特别合意的产物,当专用条款与通用条款的内容不尽一致时,通常认为专用条款具有更高的适用效力。

就 FIDIC 合同的通用条款而言,凡属采用公开招标的承包项目均可使用,适用范围较为广泛。对比而言,专用条款通常是结合某个特定国家的国际工程承包项目编制的,具有较强针对性,但适用范围的广泛性和普遍性不及通用条款。尽管如此,通用性、专用性、广泛性、针对性都是相对而言的,在同一份国际工程承包合同中,如果既适用 FIDIC 通用条款,又同时适用 FIDIC 专用条款,后者可以优先于前者适用,故而具有更强的效力,而前者则不能逾越或否定后者,更不能抹杀当事人真实的意思表示。

自 FIDIC 合同条件首版施行以来,其被国际金融机构、各国工程管理部门、行业协会、业主、咨询工程师、承包商和分包商所普遍认可并广为适用,业已发展成国际工程承包领域中的基本准则。事实上,这与其自身的独特性存在很大关系,体现为以下几个方面。

第一,适用的广泛性。国际工程承包合同大多较为复杂,涉及多重法律关系和利益关联,除了专业的施工技术、合同风险管理,还与工程所在国的自然、物理、经

① 黎婉婧:《FIDIC 新版红皮书专用条款的实践应用研究》,《现代商贸工业》2017 年第 19 期,第 43 页。

济、社会等条件相挂钩。FIDIC 合同条件以内容翔实、结构科学、制度严谨著称于世。而且在内容方面,允许当事人适当进行变通,尤其是对专用条件不符,可以最大化满足当事人双方的个性化需要,在保障工期和预算的基础上,以最佳的监管方式确保施工和竣工,无疑彰显了内容的广泛性。

第二,规定的合理性。相较于传统的版本,最新版本的 FIDIC 合同条件将国际上具有前瞻性的招投标、施工、监理,索赔、争端解决均纳入其中,汲取了各法系的成熟经验和合理制度设计,不仅对争议各方的权利、义务、责任做出了合理的配置,而且基于法律制度、社会环境、市场条件的差异做了合理的调和,兼顾各方权益,寻求整体上的平衡,较为合理。①

第三,执行的严格性。针对不同标的、不同类型、不同目标的国际工程承包合同,FIDIC 合同条件都设置了严苛的规定,将前期的招投标、后期的施工、工程监理均确立为不得由当事人自行加以随意变更的范围内。相应地,FIDIC 合同条款重点对双方的履约做出了约束,将法律、商务、经济、设计等各方面通过通用条款进行了规制,将工作量清单、计量支付、设计图纸等作为合同执行时所必须予以严格遵照的参照系。②

值得一提的是,FIDIC 合同条件在国际工程承包合同中的适用,体现出五项黄金原则。FIDIC 在 2017 年合同的指导部分中制定了五项黄金原则,它认为有必要确保其合同仍然被视为 FIDIC。这些措施如下:第一,所有合同参与方的职责、权利、义务、角色和责任一般必须符合《一般条件》的规定,并符合项目的要求。第二,必须明确清晰地起草《特殊条件》。第三,个人电脑不能改变 GCs 中提供的风险/奖励分配平衡。第四,合同中规定的合同参与人履行其义务的所有时间期限必须是合理的。第五,所有正式争议必须提交争议回避/裁决委员会(或 DAB,如果适用),以获得一个暂时具有约束力的决定,作为仲裁的先决条件。③

四、FIDIC 合同条件的发展与影响

FIDIC 合同条件的产生、发展、演变与国际工程承包合同缔结实践和现实需求

① 陆建中、卫晓军:《国际工程中争议解决方式的比较分析》,《国际经济合作》2008 年第 12 期,第 50 页。

② 解洪、曾玉成:《菲迪克条款在中国的应用》,四川人民出版社,2004,第 32 页。

③ Robbie McCrea, The Contractors' Carol: FIDIC's Five Golden Principles, available at: https://www.fenwickelliott.com/blog/contracts-documentation/fidic-five-golden-principles, last visited on July 28th, 2021.

密不可分。纵观历史不难发现,FIDIC 合同条件是在建设工程领域日渐复杂和行业分工高度精细化这一背景下得以诞生的。

如表 5-4 所示,在欧洲,FIDIC 合同条件的诞生及其演变与国际工程承包合同法律适用的需求、建筑行业发展趋势密不可分。[①] 早期,建筑行业的分工并不清晰,总营造师受雇于业主,几乎承担了与工程承包合同相关的各种职责。后期,行业分工的具体化则使得设计、施工、采购等实现功能上的分离和区隔,承包商与业主的法律关系呈现出多元化。随着建筑行业的日渐发达,建立在招投标基础上的国际工程总承包合同得到了广泛运用,工程合同的风险管理发生转变。而总承包制弊端的暴露催生了进一步改革和完善需求,这正是 FIDIC 合同条件出现的制度背景。与此同时,FIDIC 合同条件自 1957 年发布以来,本身也在不断调整和变动,为国际工程承包实践中业主与承包商适用不同合同条件提供量身定做的范本。发展迄今,FIDIC 的国际工程承包合同条件已经全面覆盖了电气与机械工程合同、交钥匙合同、简明合同、工程咨询服务合同在内的各类选择。作为一种被全球所广泛采纳的标准示范文本,FIDIC 合同条件体系科学、条款完备、执行力强,适用此类合同条件,不仅有利于促进建筑业合同管理的国际化与标准化,而且有益于规范合同各方的行为,调动工程参加方的积极性,控制工程进程、保障项目顺利竣工。[②] 近年来,这套集聚了西方成熟经验的建设业"圣经",除在发达国家得以全面应用以外,在发展中国家的影响也日益加强,对全球国际工程承包合同法律适用的统一化奠定了坚实的基础条件。

表 5-4　FIDIC 合同条件的发展与演变

16 世纪前夕	欧洲建筑行业初步形成,但建筑师系集设计、采购、组织施工等于一体的总承包商,受雇于业主。随着行业分工细化,设计、施工等职能从总承包商职能中分离出来
18 世纪 60 年代	英国产业革命促进欧洲城市化和工业化,业主对设计和施工提出更高要求,建筑承包商的分工继续深化

① Noha Shafik, "Application of FIDIC Contracts under the Egyptian Civil Code", *Journal of Legal Affairs and Dispute Resolution in Engineering and Construction*, Vol. 8, Issue 3(2016), p. 122.

② 宋宗宇、郭金虎、刘树利:《建设工程合同标准文本国际实践及借鉴》,《重庆建筑大学学报》2005 年第 1 期,第 38 页。

表 5-4(续)

19 世纪初	国际工程承包行业日趋成熟,业主、设计师、施工方三者之间互相的权利、义务、责任在合同中明晰化。英国政府于 1830 年发展了招投标工程交易、项目总承包合同
20 世纪 50 年代	国际工程总承包制暴露出若干不足,例如工程概预算失准、投资成本超出预期、工期失控等。FIDIC 条件应运而生,1957 年出台《土木工程施工合同条件》(红皮书)
1963 年	FIDIC 合同条件第二版增加"疏浚和填筑条款",并针对通用条款略加调整
1977 年	FIDIC 合同条件第三版出版,得到欧洲建筑业国际联合会、美洲国家建筑业联合会等国家建筑组织的认可,后被世界银行推荐为《工程采购招标文件样本》
1987 年	FIDIC 合同条件第四版出版,根据业主提议,在保留工程师地位的同时强化了业主的作用,对工期延误、费用增加的决定权进行了调整,对承包商权利也做了优化
1999 年	FIDIC 推出全新系列的合同条件,包括新红皮书、新黄皮书、银皮书、绿皮书、白皮书等,构成一套完整的标准合同格式
2017 年	FIDIC 发布了 1999 版三本合同条件的第二版,分别是红皮书、黄皮书、银皮书

第二节　FIDIC 合同条件在我国适用的现状与问题

作为建筑工程承包合同领域全球通行规则的集大成者,FIDIC 合同条件不仅被世界银行等国际金融机构列为贷款项目的首选文本,而且作为各界公认、获得普遍认可的工程合同文本的代表,其在各国国内也具有十分广泛的适用,中国亦不例外。从性质上讲,严格来说,FIDIC 合同条件并非主权国家谈判缔结的国际条约,也不是国内立法机构制定的成文法,其本身属于国际惯例抑或一般法律原则,在国际法层面尚有争论。笔者认为,无论如何定性,从制定主体和适用路径来看,FIDIC 合同条件是具有混合属性的国际标准工程合同文本,但一旦其被当事人选择适用,却又产生了强制拘束力,从而成为司法和仲裁机构所必须援用的法律渊源。

一、FIDIC 合同条件适用的原则与方式

(一)FIDIC 合同条件在我国适用的法律基础

换言之,FIDIC 本身是具有非政府组织属性的行业团体,作为专业机构,其提炼出具有较高科学性、合理性的示范合同文本供承包商及业主适用,而该类合同条件是否对业主和承包商产生影响力和拘束力,最终取决于合同的订立是否以该范本作为基础,而是否订立合同以及合同内容如何安排,归根结底取决于双方当事人的意思自治。进一步讲,在 FIDIC 合同条件基础上订立的国际工程合同,其适用何种法律支配和调整,最终也取决于当事人的选择。

概言之,当事人意思自治原则是 FIDIC 合同条件得以适用及 FIDIC 合同条件引发争议法律适用的"路标"。当事人不仅有权选择合同适用的法律,更有权决定是否适用 FIDIC 合同条件以及怎样适用 FIDIC 合同条件。事实上,这种理解存在文义基础。例如,FIDIC《施工合同条件》一般规定第 1.1.6.5 条规定,法律系指所有国家(或州)的法律条例,结合和其他法律以及任何合法建立的公共当局制定的规则和细则等,1.4 条款的法律和语言,本合同应受投标书附录中所述国家(或其司法管辖区)的法律管辖等等。当事人明确规定所应用的 FIDIC 合同适用法律必须在投标书附录中明示。我国《法律适用法》第 36 条规定:"不动产物权,适用不动产所在地法"。我国《民法典(合同编)》第十八章建设工程合同对此做出明确规定。《民法典》第 788 条将工程勘查、设计施工归并于建设工程合同之中。

FIDIC 合同条件在我国国内的适用,需要统筹不同方面的法律适用,从冲突法、实体法、程序法角度分别为 FIDIC 的有效适用提供支撑和保障(表 5-5)。

表 5-5 国际工程承包合同法律适用的不同维度及所涉法律

冲突法层面的法律适用	与国际工程承包合同法律冲突相关的国际私法包括:《涉外民事关系法律适用法》《法律适用法司法解释》《关于审理涉外民事或商事合同纠纷案件法律适用若干问题的规定》《海牙国际商事合同法律选择原则》等
实体法层面的法律适用	与国际工程承包合同订立、效力及履行相关的实体法包括:《合同法》《建筑法》《房地产管理法》《土地管理法》《政府采购法》《安全生产法》《产品质量法》《防震减灾法》《劳动合同法》《反不正当竞争法》《价格法》以及与勘探、设计、监理、建筑规范、工程造价收费标准相关的各类法律法规、地方性法规、部门规章等

表 5-5(续)

程序法层面的法律适用	与国际工程承包合同争议解决相关的程序法包括:《民事诉讼法》《仲裁法》《招标投标法》等

就 FIDIC 合同条件在我国适用所需要构筑的配套工程承包法律体系而言,除了立法层面的衔接,还要充分考虑行政法规、部门规章、地方性法律以及最高人民法院出台的相关司法解释与 FIDIC 之间的协调。实践中,在部分场合下,当事人不仅需要明白无误地就合同的法律适用做出约定,而且在必要之际需要针对那些极具争议的合同条款、法律条款、争议解决条款的适用和解释给出明确的约定,以避免因措辞的模糊和语义的不清而产生不必要的额外负担。譬如,针对国际工程承包合同中常见的不可抗力条款,例如,不可抗力,FIDIC 合同条件与我国《民法典》、2021 年施行的《建设项目工程总承包合同(示范文本)》关于不可抗力的规定均存在着差别;新冠肺炎疫情是否属于不可抗力,在上述合同通用条款中均没有规定。实践中有的合同当事人在签订时,为了省事,以"本合同以及与本合同相关的一切事项均受中国法律管辖"一言以蔽之,既笼统宽泛,又概括含混,这未必是关于法律适用与法律选择的明智抉择。在部分国际工程承包合同中,需要做出具体明确的约定。

FIDIC 合同中的意思自治原则是当事人对权利义务约定的一种原则,但当事人在 FIDIC 合同中使用该原则时不得超出法律规定。例如,我国《民法典》第 792 条针对国家重大建设工程合同,要求必须按照法定程序,经过国家批准,以批准后的投资计划、可行性研究报告等文件为基础加以订立。言外之意,此类国际工程承包合同即便可以适用 FIDIC 合同条件,但是应以国内法所确立的程序、条件作为优先遵循。根据 2017 年修订的我国《招标投标法》及《招标投标法实施条例》,国务院于 2018 年出台《必须招标的工程项目规定》(国函〔2018〕56 号),其废止 2000 年《工程建设项目招标范围和规模标准规定》,对必须进行招投标的国际工程承包合同项目进行了调整。

此外,我国重大建设项目工程对参建各方在资质审查、招投标、工程分包、项目法人责任制等方面均有明确规定,此类工程合同的订立如果采用 FIDIC 形式必须遵守中国法律、法规、规章的规定,这是国家主权的体现形式之一。当选择适用 FIDIC 合同条件的工程承包合同具备国际因素时,合同当事人不仅有权针对合同实体争议的法律适用加以约定,还可以就处理合同争议解决(包括仲裁或诉讼)的程序性法律适用做出约定和选择。新编 FIDIC 通用条件在 1 1.6 条、我国《法律适用法》第 18 条对此均有相关的规定。以仲裁为例，当事人不仅可选择仲裁过程中合同实体争议的法律适用，而且可以针对仲裁协议、仲裁程序的法律适用进行约定。[①] 当然，这一切均以国际工程承包合同的国际性作为前提。如果该合同及工程项目均不具备涉外因素，则通常既不存在选择适用外国法的可能，也不存在选择在境外解决争议的可能。[②] 言外之意，纯国内工程承包合同，无论是否适用 FIDIC 合同条件，原则上在解决此类合同争议时只能适用中国国内法律。必须通过招标方式订立的国际工程承包合同类型见表 5-6。

表 5-6　必须通过招投标方式订立的国际工程承包合同类型

<table>
<tr><th>项目类型</th><th>合同估算价标准</th></tr>
<tr><td rowspan="4">第一，全部或者部分使用国有资金投资或者国家融资的项目；
第二，使用国际组织或者外国政府贷款、援助资金的项目；
第三，不属于前两类的大型基础设施、公用事业等关系社会公共利益、公众安全的项目，必须招标的具体范围由国务院发展改革部门会同国务院有关部门按照确有必要、严格限定的原则制订，报国务院批准；第四，上述三类工程项目，勘察、设计、施工、监理以及与工程建设有关的重要设备、材料等的采购达到右侧标准之一的，必须招标</td><td>1. 施工单项合同估算价在 400 万元人民币以上的</td></tr>
<tr><td>2. 重要设备、材料等货物的采购，单项合同估算价在 200 万元人民币以上的</td></tr>
<tr><td>3. 勘察、设计、监理等服务的采购，单项合同估算价在 100 万元人民币以上的</td></tr>
<tr><td>4. 同一项目中可以合并进行的勘察、设计、施工、监理以及与工程建设有关的重要设备、材料等的采购，合同估算价合计达到前款规定标准的，必须招标</td></tr>
</table>

不过，有必要特别注意的是，FIDIC 合同条件的某些条款不符合中国法律，将因违反中国法律法规的强制性规定而被归于无效，从而无法在中国领土内得以适用。此种不容违背的规范类型包括：(1) 中国的法律、行政法规中已经形成的关于建设工程的法律体系；(2) 中国建设工程法律体系中的强制性规定；(3) 境外承包方未取得中国从业资质而承包工程，其签署的 FIDIC 合同将被认定为无效；(4) 发

① 杨灵一：《非涉外合同可否约定境外仲裁——考察中国和印度的司法实践》，《北京仲裁》2018 年第 2 期，第 122 页。

② 张珍星：《无涉外因素纠纷约定外国仲裁协议无效的司法惯例剖析》，《国际商务（对外经济贸易大学学报）》2018 年第 4 期，第 102 页。

包方委托的施工许可证未下发而先行开工,并不必然导致无效,但由此所引发的工期纠纷,应以政府批准的施工许可证载明的时间为准;(5)FIDIC文本约定未经工程师同意不得分包约定以外的三种分包(总承包将部分工程分包不具有资质的单位、地基和主体结构分包,分包单位的再分包),此行为为中国法律所禁止,违者即便采用FIDIC合同条件,同样不受法律保护。[①] 特别注意的是,关于争端解决前置程序的约定不能成为起诉的先决条件。当事人有权约定纠纷提交境外仲裁机构解决,但不能通过约定排除适用中国法中的强制性规定。

(二)FIDIC合同条件在中国适用的具体要求

FIDIC合同条件虽然集科学性与合理性与一身,但FIDIC合同条件在中国的适用仍需要技术层面与社会层面的支持,才能真正发挥其规制力与影响力。

第一,技术层面要求。FIDIC合同条件融技术、法律、管理等多方面的内容于一体,其在我国的适用,必须先行解决技术方面的不适应性。具体而言,FIDIC合同条件对工程存在硬性的技术门槛和规模前提,且其适用构筑在三项基本条件的基础上:其一,国际工程项目必须采用以工程师为中心的线性管理;其二,在确定承包商的过程中应当采取招标模式从而保障机会公平;其三,与施工有关的国际工程承包合同须采用单价合同。落实到我国的具体情况来看,只有那些外商投资类项目能够刚性地同时符合这些要件,从而契合FIDIC条件的适用。改革开放以来,尽管我国也已构建了相对完整的招标投标制、项目建设监理制、工程报建制、合同监理制等制度。但对于以上三项技术性要求,仍然有一定的距离,如果不解决这些技术层面的问题,即使强行引入并适用FIDIC合同条件,在后期也会引发法律适用上的不适,难以较好地实现预期效果。

第二,社会层面要求。通过梳理和分析FIDIC合同条件的历史演变,不难注意到,这一系列合同条件,产生于市场经济与法治社会共存的物质基础和社会环境。只有在建设工程法制相对健全的条件下,发包方、承包方、工程师、投融资主体等才会高度注重合同义务的确定及其履行,通过合同来明确彼此在工程承包过程中不同阶段的义务与责任。但现阶段,出于确保FIDIC合同条件适用的考虑,我国在社会条件上仍有尚待完善和提升的空间。特别是,我国的国际建设工程承包合同法律适用体系没有构筑起来,最高人民法院虽然出台了一系列建设工程的司法解释,但其不能完全弥补立法的漏洞和缺憾,这在一定程度上导致了我国的建筑行业在法制意识和观念层面仍然存在薄弱之处。众所周知,国际工程承包合同的订立、履

① 王克健:《项目管理法律及国际工程合同》,上海交通大学出版社,2011,第301页。

行、风险管理、争议解决涉及非常多元的知识,这对我国建筑行业从业人员的能力与水准是有具体要求的,为了给 FIDIC 合同条件在我国的适用创设条件,至少需要工程承包企业的管理者和领导层具有相应的合同管理知识和涉外法律风险预防及控制能力,这无论对承包商而言还是对监理单位而言都不啻为较高的要求。

FIDIC 合同条件因其本身结构化、体系化、专用化的特点,被世界各国广泛采用,从适用方式来看也是灵活多样的。FIDIC 合同条件在中国的适用主要有四种方式(图 5-1)①。

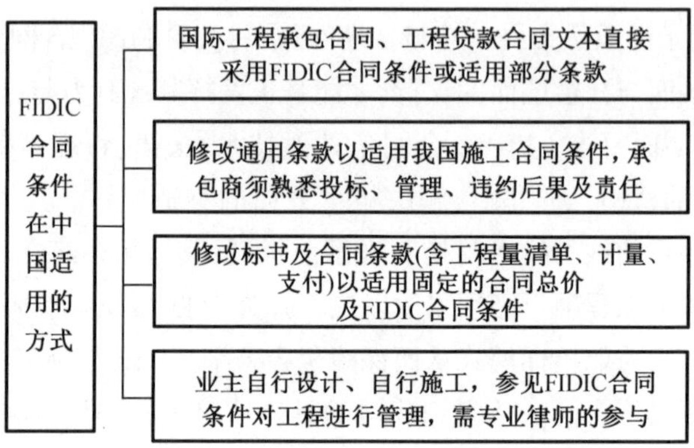

图 5-1　FIDIC 合同条件在中国适用的四种方式

二、FIDIC 合同条件在中国适用的现实意义

(一) 法律意义:弥补中国《建筑法》的不足

就其历史价值而言,FIDIC 合同条件汲取了西方国际工程承包领域数百年的经验,贴合于国际工程惯例,对国际法与国内法中对工程承包合同的规范进行了全方位的体现,故而形成了一套相对完善的规范整体。不得不承认,FIDIC 合同条件堪称各国国际工程承包合同的范本。我国自从开始对外开放并承揽国际工程项目、签订国际工程合约以来,始终背负着与国际市场、国际规则对接的使命。作为后发优势,FIDIC 合同条件在我国若能得到有效的适用,将使我国工程法律体系的健全省去很多探索、避免很多弯路,但同时国内法与国际法之间的不一致又带来了不小的冲击与挑战,如何克服障碍、减少冲击、发挥出 FIDIC 合同条件适用的最大

① 叶万和、张自为:《国际工程合同中不可抗力条款的理解与适用——以 FIDIC 合同条件为主要视角》,《项目管理评论》2020 年第 3 期,第 17 页。

优势,正是我们亟待努力的方向。

FIDIC 合同条件作为国际建设业的“圣经”,代表了国际建设业最先进的技术,世界银行、亚洲开发银行、外国政府的国际工程贷款项目广泛采用 FIDIC 合同条件。相比之下,中国市场经济尚不发达,建设行业相对滞后,FIDIC 合同条件的引入适用正是中国促进行业发展,提高国际竞争力的必然选择。FIDIC 合同条件适用的要求如图 5-2 所示。

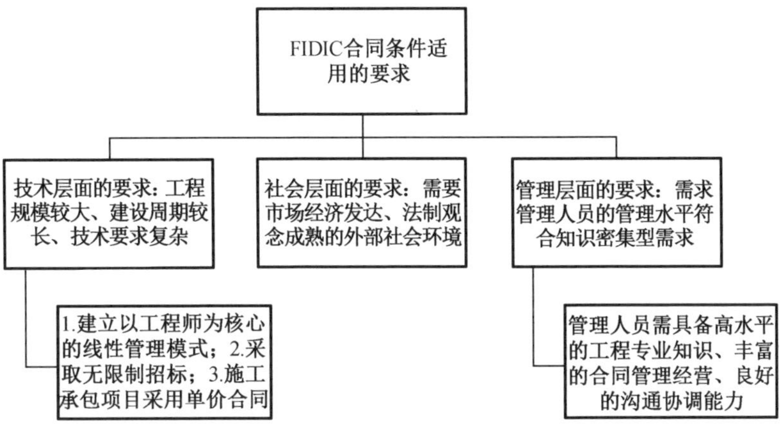

图 5-2　FIDIC 合同条件适用的要求

在“十三五”规划(2016 至 2020 年)期间,新冠肺炎疫情、中美经贸摩擦等不稳定因素对我国的对外工程承包活动造成了不小的冲击,企业在国际工程承包市场上的竞争也因贸易保护、区域紧张局势而受到不利影响。但是,即便在这样的环境和背景之下,我国对外工程承包企业仍然不断试图推陈出新、积极探索创新合作形式,防范各类风险,取得令世人瞩目的成效。[①] 尽管如此,我国的国际工程承包合同法律适用制度、合同范本、工程管理模式等仍然与世界上的成熟范围存在差距。建筑行业的立法虽然相比于改革开放之初有了较大的进步,但是是否居于世界领先水平仍有待评判。具体来说,1997 年制定并于 2011 年与 2019 年先后两次修订的《建筑法》是我国建设工程承包领域的基本法,这部立法的颁行,为强化行业监管、维护市场秩序、保障工程质量安全提供了具体的规范依据,正式使我国境内的国际工程承包进入了“有据可循”“有法可依”的法治化管理轨道。“十三五”期间中国对外工程承包新签合同额与对外营业额如图 5-3 所示。

① 张哲:《推动共建“一带一路”高质量发展——“十三五”中国对外承包工程企业“走出去”发展成就、贡献和经验回顾》,《中国勘察设计》2020 年第 12 期,第 36 页。

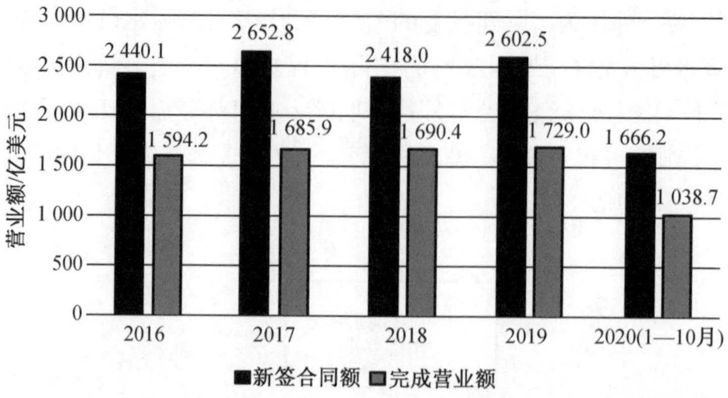

图 5-3 "十三五"期间中国对外工程承包新签合同额与对外营业额[①]

根据"十四五"规划实施纲要,在"十四五"期间,我国建筑业的发展方向是统筹推进基础设施建设,构建系统完备、高效实用、智能绿色、安全可靠的现代化基础设施体系。继续加强对外开展国际工程承包的力度,是党中央立足现实、直面变局、着眼长远,深刻把握国际工程界发展规律的基础上,提出的重大发展战略;是建设现代化经济体系的先行领域。作为重要的法制保障,我国的《民法典》合同编,尤其是关于建设工程合同的专门规定,是放眼国际、立足中国、遵循工程承包市场规律、契合市场经济发展需要的法律,其借鉴并吸取了 FIDIC 合同条件及发达国家建设工程立法的经验、原则及理念,为我国国内建设工程合同法制的完善、建设工程合同范本的规范化奠定基础。但不容否认的是,我国国际工程承包合同法律适用立法不无欠缺。由于我国在历史上经历了经济转轨期,国际工程界白炽化的竞争对我国国际工程承包合同立法及法律适用提出了更高要求,中方当事人在国际工程承包合同的法律适用方面无论就能力、技巧抑或经验、管理、风险防范、争端解决来看,都格格不入。落实到具体的实例中,位于我国国内的某些涉外工程项目,中国业主不时遭遇外国承包商的索赔。同时,在中国承包商参与的国际工程承包合同履行中,工期管理、质量控制、进度安排等都能够达到外国业主的预期,但工程款项、保证金、索赔等却常常难以收回,这部分归因于对合同法律适用的能力有所欠缺,深入研究 FIDIC 合同条件的适用,有助于为补齐短板提供可资参考的方案。

① 张哲:《推动共建"一带一路"高质量发展——"十三五"中国对外承包工程企业"走出去"发展成就、贡献和经验回顾》,《中国勘察设计》2020 年第 12 期,第 40 页。

（二）行业意义：提升中国工程界的国际水准

随着国际工程承包行业的"走出去"与"引进来"，中国建筑工程界与国际的接轨已经是不容逆转的趋势，相应地，这也对国际工程承包合同的法律适用提出了越来越严格、具体的要求。将 FIDIC 合同条件适用于国内，具有较强的行业意义。第一，有利于国内工程承包行业立法及合同范本制度的优化。FIDIC 合同条件的结构化、体系化、完备化优势举世公认，而我国的工程承包合同范本制度不仅起步晚，也面临经验不足的问题，见贤思齐，适用 FIDIC 合同条件可较好地快速补齐"短板"。第二，有利于提高工程管理水平。在对外开放的不断深化和拓展下，中国的建设工程管理越来越贴近国际惯例。适用 FIDIC 合同条件，能够使工程管理更加规范，从而预防风险、化解争议，提升效率。第三，有利于缩小差距，与国际接轨。FIDIC 合同条件代表着国际广为接受的通行惯例，将其适用于中企对外工程承包，能更好地适应域外工程实践，尽快解决"水土不服"问题。如不熟悉 FIDIC 合同条件，便难以适应今后工程管理的需要。概言之，适用 FIDIC 合同条件，是增强中国承包商国际竞争力的必由之路，按照国际通例解决合同纷争，对国际化的合同管理而言，颇有裨益。

三、FIDIC 合同条件在中国适用的成功范例

FIDIC 合同条件因其集科学性与合理性与一身，在中国得到了广泛适用，有效促进了工程承包项目的顺利施工，保障了国际工程承包合同的履约和争端解决。为了保障 FIDIC 合同条件在国内的适用和衔接，在这些成功的国际工程承包项目中，普遍对传统的国内工程管理体制和合同风险控制模式进行了合理的调整，这些调整包括但不限于以下方面：第一，改革传统工程实践中建设单位与经营单位相分离、建设单位仅负责项目施工而不考虑竣工后经济效益的模式，采取工程总承包模式，由承包商对资金筹措、建设规划、实际施工、项目经营、债务偿还、资金增值承担完全责任。[①] 第二，调整传统上工程承包项目由行政主管部门指定分包商的办法，全方位采取招投标程序，通过对中外投标者进行国际招标，以公平竞标择定最优承包商、设备供应商，为确保工程质量、把握施工进度、控制建设成本奠定基础。第三，改变过往以行政主管单位裁决纠纷、协调矛盾的耗时且低效的做法，采取监理制度，由业主雇佣独立的监理工程师单位来控制工程进度、工程质量，协调现场施

① 林承群：《国际工程承包经营模式组合模型探析》，《国际商务财会》2021 年第 6 期，第 41 页。

工,同时督促业主按时向承包商支付相关费用和款项。

表 5-7 所列国际工程项目的成功,在一定程度上得益于 FIDIC 合同条件的合理适用。事实上,FIDIC 合同条件的适用对象集中于那些规模大、技术复杂、建设周期长的工程承包项目。为了更好地契合这些特点,我国工程主体在运用 FIDIC 合同条件时,试图从各方面去创造有益的条件,包括但不限于:采用无限制招标选择承包商;合同履行中建立以工程师为核心的管理模式;施工承包合同采用单价合同。以二滩水电站为代表的早期工程项目试图除旧革新,采取建立在业主负责制基础上的"四制"管理(项目法人责任制、工程招投标制、工程监理制和合同管理制),刚性地满足了 FIDIC 合同条件的适用前提。与此同时,FIDIC 合同条件常被运用于工程索赔和争端解决环节,其虽然不是狭义的法律,但是其功能已经充分满足了法律适用的特征,甚至在某些案例中超越了法律适用的效果。

表 5-7 我国成功适用 FIDIC 合同条件的代表性工程承包项目①

工程项目名称	发包方	承包方	FIDIC 合同条件适用的体现
二滩水电站项目(四川省攀枝花市):1991 年开工,2000 年电站全部竣工	二滩水电开发有限责任公司	以意大利英波吉洛公司为责任公司的Ⅰ标国际联营体和以德国菲利普·霍尔兹曼公司为责任公司的Ⅱ标国际联营体	二滩工程是国内第一个全面实行国际扫投标、适用 FIDIC 合同条件进行工程管理的项目,也是世界银行对单个工程提供贷款数额最多(9.3 亿美元)的项目
黄河小浪底工程(河南省洛阳市):1991 年开始前期工程建设,1994 年主体工程开工,2001 年全面竣工	黄河水利水电开发公司	以意大利英波吉洛公司责任方的Ⅰ标承包商;以德国旭普林公司为责任方的Ⅱ标中德联营体;以法国杜美兹公司为责任方的Ⅱ标小浪底联营体	合同签订时并未采取世行关于工程争议评审(DRB)机制的建议,因合同履行期间发生诸多纠纷,经业主与承包商协商决定引入 FIDIC 合同条件的 DRB 机制,对工程师决定的异议提出法律意见,取得良好效果

① 参见居伟:《FIDIC 合同在上海轨道交通 9 号线一期工程中的应用》,《价值工程》2012 年第 19 期,第 13 页;桑文才:《DRB 在万家寨引黄工程国际标合同争议解决过程中的作用》,《山西水利科技》2007 年第 2 期,第 23 页;王忠华:《FIDIC 施工合同条件在深圳地铁 1 号线续建项目中的运用》,《铁路工程造价管理》2010 年第 4 期,第 48 页。

表 5-7(续)

工程项目名称	发包方	承包方	FIDIC 合同条件适用的体现
山西省万家寨引黄工程(山西省太原市、大同市、朔州市):1997 年开工,2001 年竣工	山西省万家寨引黄工程总公司	意大利的英波吉洛公司、意大利 CMC 公司、中国水利水电第四工程局共同组成的Ⅱ、Ⅲ标承包商	国际工程承包合同的通用条款采用了第四版 FIDIC 合同条件,根据世界银行的意见对专用条款稍做修改,引入工程争议评审(DRB)机制
上海轨道交通 9 号线一期工程(上海市):2007 年竣工	上海申松线发展有限公司	上海港铁建设有限公司作为主要责任方的联营体	土建施工合同采用的是 FIDIC 新红皮书,机电设备安装合同采用的是 FIDIC 新黄皮书,上海港铁建设管理有限公司为该合同项下的工程师
深圳地铁 1 号线续建项目(深圳市):2007 年开工,2011 年竣工	深圳市地铁集团有限公司运营总部	中国中铁四局集团电气化工程有限责任公司为责任主体	工程施工中与深圳大学发生多起争端,在接到监理工程师关于暂时停工的书面指示后,承包商立即按照指令停工,向业主提出的索赔费用和延期主张得到支持

例如,中国土木工程集团公司在某国承建的一个公路改建项目,就适用 1977 年 FIDIC 合同红皮书第三版,选择英国一家老牌咨询公司作为咨询工程师,在国际工程承包合同争议发生后,成功进行了索赔。[①] 具体而言,在该国际工程承包项目施工阶段,工程所在国与邻国发生国际争端,邻国单方面关闭了两国边境,停止向工程所在国提供燃油,致使主体工程停工九个半月,属于重大风险。我国承包商依据国际工程承包合同,适用 FIDIC 合同条件第 2 款(咨询工程师职权),在工程施工环节遭遇无法合理预见的外界条件或人为障碍时,以第 52 条第 5 款向业主提出索赔,并要求工程师适用第 40 条第 1 款发出暂时停工的指令,追索因停工造成的额外费用。事实上,国家间争端的暴发及燃油危机的出现,使我国承包商的继续履约不具有现实可能性,但从索赔策略上,我方选择主动出击,从要求业主终止合同、索取赔偿款二者间选择其中之一,并以提请国际仲裁的方式对业主施压,最终获得理

① 田威:《运用 FIDIC 合同条款成功实现国际工程项目索赔》,《建筑》2003 年第 8 期,第 27 页。

想的索赔效果。从规范来看,FIDIC 合同条件第 65 条第 5 款规定的特殊风险与第 66 条的合同受阻条款在本案中予以并行适用,燃油危机被定性为“合同受阻”的重要成因。在寻求国际仲裁索赔的同时,我国承包商还依托于项目所在国与我国的外交关系,借助了我国驻该国使馆、经参处的协助和沟通,促成了“双赢”局面的呈现,对于其他国际工程承包合同争议的索赔及 FIDIC 合同条件对我国承包商的适用均具有积极的启示意义。

四、FIDIC 合同条件与中国法律体系的冲突与成因

FIDIC 合同条件是集合了西方上百年的建设经验,又经八十多年的完善发展,被誉为建设业的“圣经”,但在国内二十年的适用历史来看,仍然存在诸多问题。特别是在合同规定上,与我国现行的法律内容与合同文本存在一定的差异冲突,而造成这种冲突的原因也是多方面的。

(一)FIDIC 合同条件与中国法律体系的冲突

FIDIC 合同条件本质上是一套遵循国际惯例的非常成熟的工程合同示范文本,但由于我国的国际工程承包合同立法起步较晚,建筑工程市场仍处于进一步扩大对外开放的过程中,故而 FIDIC 合同条件与我国合同立法、合同范本存在一定的冲突与矛盾。落实到具体层面,FIDIC 合同条件与我国国内立法及合同范本的差距体现在以下问题的规定和处理上,不解决这些问题,很难确保 FIDIC 合同条件在我国国际工程承包合同争议的处理中得到妥当的适用。

1. 雇主任命工程师

在 FIDIC 合同条件下,雇主对工程师的任命享有完全的权利。从合同条款的设计来看,工程师这一角色被界定为雇主任命人员,其产生于雇主的任命,并且据此为国际合同的履行提供相应的保障。特别是,FIDIC 合同条件当中并没有对工程师的资质设定具体的约束性条件,无论是其任命抑或者替换,都取决于雇主的决定,承包商对工程师人选存在异议的,原则上也由雇主决定此类反对意见是否合理、是否成立。就其范围而言,雇主可选任的工程师涵盖了各类人员,包括但不限于监理工程师,将工程师称为雇主代表,毫不为过。相比之下,我国针对工程监理采取了非常严格的资质准入和等级认证制度,监理单位在未取得相应证书的情况下,无权签署国际工程承包合同、承接监理业务。严格来讲,我国关于监理工程师资质和任命的立法具有强制性,其目的是为了监督和保障工程质量过关、设计方案合规、技术要求达标,雇主和承包商均无权通过合同的约定排除适用,这与 FIDIC 合同存在显著差异。换言之,FIDIC 合同条件在我国的适用不得背离国内建立工程师立法的强制性规定,为了避免合同被认定为无效,需要调和 FIDIC 合同的适

用,雇主可在工程合同中明确载明,工程师权力的行使以雇主批准为前提,从而设定必要的约束,缓和法律适用的冲突。

2. 雇主或工程师批准设计

在 FIDIC 新黄皮书及银皮书中,均要求由雇主或工程师负责审批承包商的设计文件,且雇主应当自收到设计文件之日起 21 天内予以审核并完成审批。如果未在规定时限内指出不符点或做出拒批的决定,则视为雇主已批准设计文件。相比之下,这种默认审批的规定在我国几乎不具备可适用性。原因是,在我国建筑工程立法中,尤其是以《建设工程质量管理条例》为代表的一系列规范性文件,确立了严格的施工图等设计文件审查制度,审查设计文件是国际工程承包合同履行过程中不容忽视的必经环节。[①] 2018 年,住建部修改《房屋建筑和市政基础设施工程施工图设计文件审查管理办法》,在遴选特定数量专业审图机构的基础上,采取政府购买服务的方式开展施工图等设计文件的审查。但无论如何,这种审查主体和审批程序的设计与 FIDIC 合同条件中允许雇主和工程师自行审批并且存在推定批准的规定存在非常突出的区别。严格来讲,审图机构出具的审查合格书是承包商在我国获得施工许可的先决条件,FIDIC 合同条件与国内的建筑行业监管规范存在着不契合性,如果不予以调整,也会导致 FIDIC 合同的适用效果大打折扣。

3. 工程竣工验收质量标准

FIDIC 合同条件没有具体规定国际工程质量的评定标准,而是要求承包商在工程竣工前合理时段内向工程师寄送接受通知,只要不是工程师认定未通过竣工试验,原则上工程师应当向承包商发送接收证书。[②] 此后,工程承包项目的照管责任从承包商转移至雇主。FIDIC 合同条件下,国际工程承包合同履约与否、工程质量达标与否,在很大程度上取决于工程师的认可。相比之下,在我国法律体系下,对工程质量存在一系列非常严格的规制和要求,国际工程项目质量须符合《建设工程施工质量验收统一标准》(GB 50300—2013)等强制性标准,工程承包项目竣工后,不仅需要通过业主组织的验收,还要报送给建设主管部门进行竣工备案。[③] 鉴此,我国承包商或业主在适用 FIDIC 合同条件签订国际工程承包合同时,应对工程评定标准、备案审批手续等特有问题做出专门的谈判和约定。

---

① 杨静:《FIDIC 合同形式下争议解决方式的发展与演变分析》,《建筑经济》2021 年第 1 期,第 150 页。

② 李成业:《FIDIC 合同中"indemnity 条款"的英国法解读》,《中国工程咨询》2021 年第 4 期,第 47 页。

③ 席卫民:《FIDIC 合同条件下供水厂工程临时验收程序》,《城镇供水》2013 年第 3 期,第 84 页。

4. 缺陷通知期限

在 FIDIC 合同条件中,明确对缺陷通知期限加以规定,我国虽然没有完全一致的措辞,但是存在类似制度,即质量保修期。不过,二者存在显著的区别,这也在一定程度上导致 FIDIC 合同条件在我国的适用存在“水土不服”的情况。就性质而言,缺陷通知期属于合同中当事人的约定,属于当事人意思自治的范畴,而质量保修期则是法律的规定,原则上当事人不得约定排除或加以变更。[①] FIDIC 合同条件中的缺陷通知期与我国质量保修期的区别见表 5-8。

表 5-8　FIDIC 合同条件中的缺陷通知期与我国质量保修期的区别

比较项目	FIDIC 合同条件中的缺陷通知期	国内工程承包合同中的质量保修期
确定依据	当事人在合同中的约定,允许当事人经过协商一致加以合意变更	建筑工程管理及工程质量保障立法中的规定,不允许当事人合意变更
起算点的确定	自承包人接收证书之日(或者视为颁发证书之日)起算	自工程经过竣工验收认定合格之日起算
期限的计算	365 天加上雇主依据 FIDIC 合同条件第 11.3 款提出的延长期,可延长	短则两年,最长为设计文件规定的工程合理使用年限,不可延长
费用承担	承包商以外的原因导致的损失,由承包商调整变更估价后,向工程师申请批准,按照承包商索赔处理	保修期内的费用应当由造成质量缺陷的责任方予以承担,不按承包商索赔处理

5. 雇主指定分包商

从承包商选任分包商的自主程度来讲,分包商可以分为一般分包商、指定分包商、提名分包商。通常,承包商可以自主决定分包商的选任工作,但部分国际工程合同会约定任何工程分包必须事先获得雇主同意。有时,雇主试图对工程分包保有更强的控制,甚至希望那些参与前期调研、设计,效果较好从而产生长期信赖关系的分包商继续参与后续工程,于是雇主便会指示承包商雇佣特定分包商。抛开不同法域对指定分包的认可程度,指定分包在国内外实践中普遍存在,也符合现实

① 徐延昊:《浅谈世行 EPC 合同模板与 FIDIC 合同的关键差异》,《国际工程与劳务》2021 年第 9 期,第 67 页。

所需。[①] 但是,在诸多情况下,雇主与承包商在指定哪些主体作为分包商方面可能会存在不同意见,从而产生利益冲突。为平衡此种冲突,就需要合同设定折中安排,由雇主和承包商分别选定意向名单,合同履行过程中由承包商根据各分包商开出的条件来具体决定选任事宜。虽然指定分包是一种普遍存在的实践,但是世界各个法域出于不同的监管理念,法律对指定分包的认可程度并不相同。FIDIC 合同条件对指定分包商存在授权规范,认可了雇主或工程师有权指定承包商雇用特定分包商,一经接受,则承包商将对指定分包商的行为负责。相比之下,我国国内立法对指定分包持反对态度,如《工程建设项目施工招标投标办法》第 66 条规定,招标人不得直接指定分包人,否则将构成违法发包。最高人民法院于 2020 年发布的《关于审理建设工程施工合同纠纷案件适用法律问题的解释(一)》(法释〔2020〕25 号,以下简称《建设工程司法解释一》)中规定,发包人指定分包商所造成的质量缺陷,由发包人承担责任,承包商如果没有过错,则无须为分包商的行为负责,这与 FIDIC 合同条件不同。故而 FIDIC 合同条件中关于指定分包的条款,在我国几乎没有可适用的空间。国际工程承包合同中指定分包的必要性如图 5-4 所示。

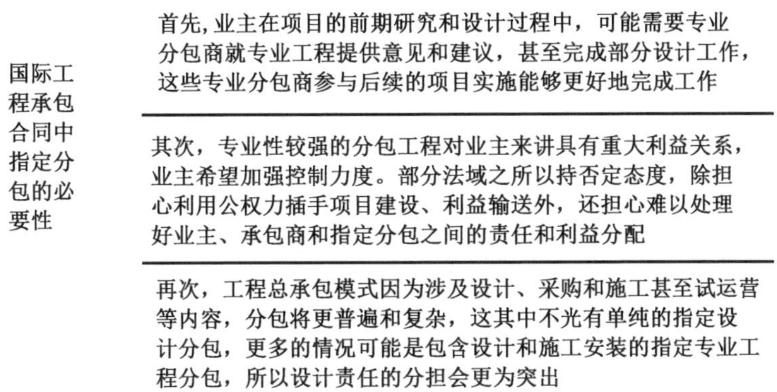

图 5-4　国际工程承包合同中指定分包的必要性

6. 承包商带资施工

在国际工程承包中,承包商带资施工,行业俗称为"垫资",这既是建设业的普遍现象,也是一种通行惯例。具体来看,带资施工指的是,在履约期间,承包人利用

① 杨晓鹏:《工程总承包中指定分包情形下的设计责任分担》,载建工法苑公众号,2018 年 4 月 26 日。

自有资金为发包人垫资从而推进施工建设，直至达到了约定的条件或者工程整体竣工后，再由业主方按照合约支付工程款。[①] 随着国际工程承包市场的竞争日趋白炽化，作为承包商的建筑企业能否提供垫资，已成为国际工程承包合同能否顺利签约的关键因素。但不同于其他的外商投资模式，垫资所承包方在合同履行期间面临较高的资金风险，对其法律效力，各国的法律及 FIDIC 合同条件也不尽一致，故而需要高度重视此类法律适用的特殊问题。国际工程承包中垫资的主要情形如图 5-5 所示。

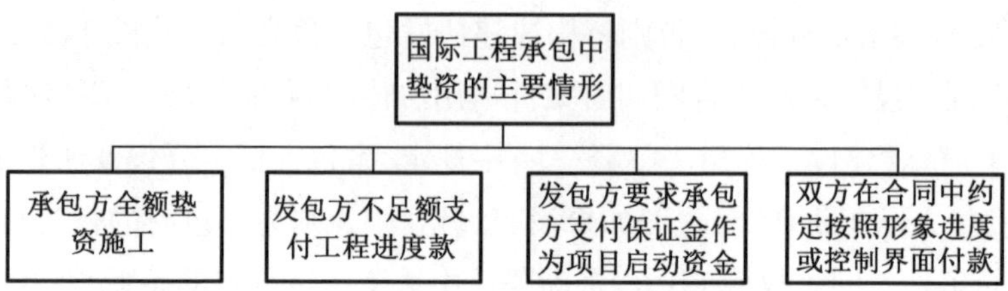

图 5-5 国际工程承包中垫资的主要情形

根据 FIDIC《专用条件编写指南》，对于涉及融资机构、雇主和承包商的资金安排，对承包商能够利用自有资金，或者虽然不具备自有资金，但是乐于主动谋求融资安排并承担相应责任的情况采取肯定的立场，合同范本中专门设置了“承包商融资范例条款”。然而，在我国，法律对承包商带资问题长期缺乏明确规定，建设主管部门对此予以严令禁止，例如 1996 年《关于严格禁止在工程建设中带资承包的通知》（建〔1996〕347 号，已失效）。2006 年出台的《关于严禁政府投资项目使用带资承包方式进行建设的通知》（建市〔2006〕6 号，现行有效），将禁止垫资的范围缩小为政府投资项目。2019 年，国务院发布《政府投资条例》，其中第 22 条重申政府投资项目不得由施工单位垫资建设。显然，行政法规关于禁止垫资的规定其效力高于部门规章，属强制性规定，但其在国际工程承包合同中是否仍具有直接适用的效力，司法实践长期未有定论。2019 年，最高人民法院出台《九民会议纪要》（法〔2019〕254 号），其中第 30 条要求法院在审查合同效力过程中应采取更为审慎的态度。[②] 政府投资项目由施工单位垫资建设，本质上仍属于发包人与承包人的合同关系问题，不涉及国家宏观政策等公序良俗，因此，不应以行政法规关于禁止政府

① 周洪波：《建筑企业垫资的法律风险防范》，《上海企业》2021 年第 1 期，第 87 页。

② 杜玉明：《垫资承包施工合同的法律效力如何认定》，载建设工程法务通公众号，2020 年 3 月 3 日。

项目垫资规定来否定合同的有效性。2020 年，最高人民法院在《民法典》颁布后修订《建设工程司法解释一》，从司法层面肯定了垫资及利息条款的有效性。然而，行政主管部门对带资的否定态度并未因该司法解释的出台而转变，FIDIC 合同条件与国内立法关于带资施工的差异，对前者的适用造成了规范上的限制。

（二）FIDIC 合同条件与中国法律体系的兼容

总体来看，法律冲突和法律适用困境的成因是多方面的，大体上可以归结为以下四个方面。

第一，FIDIC 合同条件与我国国内工程承包合同立法及范本的文化基础与制度背景迥异。FIDIC 文本的形成，得益于欧洲国家较为成熟的商品经济体制和自由竞争的市场环境，英国的 ICE 合同条件是 FIDIC 合同条件的雏形。故而，FIDIC 合同条件深受英美法影响，咨询工程师这一角色很大程度上是市场经济的产物；国际招投标制度的完善建立在公平竞争的基础上；欧美之所以强调规制工程师职业操守和道德信念，并构建独立公正的工程争议评审机制，不乏自由经济的思想元素。相比之下，我国的经济体制在一定范围内保留了建筑行业和市场管理方面的行政干预，无论是合同立法还是示范合同文本的设计，都与国际通行趋势有一定差距，难以避免地导致 FIDIC 合同条件在中国适用的困境。

第二，国内建筑行业及合同立法体系的尚不完备。如第一章所述，我国建筑业立法真正开始与国际接轨是在改革开放之后，坚实的法治保障是成熟的建筑业市场有效运转的前提。相应地，我国工程承包合同立法经历了“真空期—紧迫期—成熟期”的过渡。[①] 国际工程承包合同范本更是经历了从无到有、摸索前进的过程。近年来，随着工程总承包合同模式的盛行，各类合同范本逐步增多，但其上位法依据却各有不同，有的依据国务院部委颁行的行业性管理条例，有的依据地方性法规，各类法律依据之间存在内部分歧和逻辑矛盾。相比于 FIDIC 合同条件，我国的合同示范文本在结构、条文、制度方面既简单又笼统，对各方合同主体间权利义务的规范并不具体，对工程承包合同争议的解决也缺乏系统的完善规定，还存在合同用语不准确、不规范的问题。故而，FIDIC 合同条件在国内适用时，尤其在修改通用条款及修改标书与合同条款适合固定总价合同时，难免会产生法律冲突。

第三，国内建设行业受到较强的行政干预影响。改革开放前，施工单位、承包商、经营主体惯于按行政命令办事，缺乏基于行业自治和契约自由进行的自主安

① 董淑强：《国际工程承包合同管理风险及对策探讨》，《现代经济信息》2019 年第 10 期，第 389 页。

排。在改革开放初期,国际工程承包合同事务受政府部门的直接管理乃至垄断:以行政手段主导工程建设、任务分包、承包商选任。施工环节,承包商具体工作的展开高度依赖于行政指令。据此,原本应当充当管理者角色的政府及公共机构混淆了职能,在国际工程承包合同履约中具有较强的干预甚至堪称绝对的主导地位,而本应发挥积极能动作用的承包商(包括设计单位、施工单位)则被人为降低为从属者角色。例如,在我国的建筑工程监理制度下,许多应归属于工程师的权力被分配给业主(项目法人)行使。再如,我国建设市场条块分割、各类利益交错、监管不统一、地方保护掺杂其中,无益于各方当事人获得平等的法律地位和公平地竞争,FIDIC 合同条件的适用直接面临行政阻碍。随着建筑行业对外开放程度的逐步深化及我国承包商深度参与对外工程承包,以行政为主导的建筑行业管理体制和工程承包合同管理模式逐步有所改进,相应的举措包括但不限于引入项目法人、招投标制度、工程承包合同范本等,使业主、承包商、工程师等主体能够以平等、独立的主体地位参与到合同关系中来。

第四,我国承包商与业主的契约意识与法制意识在过去较长一段时期内较为淡薄。FIDIC 合同条件这种规范模式是市场经济、公平竞争、法治发达等多种条件共同作用下的产物,没有市场的土壤和法律的保障,FIDIC 合同条件并不具备在我国适用的客观条件。尽管 FIDIC 合同文本堪称权利义务详尽的示范条款,但其作用的发挥首先需要当事人遵循契约精神,其次要求市场竞争自由且有序,最后还需要司法和仲裁提供争端解决的法治服务,故而是一项综合性、系统性工程。在过去,在承揽项目时,我国部分承包商依靠勾兑、托关系等手段取得工程项目;施工过程中,依靠贿赂、腐败的方式获取工程验收合格的证明;在出现无法履约的情形时,通过人情疏通关系做工作,却将正当的法治手段和法律武器置之脑后。如果此类情况继续维系,合同当事人欠缺法律意识,FIDIC 合同条件与中国法治环境只能渐行渐远,难以得到妥当的适用及有效的保障,更无益于系统地解决国际工程承包合同的法律适用问题。总结来看,基于前述四方面原因,FIDIC 合同条件与国内工程合同范本存在若干显著区别(表 5-9)。

表 5-9 FIDIC 合同条件与国内工程合同范本的主要差异

比较项目	FIDIC 合同条件	国内工程承包示范合同
雇主要求	FIDIC 所述的“雇主要求”中要做的是“列明工程的目标、范围、设计和(或)其他技术标准”	国内发电总承包项目一般把这部分内容分成几个附件:合同工作范围及分工界面;项目适用标准、规范清单;性能保证等

表 5-9(续 1)

比较项目	FIDIC 合同条件	国内工程承包示范合同
开工日期与竣工时间	FIDIC 条件中的开工日是指承包商开始合同工作的日期,竣工期限从开工日开始起计	国内工程的工期从主体建筑浇第一方混凝土为计算起点的,当然对设计和主设备采购工期也需要明确约定,但这种工期计算的惯例并未改变
检验、试验	FIDIC 条件中“检验”是针对所有施工、制造的中间过程及设备、材料、工艺的,“试验”则是用于除“竣工后试验”的所有试验工作	国内工程对启动及验收有专门的流程,“检验”可沿用 FIDIC 的概念,但“试验”应明确界定为不包含竣工试验及竣工后试验,而只适用于施工阶段开始的及设备厂家进行的试验
竣工试验	FIDIC 条件中“竣工试验”包括“启动前试验”“启动试验”“试运行”。竣工试验全部有承包商负责完成,竣工试验与雇主接收直接挂钩	国内关于竣工验收各行业分别规定,如发电工程针对分部启动试运、整套启动试运有所区别,统一的是竣工试验同雇主接收直接相关的
竣工试验中的雇主责任	由于 FIDIC 条件是基于竣工试验工作全部由承包商完成的,所以合同中没有提到雇主在竣工试验期间的责任与义务	国内的大型工业项在竣工验收阶段,各有其行业规定。例如,发电工程的雇主应负责与电力调度机构进行协调
性能验收证书	FIDIC 合同条件“竣工后试验的结果应由承包商负责整理和评价”,未通过试验的结果是修补缺陷或赔偿	国内的性能试验由雇主聘请有专业资质的单位进行,试验结果由该单位出具。如果性能试验结果满足性能保证值要求,由雇主向承包商颁发性能验收证书
报表、最终报表	“报表”专指费用表格,分为期中付款申请报表、付款计划表、竣工报表、最终报表。“进度报告”的定义另有规定,以期中报表附件的形式,向雇主提交	国内工程中的很多文件都称为“报表”,期中申请工程款时,会同时提交经签认的工程进度报告、工程款申请报表、下期资金计划报表,报表名称不统一
场地移交	FIDIC 合同条件与场地移交有关的条款为第 2.1 款[现场通行权]及第 4.10 款[现场数据],且 FIDIC 将“现场数据”置于承包商的章节下	国内工程承包,必须对场地移交进行详细规定,且场地移交是发布开工通知的约束条件。FIDIC 不足以规范国内工程承包所关注的场地移交事宜

表 5-9(续 2)

比较项目	FIDIC 合同条件	国内工程承包示范合同
许可权	FIDIC 合同只在第 1.13 款[遵守法律]中提到雇主应办理规划、区域划定、或类似的许可;第 2.2 款[许可、执照或批准]要求协助承包商申办各类许可	FIDIC 无法满足国内大型建筑工程项目,有必要修改专用条件第 2.2 款,明确应在工程建设各个阶段及时办理各类批文、许可或协议等
培训	FIDIC 合同对于培训只是单向式要求。国内对被培训的雇主人员有明确资格要求	—
争端解决	FIDIC 银皮书设置 DAB 作为准仲裁的角色是一大进步,但如用于国内工程则可行性大减	行之有效的方法是:友好协商→仲裁或诉讼。如果有双方有同一上级主管部门,则由上级部门协调解决最好

第三节　FIDIC 合同条件在我国适用的对策与方法

随着我国建筑工程行业进一步扩大开放和提升国际化水平,FIDIC 合同条件在国内的适用已经不能局限于对个别合同的适用,而需要提升到一般化、制度化层面的制度架构和适用探讨上来。如前文所探讨,FIDIC 合同条件在中国的适用必须直接面对与国内法的矛盾和冲突。为了加快国际化进程,缩小法律适用中的差距,提升 FIDIC 合同条件在中国法治环境下的可适用性,本节将基于所面临的问题和问题的成因,分别从宏观、微观、索赔方面提出对策与建议。

一、FIDIC 合同条件在我国适用的宏观对策

FIDIC 合同条件在中国的适用已有四十余年历史,目前仍旧处于不断磨合的发展状态,为了促使其更好地为我国所用,从宏观方面,需从以下角度进行完善。

(一)完善国内工程承包合同法制建设

我国改革开放已有四十多年历史,建设工程承包合同立法的启动与完善与改革开放的步伐相伴而行。由于国际工程承包行业本身是一个专业性较强、对经济发展具有较大影响的领域,故而相关的国际工程承包合同纠纷案件也存在着法律

适用复杂、疑难问题众多、各方利益交错的状况。从我国的司法实践来看，全国法院民一庭系统每年受理的民商事案件总量维持在600万件至700万件，建设工程承包合同纠纷在其中所占的比例虽然不及婚姻家庭纠纷、交通事故损害赔偿纠纷、民间借贷纠纷、房地产纠纷等案件类型，但是案件总量仍然十分可观。[①] 据统计，分年度来看，全国法院受理的建设工程合同纠纷案件状况为：2012年49 000件，2013年55 500件，2014年65 989件，2015年88 919件，2016年97 379件。就最高人民法院而言，本部及巡回法庭受理的各类案件中，施工合同纠纷案件是最主要的案件类型之一，2020年共有719起案件。[②] 相应地，司法实践对立法的完善提出了较高的现实要求。就立法层面而言，自20世纪90年代以来，我国颁布大量与建设工程合同相关的法律、行政法规、部门规章、地方性法规等立法，旨在有效规制各类建设行为，调整各方当事人的权利义务，促进建设市场健全。但是，难以否认的是，我国的建设工程承包合同立法与国际仍然存在差距，这在中国加入WTO后体现得越来越明显。譬如，2000年通过的《建设工程质量管理条例》与实践需求存在严重脱节，虽然在2017年、2019年先后修改，但均为小范围的完善，欠缺整体性改进。再如，2001年通过的《房屋建筑和市政基础设施工程施工招标投标管理办法》先后于2018年、2019年予以修订，其中明确要求工程承包合同应向行政部门进行备案，但对于备案的程序和条件未予以详细规范，以至于全国各地纷纷出台了不同的地方立法，导致低层次的规范性文件数量庞杂，内容随意性强，法律效力不够，且彼此之间多有矛盾之处。[③] 完善国内法制建设，是保障FIDIC合同条件得以在国内适用的前提，否则，没有良好的国内法制环境，空谈国际范本的国内适用，将成为"无源之水、无本之木"。

(二)借鉴国际经验，构建合理的国内工程合同范本

合同范本对于规范国际工程承包合同的内容和执行具有重要的基础价值。构建科学合理的工程合同范本，需要汲取并借鉴国际的成熟经验。事实上，我国的建设合同范本是以国内的合同立法为基础的，而不是以国际范本为基础的，但后者无

---

① 冯小光："建设工程施工合同纠纷案件法律适用问题"，https://mp.weixin.qq.com/s/WK1E3Cz-FdGAEVZ89hB7Xg，最后访问日期：2021年7月22日。

② 贾国栋等："最高人民法院2020年建设工程施工合同纠纷案例研究报告"，https://weibo.com/ttarticle/p/show?id=2309634610247053672758，最后访问日期：2021年7月22日。

③ 汤学文、赵鑫：《后疫情时代国际铁路工程承包合同中不可抗力条款使用研究》，《现代城市轨道交通》2021年第5期，第134页。

疑提供了一种参照蓝本。我国《民法典》是一部既符合我国国情又具有国际视野的先进立法,其中有关合同法的一般性规定,以及关于建设工程合同的专门性规定,总体上具有较强合理性,为我国工程承包合同文本的标准化奠定了基础。《民法典》出台后,为了与最新的立法条款保持高度契合,建设合同文本也需要加以更新,譬如,2020 年修订的《建设项目工程总承包合同》(2020-0216)。并加强合同体系的科学性建设,避免合同条文在表述及效力上的矛盾,规范统一合同文本依据,真正形成严谨科学的合同范本结构。[①] 随着我国建设业的快速发展,构建与市场经济相适应的法律体系是 FIDIC 合同条件得以更好适用的根本保证。

值得注意的是,FIDIC 合同条件毕竟不是国际条约,也不能完全替代国内立法,它是一种基于合理性和科学性所拟定的供当事人选用的合同文本,这就意味着,FIDIC 合同条件的适用,需要相应的制度保障,从而尽可能地避免适用中的矛盾和冲突。例如,就施工管理这一国际工程承包中最为关键的环节而言,按照 FIDIC 合同条件模式的要求,必须先行构建起一套独立且公正的监理制度,既要重视人的作用,拥有专业技能强、职业操守和信用体系俱佳的监理队伍,又要重视制度的回应和保障,取消我国先行法律只允许获得相应资质的法人或组织作为监理单位、禁止以私人名义参与工程监理禁止性规定,打开监理从业人员主体桎梏,并增进其所能够从事的活动范围,以市场的有序竞争带动监理制度的现代化。再如,就项目法人制度而言,我国在过去长期的工程实践中采取的是以政府官员牵头的组织,致使相关的建筑监管人员职权不清晰,同时承载着参与者和管理者的双重角色,从而导致业主的权利被肆意滥用,对国际工程承包合同的施工及履行造成不当的干预和消极的影响。改革这些与现代工程业不相适应的制度,明确政府机关在国际工程承包中的监管者角色,摒弃其所触及的商业利益,可以更好地发挥行业自治与自律,借助于社会监督与政府监督等多重路径,保障合同当事人各方真正的平等地位,维护私主体的权益和期待。

国际工程承包合同的当事人作为市场主体,其法律意识直接关系到合约的顺利履行。因此,加强承包商和业主的法律意识,增进其市场自由和公平竞争的理念,积极引进域外工程承包合同的先进经验,提高当事人的工程管理水平,准确理解 FIDIC 合同条件的具体内容,是保障法律适用公平合理的重要前提。

---

① 陈祖雄:《合同履约成功来自无数细节——关于 2020 版〈建设项目工程总承包合同(示范文本)〉的思考》,《中国勘察设计》2021 年第 3 期,第 46 页。

（三）修改 FIDIC 合同条件，适应中国国情

固然，FIDIC 这一国际组织已经创立了百余年，其工程合同条件汲取了西方国际工程承包界大量有益的经验，且始终处在与时俱进、不断更新的过程中，从而保持了先进性、前瞻性、科学性、合理性等优势，这也正是笔者认同并且提倡其在中国予以适用的原因。但是，从另一个方面也应当看到，中国无论是在整体的国情抑或在国际工程承包这一特殊的领域，都有着与西方所不同的情况，无论是法律的移植还是法律的适用，都不能脱离这些本土的状况进行文本的分析，而是必须要对 FIDIC 合同条件本身加以调适，使之更好地贴近、契合于中国工程界的现实需求，避免任何可能导致其"水土不服""南橘北枳"的因素。对此，笔者一向认为，从国际私法视角来看，FIDIC 合同条件在中国的适用，本质上是在合同之债法律冲突及法律适用的语境下探讨的。不同于物权法的严格法定性，在债法层面，尤其是在国际合同这个领域，尤其重视私人自治与契约自由等理念的奠立，相关的立法更多是任意性、灵活性、自治性的规范，而强制性、禁止性的规范相对较少。故而，中国当事人在与外国业主或承包商订立国际工程承包合同时，即便选择适用 FIDIC 合同条件，也是可以对其中部分条款加以变通、修改、调整的，当事人对于特殊事项的约定，往往优先于合同范本本身原有的相关条款。[①] 换言之，作为合同范本，FIDIC 合同条件的初衷是规范当事人的缔约行为和履行行为，并不是为了强制要求当事人必须做或不做、怎样做某种行为。由此便不难理解，当事人完全可以对 FIDIC 合同条件中自身所不满意的内容进行更改，只要征得对方的同意即可。当然，为了使相关的制度安排更为合理，比较可行的方案是，结合特定国际工程项目的实际需要和具体情况，聘请或委派精通工程的专业律师或法律从业者对 FIDIC 合同中的通用条款予以调整，同时在专用条款部分当中酌定补充相关内容或变通相关内容，包括但不限于指定分包、争议解决、保险安排、质保金支付等，从而切实地为这些合同条件的国内适用创造可行的现实条件。

二、FIDIC 合同条件在我国适用的微观建议

FIDIC 合同条件在中国的适用是一个具体的过程，针对 FIDIC 合同条件在适用过程中产生的问题与冲突，从微观层面上，是由条款的冲突所致。因此，笔者有如下几点建议。

---

① 吕文学、郝丽华：《国际工程管理中的国际习惯与国际惯例》，《国际经济合作》2015 年第 6 期，第 66 页。

(一)明确工程师在工程承包中的法律地位

FIDIC 合同条件虽然有多个不同版本,但是这些版本之间存在一个突出的共性特征,即在业主与承包商之间存在着工程师这一角色,工程师通常受雇于业主且作为业主的代表与承包商进行施工、技术、管理方面的交涉,但同时其又具有相对独立的角色,必须公正且无所偏袒地协助和监督承包商开展特定的工程施工。在新版 FIDIC 银皮书中,以业主代表这一身份来负责国际工程承包合同履行期间的管理,但在新版本的红皮书和黄皮书中,仍然保留了工程师的决策,由其专门负责合同管理,但却并非独立的一方,而是明确下来其隶属业主,也做业主的代表行事。相应地,在新版合同条件中,不再要求工程师公正且无所偏私。但另一方面,FIDIC 仍然采取以工程师作为中心的线性工程及合同管理模式,工程师的职责通过其与业主签订的委托协议加以确立下来,对国际工程承包合同进行全面监管、协调,类似于我国现行工程管理体制中的负责建设监理的总监理工程师、负责设计和咨询的咨询工程师、负责质检的建设委员会等多重职能的综合体,对业主就整个国际工程承包项目负责。[①] 相比之下,我国对于国际工程承包合同中的工程师这一角色没有特别清晰的架构,无论是资质标准,抑或监理、质量勘验的主体准入,目前仅允许相关的法人或组织以单位团体的名义参加,并不允许工程师以私人身份介入,由此便在很大程度上制约了工程师的职权,导致了国际工程承包履约过程中的各类权限居于相对分散而不集中的状态,无益于确保工程顺利施工。伴随国际工程承包向行业一体化和国际统一化推进,行政干预和资格约束制约了国际工程业的有序竞争和有效监管,亟待予以改善。作为应对策略,应适时确立其完善的工程师评价机制和资格准入要求,促进设计、咨询、监理、质检等各类职权的统合,构筑起以工程师为中心,命令源唯一的国际工程线性结构及管理模式。

(二)规范工程争端解决中的法律适用

在各个版本的 FIDIC 合同条件中,都针对工程争议的解决做出了相应的规定,这不仅体现在通用条款中,也体现在专用条款中。譬如,在 FIDIC 合同的通用条款通常会要求,对任何因工程承包合同所引发的相关争议,承包商和雇主都应先行将争议提交至工程师,由工程师在规定的审限内就工程争议做出初步决定。如果双

---

① 李辉:《透过 FIDIC 合同条件反思监理制度存在的缺陷》,《建设监理》2021 年第 2 期,第 44 页。

方均满意工程师的决定，则视为争议已经化解，合同得以继续履行。[①] 对于工程师的初步决定，任何一方存在不满的，则应当在规定时限内向工程师和对方当事人发布仲裁通知，将提请仲裁解决的意向予以事先告知。若是双方就如何仲裁，譬如是临时抑或机构仲裁，由哪一仲裁机构受理，仲裁员如何选定等具体事项上无法达成一致，则仲裁庭可在意向通知寄送之日其相应时限内开始审理。由此不难发现，相比于其他的国际商事纠纷，工程承包合同争议的解决存在工程师预决前置，在未经工程师初步决定时，当事人不得将争议提交仲裁或司法处理。当然，如果当事人未先行提请工程师决断，径直向法院或仲裁庭提出申诉，本身并不影响后者的管辖权，而主要是在可受理性层面受到障碍。2021 年 8 月，中国国际经济贸易仲裁委员会江苏仲裁中心正式引入了建设工程争议评审模式，有效提升了工程争议的解决效率，为确保国际工程承包合同的顺利履约和项目施工提供了坚实的保障。概言之，学习国际上的成熟经验，尤其是 FIDIC 合同条件所确立的工程师预先解决争议的前置程序，在部分场合下有助于筛掉部分争议，弱化冲突，增加合作，这恰恰是解决国际工程承包纠纷所旨在追求的目标。

（三）重视专业律师在确定准据法中的作用

考虑到 FIDIC 合同条件系列是一套自成一体的、相对严密且完备的法律文件，其运用不仅涉及国际法与国内法的衔接，而且也关乎各类合同文件的合理解释，故而常会需要专业法律人士提供相应的意见。[②] 在最新的 FIDIC 合同条件版本编制时，FIDIC 越来越重视聘请专业建筑工程律师参与其中，这与西方国家对律师意见的日益重视不无关系。具体而言，西方国家在适用 FIDIC 合同条件过程中，无论是业主、承包商，抑或项目公司、投资公司，都倾向于聘请专业律师参与标书审查、工程管理、争议解决，从而最大可能地降低损失、防范风险。无论是 FIDIC 合同条件，抑或我国 2020 年版《建设项目工程总承包合同范本》（2020—0216）的通用条件，其中相当一部分条款是基于法律法规、部门规章、行业惯例在合同中的嵌入，对合同条件的适用正是基于当事人的合意做出的一种具备法律拘束力的权利义务安排，同时也体现了各方对法律适用事宜（包括实体事项与程序事项）的定型。聘任具备丰富从业经验的建筑工程专业律师参与其中，有助于为 FIDIC 合同条件的适

---

① 赵国梁：《基于 FIDIC 合同条件的争端解决程序》，《工程技术研究》2020 年第 4 期，第 279 页。

② 姜军：《建设工程与房地产律师业务的历史发展与未来展望》，《中国律师》2021 年第 4 期，第 84 页。

用构筑起强有力的“软环境”,从而使工程风险更加可控、工程造价与工期更加明确、使业主和承包方的利益有所保障。由此可见,突出专业律师在国际工程承包合同法律适用中的重要作用,由其在充分评估可能风险、趋利避害的基础上给出咨询意见,是国际主流的趋势。在行业层面,我国对 FIDIC 合同条件理解与适用,从最初的翻译、介绍和推广,到其对国内立法、示范文本的完善乃至工程管理模式的现代化产生重大影响,无疑经历了由浅入深的过程。虽然中国的建筑立法、工程范本都在不断更新,但由于某些方面仍然留存了一些根深蒂固的陈旧观念,法制保障的相对滞后,要实现充分对接还有较长的差距。

三、FIDIC 合同条件下承包商索赔的法律适用

(一)明确索赔的功能旨在补偿而非惩罚

《民法典(合同编)》第 583 条明确了在违约救济中受害方享有向违约方索取损害赔偿的权利,这同时也是违约一方不履行合同义务所应当承担的责任与后果。[①] 在国际工程承包合同中,索赔具有显著的违约损害赔偿性质,其目的旨在协调并平衡双方的权利义务关系,对守约方因对方违约所遭受的损害予以补偿,这种功能是一种填平式制度设计,重点并不在于对违约方施加相应的惩戒。[②] 换言之,索赔应避免矫枉过正,而应突出对双方平等关系的保障。对此,大陆法系和英美法系的共性在于损害赔偿的目的,均旨在赔偿受害方所受损失,使其恢复至违约发生前的状态。学理上,各国法律对损害赔偿范围的界定存在冲突,部分国家采取合理赔偿的理念,赔偿的损失仅针对现有财产的损失,而不会延伸至预期可得利益的损失,部分国家则将物质损失、精神损害、现有损失、预期损失全部涵盖在内,采取充分赔偿的理念。值得一提的是,PICC 中也采取了完全赔偿与可预见性相结合的标准,一方面将索赔的范围定位为因一方违约而给另一方造成的全部损失,其中涵盖利润在内,另一方面又将可予赔偿的损失限制在事实预见或理应预见的范围内。[③] 申言之,无论是各国国内法还是国际惯例,普遍的共识是索赔应坚持可预见性标准,以补偿性为中心,排除惩罚性色彩,在国际工程承包合同索赔的法律适用方面,

① 该条规定:当事人一方不履行合同义务或者履行合同义务不符合约定的,在履行义务或者采取补救措施后,对方还有其他损失的,应当赔偿损失。

② 李贵兴:《基于工程索赔的法律和合同依据探究》,《企业改革与管理》2020 年第 15 期,第 220 页。

③ Michael Joachim Bonell, “The Law Governing International Commercial Contracts and The Actual Role of The UNIDROIT Principles”, *Uniform Law Review*, Vol. 23, Issue 1(2018), p. 15.

尤其应当坚守这一宗旨。

(二)违约责任的归咎应以严格责任而非过错责任为基础

归责原则是归咎违约责任的根据和基础,其不仅影响着违约责任的构成要件,而且关系到举证责任、免责事由、赔偿范围的认定。相比之下,英美法系与大陆法系国家的合同法在违约归责方面并不完全一致,故而需要先行解决法律适用问题。大陆法系国家常采取过错责任原则,以违约方主观上存在过错作为担责基础,如《法国民法典》第 276 条。英美法系国家则常采纳严格责任原则,即无过错原则,不问违约方的主观心理状态如何,如《美国合同法重述》第 260 条。在国际工程承包等商业活动的违约归责中,严格责任原则在统一实体法层面赢得了普遍共识,譬如,CISG 第 45 条、PICC 第 7.4.1 条等。据此,在国际工程承包合同违约归责及工程索赔环节,理应适用反映合同法共同发展趋势严格责任。事实上,在 FIDIC 等合同条件下的索赔条款上,无论明示抑或默示,均没有将业主在主观层面的过错作为承担赔偿的前提,故而可以肯定的是,在 FIDIC 合同条件下亦采取严格责任而非过错责任。不过,相比之下,FIDIC 合同条件在不可抗力的法律效果方面有所不同,事实上,无论在英美法系抑或普通法系,无论在过错责任下抑或严格责任下,都认可不可抗力是重要的违约免责事由,但 FIDIC 合同条件则要求由业主承担承包商因不可抗力所遭受的损失。换言之,因不可抗力所引发的不利后果由业主一方承受,仅仅免除了承包商在不可抗力下承担违约责任,但由此引发的金钱和工期方面的损失,则转嫁给业主方,这既是基于平衡双方权利义务的考虑,也是对合同索赔条款中当事人关于风险分担方面意思自治的尊重。

(三)承包商索赔的法律及合同依据

在国际工程承包合同的索赔过程中,承包商须遵循以合同为依据、以法律为准绳的原则。按照工程所在国的法律并参照国际工程惯例,同时紧密结合该工程项目当中的各类合同文件。所谓合同文件,是国际工程承包活动中最基本的文本基础,其往往与施工资料附随运用。尽管施工资料不是正式的合同文件,但其往往客观反映了工程施工活动的记录,故而被视为索赔当中所不可或缺的材料。实践中,据此作为索赔依据的文件包括:招标文件、投标报价文件、施工协议书及其附属文件、来往信函、会议纪要、施工现场记录、工程财务记录、现场气象记录、市场信息资料等。①

① 张蒙、赵晨曦:《FIDIC 施工合同条件中承包商索赔条款时限规定引起争议的研究》,《江苏建材》2020 年第 1 期,第 60 页。

第四节　FIDIC 合同条件与我国工程合同范本的比较与适用

随着我国建筑施工企业参与国际工程承发包市场进程的深入，1996 年，中国工程咨询协会代表我国正式加入 FIDIC，此后我国承包商在国际上承揽的国际建设工程项目、特别是项目业主为外商的建设项目，开始越来越普遍地选择适用 FIDIC 合同条件。我国利用国际金融组织或外国政府贷款和外商投资的工程项目也大都采用合同条件进行国际竞争性招标承包。从北京城建集团接触的一个合同文本开始，逐步在越来越多的工程建设中得到推广和使用，并与我国建筑市场改革相对接。与此同时，对国际工程法律界的深度融入也在一定程度上对我国的建筑工程体制造成冲击和挑战，反过来促进了我国国内工程合同法律制度的改革，这突出体现在我国建设部于 1999 年编制的第一份本国的《建设工程施工合同（示范文本）》（GF—1999-0201），一改此前的国际工程承包合同管理模式，更新为与 FIDIC 条件的合同框架基本一致的通用条款与专用条款并置模式，引入工程师管理制。2013 年、2017 年，住建部先后对该示范文本进行了与时俱进的更新，先后颁布示范文本（GF—2013-0201）、示范文本（GF—2017-0201）。[①] 2008 年施行的《建设工厂工程量清单计价规范》，更是对旧的量价合一的造价体系进行了全面变革，以期与国际建设市场进行深度融合。

众所周知，FIDIC 合同条件，尤其是《土木工程施工合同条件》，被誉为国际工程界的通用法律语言，广泛适用于各类国际建设工程承包项目，具有国际性、通用性、公正性和严密性的特点。世界银行、亚洲开发银行、日本国际协力银行、非洲开发银行等国际金融组织编写的招标文件范本均以 FIDIC 合同条件为基础。可以说，FIDIC 合同条件是集工业发达国家土木建筑业上百年的经验，把工程技术、法律、经济和管理等有机结合起来的合同条件，在国际经济一体化趋势下，合同条件逐渐成为调整国际工程承包法律关系的“统一实体法”。而这样一部“统一实体

① 相比于 2013 年范本，2017 年范本修改共 9 处，其中涉及：缺陷责任期的定义纳入履约保证金的特殊情况、申请竣工结算单涵盖的款项对质保金增设例外、缺陷责任期的起算点从实际竣工改为通过竣工验收、增设缺陷责任期内承包人的维修义务、明确承包商提供履约担保的不能同时扣留质保金、发包人可扣除质保金的最高比例从合同价的 5%降至 3%、明确承包人到期后可申请返还质保金等等。

法”不是以国际条约形式制定的，而是在国际工程承包实践中自发形成的，并为广泛采用和遵守。

为实现我国建筑工程承包领域与国际接轨的目标，住建部于 2020 年制定了《建设项目工程总承包合同（示范文本）》（GF—2020-0216），该文本取代了原《建设项目工程总承包合同示范文本（试行）》（GF—2011-0216），深度参考国际主流合同条件的内容，在理念、原则、条款、制度的设计上符合主流标准，受到业界的高度认可。[①] 自 1999 年中国颁布第一份工程承包合同示范文本以来，经过二十余年的实际应用，在规范国内建筑承包工程合同法律关系上起到重要的作用。对于承包商而言，最大的收益应该是了解了合同条件的相关一些内容。但中国国内的工程承包合同范本毕竟不是专门针对国际工程承包设计的国际合同条件，在适用上存在不少差异。在近年来的国际工程承包合同实践当中，有不少涉及国际贷款、外资投资的项目，业主与承包商有意规避中国国内的《建设工程施工合同（示范文本）》，直接选择适用《FIDIC 土木工程施工合同》，实现从国内范本到国际范本的跨越和转变。从建设行业的角度观察，合同条件虽然不是国际条约，但是毫无疑问具有国际软法的属性，作为国际工程承包界通用的法律语言，可以说，FIDIC 系列合同条件就是一套约定俗成的、用以调整国际建筑工程承包关系的法律规范，如果不遵守此类规范，就无法有效在国际工程承包市场参与国际竞争，罕见我国承包商企业以适用我国《建设工程施工合同示范文本》为依托与外国投资者或外国业主进行谈判。由此便产生一个难以回避的问题，如果国际工程承包项目在我国建设，外国投资者或承包商是必须适用我国示范文本，抑或适用 FIDIC 范本？这种合同范本之间适用顺位的冲突，不同于各国国内法之间的冲突，现有的国际私法冲突规范也没有给出解决方案，故而，只能从国内范本与国际范本自身的内容进行比较并寻求差异，以此为切入点探讨其适用。研究 FIDIC 合同条件和我国《工程承包合同（示范文本）》内容规定的不同，从而进一步完善国内范本，有益于解决法律适用难题缩小适用不同范本所引发的冲突。2020 版《建设项目工程总承包合同（示范文本）》的突出亮点见表 5-10。

---

① 相比于 2011 年范本，2020 年范本的完善和新增内容聚焦于对精准化项目的定义、公平分配发承包双方的风险、强化项目管理等角度。2020 年范本将“发包人的管理”从原 2011 版合同第 2 条中单独列出，并考虑了当下全过程工程咨询角色的孵化、发包人委托的其他专业人员或咨询机构的参与建设等，形成了新合同版本中的第 3 条。此外，新版合同结合行业实践重新梳理了从工程竣工试验到竣工后试验的流程顺序，整合并调整了工程竣工验收、工程接收、缺陷责任与保修、竣工后试验等条款的先后次序。

表 5-10　2020 版《建设项目工程总承包合同(示范文本)》的突出亮点

2020 版合同条件修改要点	要点解读
内容上广泛吸收国内外经验	结合 2017 版 FIDIC 黄皮书,参考 2012 年国家发改委第九部委发布的《标准设计施工总承包招标文件》
结合实际完善发包人的要求	参考 2017 版 FIDIC 黄皮书的雇主要求,以专用合同条件附件的形式集中详细列明了工程的功能要求、范围、工艺、工期、项目管理、竣工验收与其他技术标准和要求等内容
扩大和明晰了工程师的权限	借鉴 2017 版 FIDIC 黄皮书,采用"工程师"概念,其范围大于我国现的有监理人,还包括发包人为工程实施引入多个咨询人(如各标段监理、设计管理、造价管理等)情况下负责统筹管理的咨询人
对联合体制度进行细化设计	随着《管理办法》中双资质要求的落地,联合体模式在未来将愈加广泛,2020 版合同完善相关制度,包括对联合体协议的订立,联合体成员的连带责任、工作内容、资质,费用收取,发票开具,联合体协议作为合同附件
结合工程实践细化风险分担	在保密、索赔、合同解除、提前预警、知识产权、设计责任方面设置双方对等条款;通过不可预见、法律变化、市场价格波动、不可抗力等条款为承包人获得风险对价
高度重视建筑工人权利保护	将"农民工"扩大为"建筑工人",进行全面保护。建立保障建筑工人工资支付的专门条款,完善安全文明施工、职业健康条款,增加工伤和意外保险条款
为新技术的应用预留了接口	为了更好地将建筑信息模型技术应用于工程总承包项目,2020 版合同在专用合同条件中预留了当事人自行约定的条款

一、关于分包问题

在国际工程承包的具体实务工作中,对特定的部分工程任务予以分包,几乎已成为建筑行业不言自明的国际通例。但是,对于分包的合法性及其限制条件,各国的法律存在一些冲突和分歧。某些国家,譬如日本,其不仅要求承包商必须对某些工程分部或特定工程量予以分包,而且规定了相应的固定比例,只能由工程所在地的小企业负责具体的施工环节。[①] 此外,某些国际工程项目的设计及施工当中,承包商仅派遣少许几名管理人员在施工现场进行指导和监督,其余的主要工作大量分包给相应行业的专门公司负责,甚至于项目主体工程也在分包之内。相比之下,

① 梁学光等:《基于 FIDIC 施工分包合同条件对国际工程分包管理的几点思考》,《石油工程建设》2016 年第 5 期,第 80 页。

FIDIC 合同条件对分包没有特别明确的禁止，而我国国内的建筑立法则对分包采取了较为确切的约束，例如，《建筑法》第 29 条要求对于建筑的主体部分，承包商应当自行施工并负责完成，不应予以分包。类似地，《招投标法》第 26 条、第 44 条也要求承包商自行负责工程的主体，不能将项目的全部任务均分包出去，其目的旨在保护工程的质量，同时确保责任归属的明确化，不至于因分包而使得权责变得不清晰。此外，我国 2020 版《建设项目工程总承包合同（示范文本）》第 4.5.1 条也就分包做了规定，其总体上对分包采取了否定的态度，承包人既不得把全部工程转包第三方，也不能将所承包的工程全部进行分解后以分包的名义转包第三方。换言之，为了应对实务中存在的以分包之名义行转包之实的情况，我国最新的合同范本采取制止的立场。特别是，对于我国法律以及专用合同条件中已经明确下来禁止分包的内容，承包商不得予以分包、转包，更不得以劳务分包的名义将实际工作转手他人。由此可见，我国对于分包采取严格限制乃至于禁止的立场，这主要是考虑到在国际工程承包合同履行中，常会出现总承包商逃避义务、拒不履责、甩手他人的情况，而对于国际工程而言，尤其是对于主体工程而言，其关系到整个项目的质量安全与运营安全，一旦出现问题，很可能诱发公共利益危机，故而不允许分包，有一定的合理性。从国际层面观察，分包似乎问题不大。这主要是考虑到，承包方在签署国际工程承包合同、同意承接特定项目时，合同中的义务便具备相对性、稳定性、明确性，承包商就必须全程予以履约践诺、负责到底，工程特定部分的施工由分包商、再分包商实际负责并予以完成，都不可能影响工程承包合同中总承包方的职责和义务，且国际工程大多存在履约保函，在后续的违约救济方面可以转嫁风险。基于此，FIDIC 合同条件在我国的适用将直接受到来自国内法和国内合同条件方面的冲击与挑战，即 FIDIC 合同条件并不禁止分包，而我国的情况总体上是禁止乃至否定，此种关于分包的国内限制，同国际工程承包的通行惯例相比存在一定的差距，也是造成 FIDIC 合同条件与国内范本内容抵触的主要原因。难以否认的是，在国际工程承包实务中，发包人指定分包并不罕见，此时将不可避免地对发包人、承包商和指定分包商各方彼此相互间以及共同体直接权利、义务、责任关系的确定与维系。

FIDIC 合同条件在 59.1 至 59.5 款比较明确地规范了与指定分包相关的事宜。其中 59.2(a) 款就指定分包人在分包合同项下的义务和应担负的责任予以明确化，且允许承包人可豁免于雇主方指定的分包方造成的质量问题及工程瑕疵。值得肯定的是，2020 版《建设项目工程总承包合同（示范文本）》第 4.5.2 条对指定分包这方面争议的处理做出了符合 FIDIC 合同条件的方案，该条规定：承包人应按照专用合同条件约定进行分包。专用条件未列的分包事项，承包人仍然有权力决定是否分批或分期对某些工程予以分包，但是必须提前向发包方提交申请获得准许。对于业主而言，其应当在收到分包申请之日起 14 天内给出批准与否的意见，从而便利于承包商决定下一步如何进行。[①] 当然,如果没有经过发包人批准,禁止承包人擅自对外分包。相比于我国以往的旧版合同范本,2020 年版范本对指定分包给出了比较具有实际可操作性的规范,在遵守合同专用条件当事人合意的基础上,为指定分包的展开和责任的承担确立了基础,其不仅没有与 FIDIC 合同条件相违背,而且相互吻合,有利于 FIDIC 合同条件在我国工程实践及争议解决中的适用,其价值应予肯定。

在过往的国际工程承包争议解决案例中,业主指定分包商的情况下,工程价款的结算、支付往往相对性地在业主和分包商之间直接进行,导致承包商难以对分包的工程量进行有效的质量控制和工期管理,从而容易诱发不可控风险,不利于实现工程项目总体质量的监管和保障。更加棘手的是,业主常要求承包商就业主指定的分包商造成的工期延误和质量缺陷担负相应的义务和责任,这显然不符合权责统一的法理。换言之,不应当期望承包商对于自己所无法预见、无法把控的风险承担不利后果。为避免和控制不合理情况的出现和事态的扩大,我国 2020 年版工程合同范本不但加入了指定分包的具体内容,而且明确了承包方、发包方、指定分包方之间虽然为三者,但是确立了两两责任,其必须能够确立一个结构相对稳定的三方协议,就工程质量缺陷、工期延误、违约责任、损失赔偿纳入统一的规制范畴,使得合约的履行有据可循,当事人义务的确定有约可依。特别是,在指定分包的语境下,有必要对分包方所负责的工程量要求业主方对承包商提供履约保函,或者将分包所涉及部分的工程价款支付统一由总包方掌控,从而能够更加有效地强化工程管理、风险调控、争议解决。

二、合同文件解释优先顺序

虽然国际工程承包往往有合同作为基本的法律保障,但是各方常常会对合同中的不同条款、个别措辞、相关表述各持己见,这也是诱发国际工程承包合同争议的主要成因。为了避免合同解释上的分歧,在依据《民法典》第 466 条确立的合同解释规则对相关文义进行阐释的同时,还有必要从合同本身入手,通过订约和履约的一手实践将可能引发的问题预先加以固定下来。[②] 如前文所提到的那样,国际工程承包建立在大量合同文件的基础上,合同文本动辄数百上千页,不同合同文件之间、不同条款之间、不同主体之间在具体事项上不乏内在的体系冲突和自相矛盾,故而合同解释占据了工程承包合同纠纷的很大比例。如果能够借助于合同自身的

---

① 师华、白莹莹:《FIDIC 合同框架下国际工程分包合同争议解决机制研究——兼论"一带一路"基础设施建设中的中国应对》,《国际贸易法论丛》2020 年第 1 期,第 202 页。

② 梁慧星:《合同通则讲义》,人民法院出版社,2021,第 31 页。

条款,对解释分歧和文本之间的优先顺位做出规定,可以很好地预防相应的争议,同时也节省为争议解决所耗费的不必要时间。FIDIC合同条件5.2款规定,为了避免在履行合同期间以及争议解决期间,因合同内在体系的矛盾或者组成同一工程承包合同的多份文件彼此互斥,应当进行体系化解释。具体而言,在解释和运用合同时应当将各个组成部分理解为具有同一性而非对抗性,一旦不同的合同文件之间在文义方面确含混之处或相互歧义、内在矛盾时,应当由工程师向承包人发出指令,以指定的形式对合同彼此间的关系进行定位和调整,从而实现合同解释的目的。[①] 除非合同本身对各类文件之间的优先性存在特殊规定,原则上应当以下列顺序确定彼此间的先后顺位:合同协议书;中标通知书;投标书;工程合同的专用条款;工程合同的通用条款;构成合同不可分割的一部分的其他文件(图5-6)。我国2020版《建设项目工程总承包合同(示范文本)》第1.5条对这一问题的处理几乎如出一辙,相互印证。具体而言,该条款规定"组成合同的各项文件应互相解释,互为说明。除专用合同条件另有约定外,解释合同文件的优先顺序如下"。

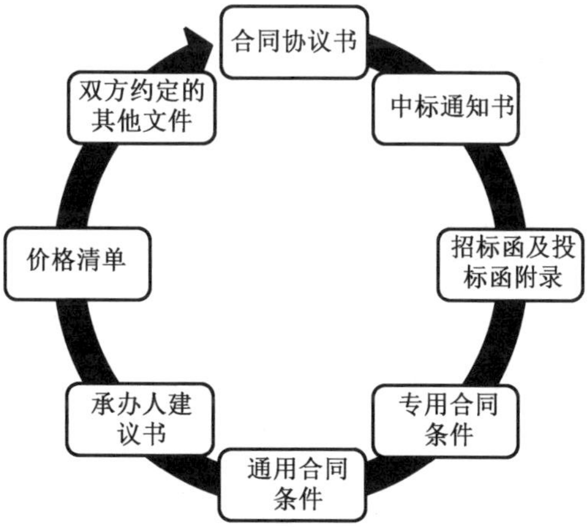

图5-6 我国2020年版合同范本关于合同文件解释的优先顺位

事实上,我国住建部早在2020年范本之前即已经明确,我国业主及承包商采取总承包方式确立国际工程承包合同法律关系的,推荐采用住建部编制的范本。[②] 国际合同范本与国内合同范围在适用中的冲突,着重体现为开工前的协议书与履约过程中的协议在发生互斥现象时,应按照何者更为优先进行解释。事实上,这一

① 刘晨晖、韩雷:《浅论普通法下国际工程合同的解释》,《中国水运》2018年第6期,第47页。

② 2019年12月31日,住建部和发改委联合发布《房屋建筑和市政基础设施项目工程总承包管理办法》(〔2019〕12号),其中第9条第3款规定推荐使用住建部编制的合同范本。

问题原本理应归入当事人自行约定的范畴，即各方可以在合同中专门约定合同解释条款，参照工程项目本身的性质、施工期间的实际情况等，对合同解释的优先性参考因素做出适合自身情况的安排。为了更好地契合 FIDIC 合同条件在国内的适用和实施，当事人可以在合同中做出如下安排：首先，以国际工程承包合同的补充协议、会议纪要、各方共同签署的工程施工备忘录等文件为准；其次，合同协议书中的专用条款等。

三、不可抗力条款

不可抗力是国际工程承包合同纠纷中最为常见的争议类型之一，事实上，无论是国际工程承包合同，抑或其他的国际商事合同，其都面临着不可抗力的法律适用问题。例如，新冠肺炎疫情对国际工程承包市场造成的冲击之一体现在，出于疫情防控，人员的迁徙受限，导致很多国际工程项目的施工进入“搁浅”，工期延误乃至毁约、违约现象并不罕见。[①] 为了预先能够对这些可能发生的种种风险做好提前的规划和防范，FIDIC 合同条件选择以特殊风险的方式对“不可抗力”事件进行定义，而采取的模式主要是列举法（表 5-11）。譬如，第 65. 2 款规定，特殊风险包括：工程项目所在国的风险、雇主的风险、承包商所在国的风险，风险的范畴以第 20. 4 款为参照。该条款将风险归类为人为暴动、自然灾害、意外事件等各类形态（图 5-7）。

表 5-11　FIDIC 合同条件与我国示范文本之间的主要区别[②]

不同点	FIDIC 合同	我国《示范文本》
工程师定义和职权范围不同	工程师是雇主任命的咨询工程师，其实质上具有建设工程全过程管理职能，FIDIC 合同第 4. 4 款规定：“除合同另有规定外，无工程师的事先同意，承包商不得将工程的任何部分分包出去。”并且，工程质量是由工程师根据业主意图编制的《技术规范说明书》予以确定的	我国的《示范文本》中工程师除了工程监理单位委派的总监理工程师外，还包括建设单位的代表。工程分包决定权在发包人而不在工程师，并且工程质量的主要依据是国家、行业标准

① 方春旺：《FIDIC 合同条件下新冠疫情风险索赔的合同和法律依据》，《国际工程与劳务》2021 年第 9 期，第 64 页。

② 参见钟怡：《浅议构建我国国际化建设工程标准合同范本——从“一带一路”倡议着眼》，《面向“一带一路”的律师法律服务——第八届西部律师发展论坛论文集》，兰州，2016 年，第 204 页。

表 5-11(续)

不同点	FIDIC 合同	我国《示范文本》
关于分包的规定	允许承包商在有证据和充分理由的情况下反对业主指定分包商,并且对分包单位再分包和承包商将主体工程分包没有明确的限制	禁止承包商将工程分包给不具备相应资质条件的单位;禁止分包单位将其承包的工程再分包;禁止承包商将建设工程的主体结构工程分包
业主的风险分担机制	确立过错责任归责原则,无过错则不承担责任及损失。 设置具体的业主责任分担机制	没有专门规定风险与责任的条款,只以分散的条款规定发包人需要承担的风险

相比之下,我国 2020 年版《建设项目工程总承包合同(示范文本)》对不可抗力也有相对比较明确的规定,将其概括为订约时不可预见,履约时不可避免、不能克服且不能提前防备的自然灾害和社会性突发事件。[①] 将国内范本与 FIDIC 合同进行比照后不难发现,当确实存在不可抗力的情况下,承包人在机械设备因此所造成的损失负担方面有所差异。根据我国 2020 年版合同范本第 17.4 条之规定,不可抗力所引发的施工设备受损,由承包人予以承担。[②] 相比之下,在 FIDIC 合同条件第 65.3 款下,鉴于不可抗力已被纳入特殊风险的范畴,尽管因此类情况的发生导致了材料、设备在施工现场或运送路途当中发生损失,发包方仍然需要向承包商予以支付。换言之,此类风险并非由承包商自行承担,而是转嫁给业主方予以承担。显然,国内范本与国际范本在这一点上存在显著的分歧,此类矛盾的出现在很大程度上可归因于两大法系在工程承包立法上的理念分歧,最佳的解决方案只能依赖于合同中专用条款的明确约定。

① 林燕萍、朱玥:《突发性重大传染病疫情下 CISG 第 79 条的适用及其启示》,《华东政法大学学报》2021 年第 4 期,第 162 页。

② Werner Melis, "Force Majeure and Hardship Clauses in International Commercial Contracts in View of the Practice of the ICC Court of Arbitration", available at: https://fidic.org/sites/default/files/10% 20Force% 20Majeure% 20and% 20Harship% 20Clauses.pdf, last visited on October 6th, 2021.

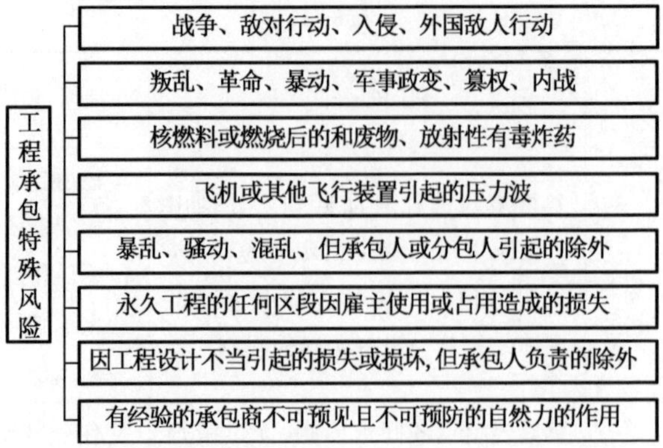

图 5-7　FIDIC 合同条件下对不可抗力中特殊风险的界定

四、保留金的支付问题

国际工程承包向来被视为高风险、高收益的商业活动,在国际工程承包合同履行期间,保留金的支付是法律适用的难点问题,也是关系到承包方切身利益的重要问题。① 试想,如果某一工程承包合同项目的利润率在 5%上下浮动,而合同约定的保留金也在 5%左右,那么承包商在尚未盈利之前就有相当一部分资金保持在业主的掌控之下。为了切实地捍卫承包商自身的利益,对保留金的法律适用不容忽视。对此,FIDIC 合同条件第 60.3 条专门予以明确:在国际工程承包项目竣工后、交接证书签发和送达前,半数的保留金由工程师负责予以核证,并由工程师将这部分金额向承包商予以支付。② 直至合同约定的承包商所负责的缺陷责任期届满,工程师才会将另外半数的保留金向承包商予以支付。由此,便意味着,在国际工程承包合同履行后期及末端,虽然工程项目业已竣工,但是仍然要区分两个阶段,即缺陷责任期届满前与届满后,工程师需要先后开具两项完工证书,以此作为向承包商支付保留金的依据,其中一项系临时验交证书,另一项系最终验收证书,中间隔着相应的保修期,直至承包方的合同法律义务全部履约完毕方才告罄。当然,FIDIC 合同条件采取这种处理模式,也存在其自身的考虑,假定保留金的比例为 5%,当工程师开具第一份证书后,仅向承包人支付半数的保留金,即 2.5%,与此同时向业主递交另一部分的保留金保函,业主收讫后必须将另外 2.5%的保留金预存到工程师账

① John Papworth Frics, "Claims Under the New FIDIC Conditions of Contract". https://fidic.org/sites/default/files/papworth_claims.pdf, last visited on October 6th, 2021.

② 路铁军、史翠荣:《国际工程保函实务分析与风险管理》,《国际经济合作》2021 年第 1 期,第 78 页。

户，由此，大大缓和了资金在业主处的呆滞和沉淀，通过工程师作为中间人的存管而使承包商增强了最终收回保留金的信心，不至于过于担忧因此而产生的额外履约风险。

对比之下，我国《建筑法》《建筑工程质量管理条例》对质量保修期和保留金制度的规定更为严格，监督也更为深入。[①] 2020 年版范本第 14.6 条就质量保修金相关的事宜做出了具体的规范。原则上，质保金的比例低于 FIDIC 合同条件的 5%，至多只能达到 3%，但是，承包商并不能分两个阶段先后从业主或工程师处取回该笔款项，而只能等到质保期间完全届满后才能够一次性收回。相应地，对比于 FIDIC 合同条件，承包商在我国合同范本下有更高的风险，很可能无法完全取回乃至于根本无法收回保留金。为了更好地促使 FIDIC 合同条件在我国的适用和实施，有必要在未来进一步加以调整和优化，同时赋予当事人相应的意思自治，以专用条款的方式对此另外予以约定。

五、工程保险问题

在国际工程承包合同履约过程中，合约风险的有效管理是工程施工中的重要构成，而工程保险制度的存在为转嫁风险、分担损失、推进工程顺利展开提供了有效的保障。在国际工程承包市场上，工程强制保险堪称一项业界公认的国际惯例。FIDIC 合同条件针对工程承包项目的保险设定了较为详尽的要求，对投保条件、保单性质、承保范围、遵约义务、未按规定投保的补救方法等进行了全面规范。相比之下，我国《建设工程施工合同（示范文本）》有关于工程保险的规定存在诸多显而易见的弊端。

首先，保险项目不全面。我国 2020 年版合同范本第 18 条就保险问题做了较为全面的规定，将工程设计责任险、安装工程一切险作为主要考虑的险种，同时允许当事人就承保范围、金额、费率、期间在保险合同中做出安排。同时，对工伤、意外伤害、货物保险留出了可予以裁量的空间。对比下，FIDIC 合同条件第 20.4 条规定的雇主责任险、施工车辆险等在我国合同范本中没有非常明确的体现。即便是两个范本中都包含的险种，在投保主体的安排方面亦有差异。譬如，对于在施工场内备用的材料和设备，FIDIC 合同条件要求应由承包商负责联络保险公司予以投保，而我国则将这项投保义务分配给发包人负担并缴纳保费。这无疑构成两个范本在适用中的一种潜在冲突。

① 邬砚：《建设工程质量责任的厘定：从竣工验收到质量保修》，《中国不动产法研究》2020 年第 1 期，第 186 页。

其次，保费来源不明。FIDIC合同条件23.2款规定，工程保险的投保金额至少与投标书所载金额相吻合，由此便将保费来源明确下来。在国际工程合同履约实践中，保费大多被纳入间接费中的框架内，从而以成本的组成部分加以计算。对比下，我国2020年版合同范本在强制类险种中，并没有将其全部纳入间接费用之内，只将危险作业引发的意外伤害、施工车辆的相关保险以间接费用计，对于其他的任意投保的险种，则被视为排除在成本之外。不容否认的是，保费列支向来是制约工程承包的"瓶颈"，国际范本与国内范本之间的冲突和矛盾，也在一定程度上表明FIDIC合同条件的国内适用必须解决这些客观存在的不适应性，而当事人自行加以约定并做出特殊安排无疑是必要的。①

再次，保险制度不完善。通常认为，保险法从大类上分为人身保险与财产保险，国际工程承包合同中订立的保险条款，在一定程度上反映了保险法治的成熟程度与健全水准。作为我国建设工程承包合同的基本法，《建筑法》在工程保险方面乏善可陈，其仅就施工企业给职工购买工伤保险进行了规定，却没有就工程项目及材料设备当中的各类责任风险进行妥善的分配，这也在长期以来成为整部法律受到诟病的一个方面。正是由于立法当中对工程保险缺乏缜密和完整的规范，2020年版合同范本中对此也有所缺失。迄今为止，我国尚未构建起完善的对外工程承包风险基金。将国内范本与FIDIC合同条件加以对照，便不难发现，二者在工程保险的安排上差异尤其明显，这种合同文本适用上的冲突，使外国业主和承包商对中国作为工程所在地缺乏较为充分的合理预期。② 从长远来看，无益于国际工程承包的持久、健康运转，也不利于国际工程合同法律适用的体系化、国际化、现代化，因而必须加以进一步重视。

本章小结

国际工程承包合同的国际性特征，决定了此类合同的法律适用呈现出非国内化、非当地化的趋势。当事人可以自由地对合同的法律适用加以约定，而所约定的法律并不限于某一特定国家的国内法，非国家法的广泛适用可以更好地保持此类

① 刘琴：《FIDIC合同条件下海外工程保险解析》，《现代企业》2021年第8期，第53页。

② Jeremy Glover, "FIDIC An Overview: The Latest Developments, Comparisons, Claims and A Look Into The Future", available at: https://www.fenwickelliott.com/sites/default/files/FIDIC.pdf, last visited on October 6th, 2021.

合同争议解决的中立性。作为国际工程界的“圣经”，FIDIC 合同条件历经大半个世纪的发展方呈现出当今的面貌，其内在的科学性、合理性及国际性是其备受认可的重要原因。FIDIC 合同条件在我国国际工程承包合同法律适用中的地位，有赖于体系上的协调和法律冲突的解决。无论对于承包商抑或对于业主而言，其对 FIDIC 合同条件的认可和接受度是不言而喻的，如果更好地加以适用，既有利于提升中国的工程承包法治水平，也有利于更好地促进中国工程承包市场的对外开放。尽管我国本土的工程承包合同范本与 FIDIC 合同条件还存在一些显著的差异和冲突，但是这并非无法克服的，而是可以随着建设工程法律体系的整体完备和中国承包商法律意识的强化得到解决。近年来，我国国内的工程承包合同范本也在逐步加以更新，使之更好地符合 FIDIC 合同条件等国际范本的整体趋势，这显然为提升国际工程承包合同法律适用的标准奠定了坚实的基础。未来，在特定的国际工程承包争议中，例如分包、合同解释、不可抗力、保留金、工程保险等方面，我国的制度体系还有待进一步提升，从而为 FIDIC 合同的国内适用创造更加完善的配套条件。

第六章 我国国际工程承包合同法律适用现状及完善

究其本质而言,法律适用是一项实践性命题,对于国际工程承包合同法律适用的探讨,离不开对争议解决的关注。相较于其他的国际民商事争议、国际经贸纠纷,国际工程承包合同争议的解决体现出行业性、多元化特点,除了常规的诉讼、仲裁、替代性解纷机制,国际工程承包争议评审机制(DisputeAdjudicatory Board,以下简称 DAB)在国际工程市场中具有相当重要的影响。对于我国承包商和业主而言,订立国际工程承包合同时要充分预见到履约过程中可能发生的各类违约情形,并针对这些不同的违约形态选定契合度较高的纠纷解决方法。当前,立足于对外工程承包的新发展阶段,企业在合同管理方面要及时更新理念。本章就我国企业签订及履行国际工程承包的法律现状进行分析和梳理,继而对国际工程承包合同中的违约救济类型、争议解决机制进行阐述,分析其中引发的法律适用问题。继而,就我国当事人解决国际工程承包合同争议期间涉及的典型案例及其中暴露出的法律适用问题加以详述。最后,将针对法律适用问题与争议解决问题进行一体化思考,在运用 DAB 方式解决合同争议的场景下对合同法律适用中的具体问题予以酌思,使我国当事人在应对具体法律适用问题时有据可依、有法可遵、有章可循,同时使国际工程承包合同的法律适用问题从理论框架真切地迈入解纷现实,形成更加直观、明确、稳定、可预期的国际工程法律适用系统论。

第一节 我国企业签订及履行国际工程承包合同的法律现状

国际工程承包作为国际经济合作的重要形式,其不仅涉及多方主体间复杂的法律关系结构,也涉及多层交易间复杂的商业筹划。在纷繁复杂、交叠共生的法律难题背后,透过现象观其本质,如果能够抓住国际工程承包合同法律适用这一主线,便有利于掌握问题的命脉与核心,从而使相关问题迎刃而解。而在法律适用问题的各个环节中,以合同的订立和履行居于中心,各方当事人构建起国际工程承包合作所赖以依据的基础和旨在实现的目标均可在国际工程承包合同的订立、履行中寻踪觅迹,法律适用问题的提出与解决也必须回归到合同本身予以探讨。鉴于此,本节从国际工程承包合同法律适用的基本原理出发,以中国现行立法和司法解释等重要文件为据,兼顾最新版本的工程总承包合同示范文本,以期为对外参与工程承包的中国企业提供基本的法律框架。

一、国际工程承包合同法律适用的基本原理

(一)国际工程承包合同的订立与履行

探讨国际工程承包合同法律适用问题的目标和宗旨,最终旨在服务于合同的订立与履行。实践中,无论国际工程承包合同采取的是单一的施工承包模式,还是由承包方提供综合服务的 EPC、PPP、BOT 等模式,都是存在于发包方与承包方之间的一种交易关系,而工程合同与其他的国际民商事合同一样,是构建在双方地位相对平等的基础上形成的合意行为。[①] 就合同的订立而言,通常是通过招投标或议标形式开展,自招标人发出中标函时,合同关系便已基本成型,无论是否实际签署书面合同,如果任何一方拒不履行,就已构成实质上的违约。

就运作流程而言,国际工程承包合同大致可分为如下步骤:首先,承包商进行项目追踪,立项后,通过招标或议标使承包方得以确定下来,从而初步形成了当事人之间的允诺;其次,以招投标方式开展的国际工程承包,需要经历投标、评标、开标、中标这几项基本环节,而议标则是由承包商按照发包方的需求予以报价,经直接谈判便可确定,随后便进入资格预审阶段,重点依据所适用的法律对国际承包主体资格加以评判;再次,作为准承包商的中标者需要进一步展开合同的谈判工作,确定合同的条款框架及条文内容后再由双方签署文本;最后,订约行为完成后,便整体上进入到下一个阶段,即履约阶段,在合同履行期间,承包方须严格依据合同约定并遵守所适用的法律开展设计、施工等义务,发包方的义务重点则是在竣工后支付相应的价款并验收和接受已竣工工程项目,从而宣告国际工程承包合同交易履行完毕。当然,如果合同本身约定了保修期条款,则合同将具有一定的持续性并不因竣工和支付而永久性地宣告终结。[②]

---

① 王焜焜、陈希纯:《承包商风险管理中的问题与对策》,《国际经济合作》2007 年第 7 期,第 62 页。

② 董淑强:《国际工程承包合同管理风险及对策探讨》,《现代经济信息》2019 年第 10 期,第 389 页。

在合同履行过程中，为了顺利推进工程建设，承包方可能会根据需求，将工程项目中的某些任务同第三方构建起分包、劳务、保险等法律关系。随着时代的进步，科学技术水平的提升，国际工程承包模式也在与时俱进地发生新的调整和变动。相应地，国际工程项目的发包方对承包方的综合性服务能力及水平提出了更高的要求，承包方所需负责的工作内容越来越广泛，涵盖了设计、采购、施工、管理、融资多个层面，即发包方期望承包方是全能型人才，能够满足多层需求。[①] 不过，相应地，承包方则与第三方展开了更为深入与宽广的合作，法律关系的主体逐步推演、拓展，除了传统的发包方、承包方双方外，分包商、劳务方、融资方、担保方、设备及建材供应方都参与进来，这些主体既可能属于工程所在地当地，也可能来自承包方所属国，还可能来自第三国，由此便促使国际工程承包合同真正地实现了"非当地化"状态，国际因素显著增强，对资源整合的要求也有了巨大的提升。[②] 由此，国际工程承包合同的涉外因素较之过往更为多元，相应地，与多个国家具有联系便意味着法律冲突更为多见、法律适用的解决需更加慎重。与此同时，多个国家的法律体系都可能适用于同一项国际工程承包合同纠纷，同时又存在国际条约、国际惯例、国际合同示范文本、国际标准等非国内法律及规范性文件，从而对决定法律适用问题提出了新的挑战。与国际工程承包合同相关的跨境纠纷与日俱增，对企业提出了深刻的考验，亟待探求应对之策。[③]

(二)有关国家对国际工程承包的法律监管及协调

鉴于国际工程承包是一项长期、复杂、综合性的经济合作，与多个国家具备法律上的联系，故而必然同时受到相关国家的多重法律监管，其中最为重要且介入程度最深的莫过于来自工程所在地的法律监管。为了避免因政治、经济、文化、宗教、民族等因素给国际工程承包合同履行造成损失，承包商必须对工程所在地的法律监管做出回应，确保合规性的同时，对法律适用问题予以重点关注。[④] 从动机来看，工程所在地法之所以对国际工程承包合同具有更强的监管效应，一方面来自行业

---

① 周密、辛灵：《增强国际基础设施合作全产业链高质量发展能力》，《国际工程与劳务》2021 年第 4 期，第 28 页。

② Sun Xiaofei, "Beyond Instrumentalism: The foreignizing impact of website non-localization on the Chinese target", *The Journal of Internationalization and Localization*, Volume 3, Issue 1 (2016), p. 95.

③ 黄裕辉：《后疫情时代国际工程承包企业的战略变革》，《施工企业管理》2020 年第 10 期，第 37 页。

④ 祁建国：《国际工程承包项目在全球新冠疫情中的管理对策》，《国际工程与劳务》2020 年第 9 期，第 68 页。

考虑,另一方面来自对工程质量安全、社会公共利益的高度关注。从制度内涵来看,法律监管着重体现在以下几个方面。

(1)关于工程建设活动管理的一般性规定,譬如建筑法、建筑安全法、招投标法。

(2)为了实现工程承包目标所需要的其他法律关系的规范,譬如劳动法、环境保护法、税法等。

(3)专门适用于涉外工程项目的监管制度,譬如生产安全法、质量监管法、产业法等。

(4)针对劳务输入输出、外汇进出进入设定的涉外经贸规范,譬如涉外税制、跨境担保、外汇监管等法律。

(三)国际工程承包法律与技术标准的适用冲突及协调

在中机建设承接的菲律宾北吕宋铁路项目执行中,国际工程承包合同中明确约定相关技术规范遵循中国标准,但同时又在法律适用条款中订明就合同所产生的纠纷应按照菲律宾法律进行解释。依据菲律宾法律的规定,菲律宾标准具有排他适用的效力,故可排斥中国标准在本工程项目中的适用。在工程施工过程中,双方对合同所约定的准据法与所约定的技术标准之间的不一致现象产生了分歧。从法律适用视角来看,本案提出了一个基本问题,即技术标准究竟是否属于法律的范畴?如果答案是肯定的,则鉴于合同明确选择的准据法是菲律宾国内法,而该法律予以适用的结果便是排除了中国标准;如果答案是否定的,则菲律宾法律的适用并不能当然排除中国标准的适用,当事人选择的中国标准并不构成菲律宾法律作为合同准据法地位的主导作用。

从实践功能来看,不容否定的是,标准在法律的众多领域里具有重要的作用,在国际工程承包合同的履行及争议解决过程中尤其重要。[①] 但严格来讲,标准不同于狭义的立法。通常认为,法律是由国家制定或认可的,并由国家强制力保障实施的具有普遍约束力的社会规范,而标准则仅仅是由主管机构批准、以特定形式发布的统一规定,二者在制定主体、实施方式、规范内容、效力形态上存在显著差异。特别是,尽管标准涵盖国际标准、国家标准、行业标准等不同类型,但其并不是当然具有拘束力,而是需要借助于法律赋予强制力。例如,我国《标准化法》及对某些国家标准设定强制力。特别应当注意的是,在国际工程承包合同履行过程中,还可能

---

① 柳经纬、许林波:《法律中的标准——以法律文本为分析对象》,《比较法研究》2018年第2期,第188页。

会频繁运用国际标准,例如国际标准化组织(ISO)、国际电工委员会(IEC)、国际电信联盟(ITU)所制定的标准。[①] 当然,也有许多国家直接将国际标准纳入本国工程实务中予以采用,将国际标准编入国家标准的方式包括:认可法、封面法、完全重印法、翻译法、重新制定法、包括与引用法。当国际标准被纳入国家标准后,二者便实现了一体化从而具备了同等效力。[②] 据此,可以肯定的一点是,国际工程承包中的技术标准若要产生强制力,有赖于立法的肯定和赋予,而国际工程承包合同中对法律适用做出的约定,其原则上具备高于标准本身的效力,但却无法突破工程所在地法律所纳入的强制性标准。[③] 对于中国承包方在开展对外谈判时,尤其应当明确有关标准是否为外国法律所赋予强制适用力,在对合同所适用的法律做出约定时,需要全面调查、比较并评估准据法所属国、工程所在地立法中关于标准的相关规定,尽量避免技术标准与准据法之间所可能产生的潜在冲突。

二、我国国际工程承包合同法律适用的立法

从法律的视角来看,国际工程承包项目主要涉及六个层面的法律问题:(1)国际工程承包合同当中据以确定合同双方当事人权利与义务关系具体款项;(2)调整国际工程承包合同的法律;(3)国际工程承包合同中涉及合同当事人之间争端解决的款项;(4)适用于解决争端具体程序的法律;(5)独立于合同之外,法律为业主与承包商设定的权利和责任;(6)由于工程所在地与项目之间的属地联系所产生的工程所在地法律的适用。

与任何其他的国际合同一样,某一国际工程承包合同不能与支配它的法律体系进行孤立看待。当述及调整合同的准据法时,它特指的是据以确定合同当事人之间权利与义务关系的法律体系。不同的国家在合同立法、建筑工程立法方面都存在一定的差异,我国的建设工程法律体系囊括了合同法、工程管理法、招投标法、违约救济法等,其与俄罗斯的建筑工程法、英国建设法之间存在显著的不一致。[④] 这就意味着,一旦国际工程承包合同中的某个条款或某项用语含混不清,则适用中国法与适用英国法将对该条款的解释及其法律效果得出不同的结论。再如,国际

① 王尚钦、陈建苏:《国际工程主流技术标准体系研究》,《工程建设标准化》2019 年第 8 期,第 50 页。

② 蒋京鑫等:《检验检测用标准的分类和选择》,《中国标准化》2021 年第 9 期,第 184 页。

③ 杨帅:《国际工程技术标准差异应对管理探讨》,《居舍》2021 年第 9 期,第 147 页。

④ William Godwin, *International Construction Contracts A Handbook: With Commentary on the FIDIC Design-Build Forms*(Wiley-Blackwell, 2013), p. 80.

工程承包合同的某一方当事人可能会就争议向对方主张索赔,而该索赔请求是否成立,可能在适用不同法律的情况下会得出迥异的认定。实践中,合同所适用的法律常会约定于具体条款之中,但并非所有的国际工程承包合同都会就法律适用做出明确、清晰的约定。即便订入法律适用条款,其也可能仅适用于特定的合同方面的争议类型,而不能涵盖至国际工程承包合同的所有方面。至于合同中的法律选择条款如何拟定,究竟选择哪种法律以及哪一个具体国家的法律作为准据法,虽然名义上是基于双方的平等和自由协商,但现实则常取决于业主一方的偏好,或者在某些情况下听命于工程项目资金提供方的决定。此外,在某些情况下,国际工程承包合同项目所在地国家的国际私法立法或工程承包立法往往直接要求工程合同适用当地法律解决。由此可见,国际工程承包合同法律适用方面的立法与订约实践,不仅至关重要,且处理起来具有较强的复杂性和专业性。

结合我国的情况来看,我国企业参与国际项目的工程承包、订立国际工程承包合同,涵盖"走出去"和"引进来"两个维度的问题,前者是对我国承包商对外承包国际工程承包项目设定必要的监督,后者是对我国发包方及项目业主以吸引外资的方式订立合同,使外国承包方进入我国承接国际工程项目。从法律的位阶来看,我国关于国际工程承包的基本法是 1997 年通过并于 1998 年生效实施的《建筑法》,该法曾先后于 2011 年和 2019 年进行修订。与此同时,作为处理涉外合同法律适用的国际私法立法,《法律适用法》中明确就合同的冲突规范进行了规定,其采取当事人意思自治原则、特征履行方法、最密切联系原则相结合的手段为法官和仲裁员在国际工程承包合同纠纷解决中确定法律适用问题提供了重要依据。鉴于我国的国际私法立法目前没有针对国际工程承包这种特殊的合同如何适用法律加以明确,实践中除了援引 FIDIC 合同条件及国内工程总承包合同条件外,往往是遵循关于合同冲突规范的一般指引。除此之外,针对国际工程承包合同的订立,我国《招标投标法》应予适用。

再者,当明确国际工程承包合同的准据法为我国法律时,我国《民法典》合同编中关于建设工程承包合同的专章规定应予适用。特别是,按照《民法典》的规则,无论是国内承包商抑或外国承包商,其一旦订立了以中国法为准据法的国际工程承包合同,则承包商最基本的合同义务及法律义务是进行工程建设,发包方最基本的首要义务则是支付相应的工程价款,一切其他的义务和责任都是围绕着这两个最为基本的法律义务加以展开的。但是,在当事人选择以工程总承包合同作为范本起草国际工程承包合同时,应当注意的是,《民法典》中的建设工程合同与工程总承包合同存在定义和内涵上存在诸多差异。在总承包模式下,发包人既可以选择仅与总承包人订立合同,也可以酌情自行选择分别去与勘察人、设计人、施工人订立勘察、设计、施工承包合同,不允许肢解发包。可见,《民法典》体系下的国际工程合同与范本体系下的工程总承包合同不尽一致,后者往往涵盖勘察、设计、施工多个阶段的综合性内容。[①]

在立法的体系之下,我国的建设工程承包合同立法涵盖行政法规、部门规章、地方性法规、地方政府规章等多个层级的立法,以及住建部制定的工程总承包合同范本。对于某些相对特殊行业的工程承包项目,存在专门的规则,譬如《铁路建设项目工程总承包办法》《公路工程设计施工总承包管理办法》。除了国家统一的立法及司法解释外,各地也存在关于国际工程承包的专门立法,譬如《上海市工程总承包试点项目管理办法》。对于那些调整国际工程承包合同具体某一方面法律问题及当事人某一类法律关系的规制,其对于合同准据法通常起到一定的补充作用并且具有可执行力,但前提是此类规范已经被当事人所选择且被并入合同之中,并不得违反准据法体系内关于建设工程方面的强制性规定。如果此类规则(如 FIDIC 合同条件中的条款)体现了国际惯例,则即便当事人没有将其整体上纳入国际工程承包合同之中,此类规范仍然可予适用,原因是大多数国家和法域的法律体系都允许法官适用习惯及惯例。如果这些规范制定于具有拘束力的法律文件之中,例如国内法或国际公约,则它们将具有优先于国内强制性规定的效力,体现出更强有力的可适用性。[②]

三、我国法院及当事人适用 FIDIC 合同条件的实践现状

(一)我国法院适用 FIDIC 合同条件的案件概况

近年来,随着我国工程承包活动跨国因素的频繁加剧,国际工程承包合同争议渐增,当事人在与外方订立国际工程承包合同时,不时地适用 FIDIC 合同条件作为订约蓝本。相应地,法院在部分案件的司法审判实践中也适用了 FIDIC 合同条件,这些适用既包括直接将 FIDIC 合同条件作为准据法加以适用,也包括参照适用和间接地以并入合同的方式加以援用(表 6-1)。

---

① 齐国舟、厉华:《现阶段 EPC 总承包工程合同价款的研究》,《工程造价管理》2021 年第 4 期,第 48 页。

② Giuditta Cordero-Moss, “The Transnational Law of Contracts: What It Can and What It Can Not Achieve”, in Todd Weiler and Freya Baetens, (eds.), New Directions in International Economic Law: In Memoriam Thomas Walder, Martinus Nijhoff Publishers, Leiden Boston, 2011, p.49.

表 6-1　FIDIC 合同条件在我国法院适用的案件概况及要旨

案号	法院	裁判日期	案件名称	裁判要旨
(2016)最高法民终 262 号	最高人民法院	2021 年 3 月 29 日	四川攀峰路桥建设集团有限公司、陕西黄延高速公路有限责任公司建设工程施工合同纠纷	2003 年版交通部《公路工程国内招标文件范本》以 1987 年第四版 FIDIC《土木工程施工合同条件》为蓝本,是涉案合同文件的组成部分。自 2003 年起,公开招标和邀请招标的二级以上公路和大型桥梁、隧道建设项目,必须使用交通部 2003 年范本,本案合同亦适用该范本,双方应严格执行
(2015)民申字第 358 号	最高人民法院	2020 年 10 月 28 日	四川东嘉建筑工程有限公司与中国四川国际合作股份有限公司建设工程施工合同纠纷	依照《分包合同》1. 1 条的约定,FIDIC 条款对东嘉公司具有约束力,东嘉公司违约撤场,业主有权依照 FIDIC 条款规定没收设备
(2018)闽民终 617 号	福建省高级人民法院	2019 年 8 月 30 日	浦城县万达置业有限公司、上海世方建筑工程有限公司建设工程施工合同纠纷	上诉人称:鉴定时所依据的 FIDIC 合同条件并非双方约定的合同条件,采取该合同条件作为鉴定依据是违法的。对此上诉理由,法院未予采信
(2018)新民终 444 号	新疆维吾尔自治区高级人民法院	2018 年 11 月 16 日	中国化学工程第三建设有限公司、庆华集团新疆煤化工有限公司建设工程施工合同纠纷	根据《FIDIC 合同 99 版》《FIDIC 合同 88 版》中规定,进度款支付是临时支付,“付款证书不应被视为工程师接受、批准、同意或满意的表示”。一审法院认定“工程进度款审核表是对施工过程中工程量、价的初步审核,其目的是为了保证工程进度款的支付,不是确定最终工程价的依据”,并无不当

表 6-1(续 1)

案号	法院	裁判日期	案件名称	裁判要旨
(2012)川民终字第 146 号	四川省高级人民法院	2017 年 3 月 6 日	中国四川国际合作股份有限公司与四川东嘉建筑工程有限公司建设工程施工合同纠纷	针对涉案工程造价的认定,根据《分包合同》约定,表明中川国际与业主之间合同选择的 FIDIC 条款对双方均具有约束力,工程结算也应当遵循总包合同约定。针对工程设备费的承担,《分包合同》对设备使用有明确约定,但按总包合同和分包合同约定的依照 FIDIC 条款的国际惯例,如果施工方违约撤场则设备被没收
(2016)粤 01 民终 24057 号	广东省广州市中级人民法院	2017 年 12 月 23 日	方育平、中国港湾工程有限责任公司劳动争议	涉案大型国际工程承包项目为洛比托项目,严格按 FIDIC 标准和要求实施,项目总工程师的日常工作内容包括技术管理、质量管理、现场检查与指导、技术创新与科技进步等,设计代表则根据设计分包合同要求派驻现场,负责设计院与现场沟通联系
(2017)浙 03 民终 3327 号	浙江省温州市中级人民法院	2017 年 4 月 24 日	浙江成泰建筑工程有限公司、浙江合众自动化有限公司、张阿龙建设工程合同纠纷	FIDIC 施工合同条件中,暂停施工后,承包方有权终止合同。发包方长期拖延付款,造成承包方停工 56 天或 84 天之久,双方又未对延期付款达成协议的,承包方应当对工程的前景有合理的意见,对风险有较理性的把握,应积极采取措施,降低损失,因而有义务及时做好人员和机械安置工作

表 6-1(续 2)

案号	法院	裁判日期	案件名称	裁判要旨
(2019)黑 75 民终 58 号	黑龙江省林区中级人民法院	2019 年 9 月 19 日	王艳、黑龙江省鹤北林业局建设工程施工合同纠纷	住建部文件从 FIDIC 土木工程合同文本中引进了缺陷责任期概念,缺陷责任期通常为一年,最长不超过两年。《建设工程质量保修金管理办法》第 11 条规定,缺陷责任期届满,发包人向承包人返还保证金。本案中,实际施工人建造的工程竣工验收报告时间为 2014 年 9 月 30 日,保修期届满应当返还质量保修金
(2015)京 04 民特 116 号	北京市第四中级人民法院	2016 年 4 月 26 日	北京森敏瑞机电科技有限公司与霍尼韦尔(天津)有限公司申请撤销仲裁裁决案	本案国际工程承包项目为 EPC 总包项目,根据 1995 年 FIDIC《设计—建造总承包与交钥匙工程合同条件》、1999 年《设计、采购和施工合同条件》(银皮书),以及《建筑法》第 24 条和建设部(2003)30 号指导意见,都明确了"由总承包商承担项目的设计和实施的全部职责"
(2016)粤 04 民辖终 248 号	广东省珠海市中级人民法院	2016 年 12 月 22 日	广东省装饰有限公司与广州市佳景餐饮有限公司装饰装修合同纠纷	涉案工程承包合同中纳入了 FIDIC《施工合同条件》,其中《通用条件》第 20 条规定了仲裁条款,经 DAB 对之做出的决定(如果有)未能成为最终的和有约束力的任何争端,除非已获得友好解决,应通过国际仲裁对其做出最终解决。但法院认定,该条款未约定明确的仲裁委员会故仲裁协议无效

表 6-1(续 3)

案号	法院	裁判日期	案件名称	裁判要旨
(2011)浙杭民初字第 4 号	浙江省杭州市中级人民法院	2016 年 1 月 26 日	江苏龙升节能科技股份有限公司与广厦建设集团有限责任公司、广厦中东建设有限公司建设工程施工合同纠纷	2008 年 12 月 25 日,雇主根据 FIDIC 条款第 15.2 款向总包商发出"雇主终止"函,宣告终止与 Arabtec 的总承包合同。根据 Arabtec 授予广厦中东公司的中标通知书 LOA 最后部分适用 FIDIC 条款的规定(FIDIC1999 年第一版《施工合同条件》第 15.2 款"由雇主终止"),广厦中东公司与 Arabtec 的建设工程分包合同因雇主的终止而终止
(2015)苏 0324 民初 883 号	江苏省睢宁县人民法院	2015 年 3 月 31 日	郭彬与舜元建设(集团)有限公司、蒋荣杰建设工程施工合同纠纷	涉案双方当事人签订的国际施工总承包工程合同是在 FIDIC1999 年《建设工程施工合同条件》的基础上增加补充条款等合同内容而订立的
(2014)辽 0283 民初 732 号	辽宁省庄河市人民法院	2015 年 6 月 29 日	庄河市高强混凝土有限公司与大连富谷食品有限公司买卖合同纠纷	涉案工程项目主体验收需用时间,在施工组织工期安排计划上,为合理的技术间歇时间,依《建设施工合同示范文本》确定验收合理技术间歇时间;依国际通用 FIDIC(土木工程合同)条款也是如此
(2014)苏 0582 民初 1224 号	江苏省张家港市人民法院	2015 年 3 月 1 日	上海英硕聚合材料股份有限公司与张家港世茂房地产开发有限公司建设工程分包合同纠纷	涉案《分包合同协议书》约定"FIDIC 土木工程施工分包合同条件"连同分包合同"专用条件"及其附录均系本分包合同的一部分,而合同条件附录已约定仲裁机构为上海国际经济贸易仲裁委员会,该约定的仲裁意思表示,仲裁事项明确,仲裁协议有效,原告的起诉应予驳回

表 6-1(续 4)

案号	法院	裁判日期	案件名称	裁判要旨
(2013)东民初字第 05954 号	北京市东城区人民法院	2015 年 10 月 27 日	中国中轻国际控股公司与中国医药健康产业股份有限公司承揽合同纠纷	涉案《圭亚那斯凯尔顿糖厂项目联合电站承包合同》约定,整个项目执行 FIDIC 条款,中轻公司承担设计、供货、指导安装、调试和培训操作人员等技术服务工作,其他工作由中医药公司承担。合同条件适用 FIDIC 条款,并对其中的工程移交、履约证书、竣工后实验、缺陷修补、工程款支付、履约保函、争议解决等内容做出了明确约定
(2012)辽 0102 民初 1733 号	辽宁省沈阳市和平区人民法院	2015 年 4 月 20 日	辽宁奥兰机电设备安装工程有限公司与沈阳世茂新发展置业有限公司建设工程分包合同纠纷	涉案工程承包采用 FIDIC 1994 年《土木工程施工分包合同条件》,该合同条件是标准文件,由合同双方各自购买,并与本合同文件分开订装;为适应本分包工程的特别要求,部分 FIDIC 合同条件条款已被修改,修改部分详列于分包合同“专用条件”内,连同分包合同专用条件及其附录将作为分包合同文件的一部分
(2013)琼 0106 民初 11780 号	海南省海口市龙华区人民法院	2015 年 3 月 5 日	海口盟达贸易有限公司与海口和顺隆劳务服务有限公司、河南国基建设集团有限公司等合同纠纷	合同文本采用日方提供的国际通行的 FIDIC 合同范本。FIDIC 合同与国内通行的建筑工程施工合同在工程款的支付上有明显的不同,FIDIC 合同工程款的支付不是按照“形象进度”付款,也没有明确的“付款节点”,而是每个月承包人向中介监理公司的工程师报送“月工程量进度报告和应付金额”,经监理公司的工程师审核后,扣除保留金,向发包人签发“中期支付证书”,发包方据此付款

(二)我国当事人适用 FIDIC 合同条件的实践剖析

前文已经提及,FIDIC 示范合同条件是西方国家土木工程业上百年成熟经验的结晶,在国际工程承包界具有权威地位,其以科学性、公正性和严谨性著称于世。自 1957 年颁布以来,FIDIC 合同条件先后于 1969 年、1977 年、1987 年、1999 年进行四次修改。相应地,我国承包商在外国承揽国际工程项目、订立国际工程承包合同时,常会主动选择适用 FIDIC 合同条件,并在争端发生后积极援用 FIDIC 合同条件的索赔条款主张维护自身权益。

譬如,在一则因工期延误引发的国际工程承包合同索赔案件中,我国某承包商承接了某海湾国家境内的机场改造建筑项目,并适用 FIDIC 橘皮书签署合同。在所订立的合同中,各方针对争端解决做出了约定,明确就国际工程承包合同的履行所引发的争端,应当首先将其提交给工程师做出裁定,工程师有义务在 90 天内结合事实并适用法律做出决定。任何一方如果对工程师决定存在不满,需在向工程师发送书面通知的前提下,自决定做出之日起 90 日内提出仲裁申请。此后,在国际工程施工期间,双方就工期延误发生争端。经过工程师初裁,其认定工期迟缓的责任归结于承包商,雇主遂在工程师的建议下终止了合同,另寻新的承包商。尽管承包商明知工程师所作裁定往往偏向于雇主一方,很难做到居中裁断,但这却属于国际工程合同争议解决所无法逾越的必经阶段。此后,承包商因不满于工程师的决定,又将争议提交至国际仲裁庭解决,由此可见,我国当事人尤其是我国承包商在适用 FIDIC 合同条件时,很可能对工程师裁决程序产生某种不适用,而这归根结底取决于最初在选定 FIDIC 合同条件适用于其国际工程承包合同时没有做出通盘考虑。事实上,FIDIC 合同条件并非“硬法”,当事人在基于意思自治原则对其进行选用时,应事先做好风险评估,并对其中某些条款进行变通,以特别约定覆盖或更替固有的条款。[①]

再如,中国某承包商在东南亚某国家承接的跨境城市铁路建设工程项目中,双方的国际工程承包合同选择 EPC 合同条件。合同中明文约定,承包商负责工程沿线的拆迁,雇主协助承包商开展此项工作,且承包商应在 3 个月内尽快完成此项任务,以免对工期造成延误。孰料,开工后,业主虽如期预先支付了拆迁费,但因沿线居民对补偿标准不满,引发了激烈的矛盾,最终借助于当地军队及保卫人员的介入才免于恶性事件。由于拆迁工作耗费了较长的时间段,工期受到了严重影响并引发延误。后在合同双方的协商下,工期暂停并予以延长,但雇主并没有为承包商支

---

① 张晓君主编《涉外工程承包法律实务》,厦门大学出版社,2017,第 63 页。

付任何因窝工所引发的损失。为此,究竟应由承包商自行承担因工期延误引发的损失,抑或由业主予以承担或者部分承担,合同本身没有做出非常明确的约定,便只得通过法律适用予以解决。具体而言,鉴于订约双方没有在合同中对法律适用及准据法做出明示约定,故而主要适用工程项目所在国关于拆迁的强制性规定,同时辅之以对合同本身进行文义解释及目的解释。根据当地国家的国内法,承包商的拆迁义务仅限于就铁路沿线施工现场居民建筑物的拆除,这些义务更多是劳务性的付出,至于拆迁许可、补偿、安置等程序的办理,则由业主负责,据此,本案中因拆迁费无法达到令拆迁沿线居民满意而引发的冲突以及这些冲突激化所引发的工期延误,其责任不在于承包商一方而在于业主一方。由此可见,通过法律适用这一环节,可以回应合同本身所未能具体约定的待决问题。

第二节　我国企业国际工程承包合同法律适用的典型案例

国际工程承包合同的法律适用问题不仅在学理上极具争议,在实践中也常引发纠纷。相比于国内工程承包项目,国际工程承包合同复杂得多,具有更强的风险。因此,对中国企业而言,如果意图以承包方身份承接国际工程项目并订立国际工程合同,必须充分了解海外工程所适用的国际惯例和当地法律,在签约和履约的各个环节高度警惕,从而最大程度上预防并降低风险,为自身提供充分的法律保障。

一、国际工程承包合同法律适用问题的复杂性

2009 年,中国铁建股份有限公司与沙特阿拉伯王国城乡事业部签订了国际工程承包合同,由中铁建承接沙特的轻轨工程建设。合同采用 EPC 总承包模式,中方作为承包方,全面负责项目设计、采购、施工、运营、维护。在合同履行过程中,虽然施工进展屡遭不顺,但中铁建投入大量的人力、物力、财力全力以赴。2011 年 11 月,项目竣工,轻轨工程正式通车运营,中铁建声称在该项目施工建造过程中遭受了 41 亿元人民币的巨额亏损,这在国际工程界引起了广泛的反响。从公开的信息显示,沙特政府为了建造该轻轨项目,曾经多次开展招投标,最初邀标对象主要是沙特国内以及中国以外其他国家的承包商,在招标失败后,才邀请中铁建投标。相比于其他承包商,中铁建的报价远低于其他施工企业,同时在国际工程承包合同审核与谈判方面十分粗糙,始终寄望于通过中沙两国政府官方层面协调解决工程争

端，而忽视了合同条款的重要性。经分析，中铁建在这一国际工程项目中遭遇亏损的原因在于对涉外合同法律适用缺乏准确的预估。鉴于国际工程承包合同天然具有跨国性，各合同主体之间交易的顺利展开受到国际政治、经济等因素的多重影响，合同的履行不但取决于中国法律的调整和支配，还将适用工程所在地法律、国际公约、国际惯例、国际标准，其中项目所在地的强制性规定尤其不容忽视。特别是，在当事人因合同履行而涉诉时，法院地还可能利用公共秩序保留、强制性规定等制度而对合同的法律适用加以限制，故而法院地法也应予以充分考虑。[①] 而对中铁建而言，其不仅对沙特的国内法未予深入调研，且在招投标、工程标准、经费预算方面存在不少疏漏。

具体来看，中铁建在本案中承接的国际工程项目实施地位于伊斯兰的圣地麦加，此处不容许非穆斯林入场，故此承包方在施工过程中前期准备不足，临时寻找大量当地劳工，并且为了获取居住签证和施工许可证耗费了大量精力。此外，就EPC合同模式而言，承包方虽然拥有设计权、采购权、施工权，但是同时也承受了更多的责任和更高的风险。[②] 在本案轻轨项目建设期间，苛刻的合同条件对实际施工形成了不合理的牵制，发包方对建设标准和施工细节频繁更换，且对设备和建材的审批之后，客观上干预甚至夺取了承包方在施工和设计方面的主动权，同时将各类责任转嫁于承包方，导致了严重的权责不对等的情况出现。换言之，在决定签署EPC模式的国际工程承包合同之前，承包方必须对可能出现的风险以及相应的权责做好充分的前期调查及评估，避免因不熟悉合同履行风险而诱发额外的不必要争端。

二、国际工程承包合同内容变更引起的法律适用问题

中国某建筑公司在东欧承包了某国际工程项目，负责写字楼的施工和建造。经协商，双方当事人签订了国际工程承包合同，合同中明确就所适用的法律做出了约定，即适用工程所在地国家的法律。在项目实施过程中，工程施工所需要使用的工程材料价格飞涨，为此，双方经过协商，对合同涨价及工期顺延等具体事宜做出了调整，变更了工程合同的内容，并为此达成了一份会议纪要。不过，在涉案工程项目继续推进过程中，承包方依然需要大量垫资，故其向发包方提出要求，希望调整合同价格，发包方虽然口头应允并承诺调价、垫资，但始终未付诸行动。为此，承

① 肖芳：《涉外合同法律适用中法院地公共利益保护方法的厘清及取舍》，《法学》2021年第4期，第151页。

② 陈学云：《国际工程EPC总承包经济合同管理》，《时代金融》2020年第27期，第126页。

包方暂停项目施工，导致工程陷入停滞和烂尾状态，发包方则以承包方违约在先导致合同目的落空为由解除了该国际工程承包合同。随后不久，发包方依据合同中订立的仲裁条款提起了国际商事仲裁要求索赔。在仲裁进行阶段，双方的争议焦点之一在于经会议纪要达成的更改原工程承包合同内容的意见是否构成对原合同的修改？对此，发包方义正词严地认为，该会议纪要不具备合同的效力，原因是根据涉案合同的规定，当事人如果变更合同，必须另外签订书面补充协议，并且由发包方所授权的代表予以签字，方可发生相应的效力，由于在会议纪要上签字的代表未经过发包方授权变更合同，故会议纪要不产生变更合同的效力。承包方亦据理力争，声称该会议纪要实质上已经具备了补充协议的效力，发包方的谈判代表签署该会议纪要后，发包方明知其内容对原合同进行了变更，却未及时提出反对，且项目代表也提出同意调价，故业已产生了表见代理效果，发包方理应承担相应的法律责任。鉴于合同中明确约定适用工程所在地法，发包方指出，依据该国法律，表见代理具备严格的适用范围，仅适用于法律列明的情形，如公交车售票员、商场售货员等。最终，仲裁庭采纳了发包方的主张，并裁决承包方承担相应的法律责任。

这起案例反映出，法律适用问题在国际工程承包合同变更引起的纠纷处理中至关重要。依据当事人意思自治原则，各方协议选择的法律将成为决定与合同有关的一切争议的准据法。[①] 在对外承包国际工程项目的过程中，如果合同中已经对法律适用做出了约定，则我国的承包方及发包方需要遵照所约定的法律对合同成立、效力、变更、解除、终止、违约等事项加以判定。[②] 换言之，在合同中业已选择适用外国法时，当事人便不能先入为主、想当然地以中国法作为解释合同的标准。也正因如此，在对外谈判和商签国际工程承包合同时，需要慎重决定究竟选择哪一国家的法律。[③]

三、国际工程承包合同中法律选择条款的实践意义

1997 年，我国内地某中外合资公司以发包方的身份同承包方在香港特别行政区公司注册成立的公司签订了工程承包合同，由后者在我国内地大连市承建某工

① 白雪涛：《国际工程总承包合同法律适用问题探析》，《现代国企研究》2015 年第 8 期，第 176 页。

② 何铁军、王永强：《国际工程承包合同法律适用的完善》，《大庆师范学院学报》2007 年第 6 期，第 80 页。

③ 严骥：《浅谈国际工程承包合同中法律适用条款的选择》，《中国石油和化工经济分析》2008 年第 9 期，第 56 页。

程项目。合同中明确约定:合同履行期间,应适用中华人民共和国法律解决有关纠纷;如有争议,应以仲裁方式解决;对于中国法律所未予规定的事宜,仲裁员有权依据合同条款及国际惯例加以处理。后该工程项目竣工后,内地公司拒绝如约向香港公司支付工程尾款,且内地公司于竣工数月后以工程项目存在缺陷为由要求承包方予以修补,承包方于是向我国内地法院提起诉讼主张索赔,发包方则以双方存在仲裁条款为由要求法院暂缓审理。2000 年,发包方依据合同约定向香港国际仲裁中心提出仲裁申请,要求承包方就工程质量缺陷造成的违约损失予以赔付,承包方则提出反请求。为了尽速解决纠纷,发包方在开庭审理之前主动提出希望进行和解,最后发包方主动偿付了尾款约 2 100 万元人民币。[①]

从争议焦点来看,本案主要涉及两个主要方面:其一,工程保修期和验收所产生的工程质量瑕疵归责问题;其二,保修期届满后跨境工程项目质量瑕疵的归责问题。在仲裁程序中,仲裁庭需要依据合同关于法律适用的具体约定来确定依据何种规则裁断。具体来看,鉴于合同中订明了以中国法律为准,故案涉争议的解决应当尊重当事人关于法律适用的合意约定,以中国法作为裁判基准,至于中国法律所未尽事宜,则应适用合同自身关于双方权利义务的规定,并考虑国际惯例的适用。据此,本案工程承包合同纠纷的解决,应遵照中国法律、合同约定、国际惯例这一基本顺序。正是由于对法律适用问题有了比较明确的预判,本案承包方才最终接受了法律顾问方面对争议审理结果的分析和建议,并与发包方达成了和解。由此不难看出,国际工程承包合同中对法律适用和争议解决进行约定将产生十分重要的现实意义。一方面,国际工程承包合同如果适用不同国家、不同地区的法律,将对各方当事人权利义务产生显著不同的影响。对我国承包商而言,在对外商谈合同时,如果能够争取采用大陆法系国家的法律作为准据法并予以适用,远比选用英美普通法更为容易理解和判断。另一方面,在国际工程承包合同履行中,各国法律、合同条款、国际惯例可能存在一定的不一致乃至相互冲突、矛盾的情况,通过合同明确这些不同类型的法律规范彼此之间的适用顺位,也颇为重要。

四、国际工程承包合同中工程所在地法的适用与限制

1993 年,中国建筑公司通过招投标方式获得美国某集团公司商务楼工程的设计与施工项目,并签订了国际工程承包合同。根据合同的约定,发包方将负责采购有关建材、器械及设备。在该合同履行过程中,由于发包方未能如期按照要求采购并向承包人交付相关建材和设备,承包方无法按期开工并导致工期延误,于是承包

① 张晓君主编《涉外工程承包法律实务》,厦门大学出版社,2017,第 208 页。

方向发包方主张索赔并要求后者承担应逾期交货所产生的延误责任。发包方生产,其业已在英国某出口商处采购了本案国际工程承包合同履行及工程建设所需要的建材,并且业已收到来自卖方的装船通知,提单、信用证等金融单据也已收悉,至于缘何迟迟未能收到相关建材设备,发包方称自己亦不知情。此后,发包方于规定时间70天后收到英国卖方运来的建材。对此,承包方坚持要求应由发包方承担相关预期及延误损失,发包方则予以拒绝,并指出建材及设备延误到达系出于海上遭遇风暴,因此属于不可抗力,发包方应当免于相应的合同责任,且英国卖方、海运承运人亦非责任人。经协商未果,最终承包方尽其所能地加速开展工程项目,但仍然导致竣工期限超出原定计划近30天。经验收,发包方认可承包方所负责完成的工程质量,但在对费用进行结算时,发包方仍然扣除了因逾期30天所造成的罚金,承包人对此表示不满,于是将争议诉至美国法院。经美国法院适用美国法律审理,案件最终判定发包方胜诉,中国承包方为此应支付300万美元的逾期罚金。

本案引起我国涉外工程承包业界的热议,一方面,本案暴露出了因国际工程承包合同缺乏对不可抗力、竣工期限起算标准、竣工验收及费用结算的清晰规定,可以说是合同起草方面的教训;另一方面,本案也折射出因合同选择适用以工程所在地法即美国法作为准据法、以工程所在地法院管辖即美国法院作为管辖法院所引起的法律纠葛。通常认为,虽然无论在任何国家的法院提起诉讼,法官均应保持相对的中立,在公允的前提下就双方诉求加以审理并裁决,但国际民事诉讼中难以绝对克服地方保护主义的弊端,各国法院或有意或无意地会对本国当事人的权益予以倾斜性保护,平等对待内外国人、平等对待内外国法律虽然是比较理想的多边主义所追求的目标,但实践中落实起来却存在重重困境。也正因如此,更多的国际工程承包合同中往往选择第三国法院诉讼或选择以国际商事仲裁方式解决工程纠纷。当然,除了对争端解决方式的选择,更重要的是对法律适用问题的判定。难以否认的是,工程所在地法在国际工程承包合同法律适用中居于核心和首要地位,这着重体现在如下方面。

(1)工程所在地法律中关于国际工程承包合同的履行设定了各方面的限制,尤其是关于人员准入、劳动保护、安全生产、环境保护等。

(2)工程所在地法律体系很可能与承包人本国法之间存在显著差异乃至根本冲突,大陆法系与英美法系的法治差异及法律冲突在很大程度上导致了合同纠纷的解决愈发困难。

(3)工程所在地法律中可能存在对某些合同条款效力的否定,由此使国际工程承包合同当事人的意思自治受到侵蚀,例如《伊朗宪法》第968条即规定:如果合同的一方当事人是伊朗公民,且合同在伊朗签订,无论各方当事人就合同所适用的法律做出何种约定,均必须适用伊朗国内法律解决合同问题。

(4)工程所在地往往加入了某些国际条约,例如双边投资保护协定、自由贸易协定、区域贸易协定、避免重复征税协定等,这些条约大多纳入了以实现公平公正、非歧视交易为目标的国民待遇和最惠国待遇,并且就外汇自由转移、征收及国有化补偿、战争内乱罢工等风险导致的损失补偿做出了较为详尽的规定,这些对国际工程承包合同的法律适用具有相当重要的影响,不容忽视。

五、国际工程分包合同的争端解决及其法律适用

中国某海外工程公司承包了波兰的大型基础设施建筑工程项目,承包商与分包商均为中国公司,承包方与发包方订立国际工程总承包合同后,转而与分包商订立了分包合同。此后,工程项目按期在波兰进行开工建设,但开工仅一年后,发包方就提出解除合同、终止国际工程项目建设,并提出巨额国际索赔。相应地,承包方与分包方也随之产生违约争议。在涉外索赔诉讼中,双方当事人在中国法院就本案的法律适用出现严重分歧,一方当事人坚持本案应适用工程所在地法即波兰法律审理,另一方则据理力争,以承包方与分包方作为双方当事人均属中国法人为由认为应该适用共同属人法即中国法审理。由此产生了国际工程承包合同的法律适用问题。

本案暴露出国际工程分包合同在争端解决环节所面临的法律适用难题。实践中情况的复杂程度可能比本案有过之而无不及,当同一国际工程项目涉及多个承包商、多个分包商时,如果其分属于不同国家,则法律适用冲突和管辖权冲突将更为激烈。根据我国《建设工程施工合同(示范文本)》,工程施工合同纠纷可以选择诉讼或者仲裁方式解决。① 但是,由于涉外工程的业主、承包商、分包商分处于不同国家,发生纠纷后究竟适用哪国法律,在实务中尤其困难。我国现行法律没有就涉外工程总包合同与分包合同的法律适用问题做出区分,FIDIC 合同条件也没有就国际分包合同的法律适用做出特别限制或特殊约定。结合其他国家的法律实务,在涉外工程承包合同引起的诉讼中,尽管多采取专属管辖条款和单边冲突规范,要求涉外不动产纠纷只能在不动产所在地的法院管辖并且适用不动产所在地的法

① 该范本存在 1999 年版本、2013 年版本、2017 年版本等多个版本,其中 2017 年版范本第 3.5.1 条就分包做出了一般性规定,根据该条款,原则上承包人不得将其承包的项目转包给第三人,或将其承包的全部工程肢解后以分包的名义转包给第三人。第 3.5.2 条规定,即使经过发包方同意,承包人在进行分包时也必须遵守专用条款的约定。

律。[①] 但是,根据物债两分原理,对于涉及不动产建设的合同并不必然受制于不动产所在地法,而是开始逐渐呈现出一定的松动,同样允许纳入意思自治原则由当事人明示或默示选择准据法。[②] 结合我国现行的国际私法立法和司法解释,虽然对国际工程分包合同的法律适用未做特别规定,但是不应当将其直接纳入物权冲突规范的调整范畴,而是应当将其纳入合同冲突规范的调整范畴,即遵循意思自治和最密切联系的调整。[③] 特别值得一提的是,在由中国国际私法学会起草的《中国国际私法示范法》第 101 条中,没有专门考虑到分包合同法律适用的特殊性,而是将其统一归入为国际工程承包合同,采取了当事人协议优先,在没有准据法选择的协议时则适用最密切联系,最密切联系地默认为工程承包合同应当适用工程所在地法。即便如此,不应否认的是,国际通行的主流趋势目前主要是以当事人意思自治为主、以最密切联系原则为辅的法律适用标准,而考虑最密切联系的因素时,不独涉及工程所在地,还要顾及各方当事人的法人营业地,落实到前述的案例,鉴于承包方与分包方均为中国法人,适用中国法律解决位于波兰的国际工程分包合同纠纷,并无不当。

六、国际工程承包合同履行期间劳务用工的法律适用

新德里国际机场航厦大楼工程项目建造过程中,需要二百余名中国的技术人员负责安装玻璃幕墙。为了顺利开展工程项目的建设和推进,新德里国际机场管理局向印度政府提出申请,希望能够批准中国专业技术人员的入境工作签证,以协助完成有关工程项目。然而,这项申请最终遭到印度内阁国家协调委员会的拒绝,且相关的原因并未公之于众。在获知内阁委员会拒绝签证申请后,机场当局不得不另寻出路,在没有新增技术员工的基础上继续推进安装工程的项目建设。通过这一典型案例不难发现,掌握专业技术的劳动对于国际工程承包合同的成功履行至关重要,工程项目所在地关于劳务输出输入的相关法律及政策直接决定着国际工程承包合同项目的落地和执行。值得注意的是,从宏观视角来看,劳动者、用人单位、用工单位之间的跨境劳务雇佣法律关系虽然构成整个国际工程承包合同履行中的一个环节,故而受到整体法律适用的调整,但是雇佣合同及劳务用工本身具

---

① 韩秀丽:《论涉外不动产合同的法律适用》,《海峡法学》2012 年第 1 期,第 99 页。

② 刘仁山、黄志慧:《国际民商事合同中的默示选法问题研究》,《现代法学》2014 年第 5 期,第 147 页。

③ 宋晓:《意思自治与物权冲突法》,《环球法律评论》2012 年第 1 期,第 77 页。

有较强的独特性,因此在法律适用方面需要予以特别关注。

在国际工程承包实践中,工人的雇佣、食宿安排、报酬支付、劳工保护等问题主要由承包方负责。鉴于每项国际工程的具体情况各异,对于那些以劳动密集型为主的工程项目,通常可以重点从工程所在地的劳动力群体中进行雇佣,而对于那些技术密集型或知识密集型为主的工程项目,有时则需要从境外甚至从第三国聘请专业劳动力或技术管理人员,此时就涉及对外劳务输出所引起的法律冲突及其解决。对于必须从境外聘请和雇佣员工的情形,一方面需要考虑到劳务输出地的法律,另一方面需要考虑劳务输入地的法律,在遵守相关法律限制的前提下履行特定的程序并办理相关手续,以此保障国际劳动关系的正常有序进行。具体来看,为了保障本国劳动力群体的充分就业,排除外来竞争,有些国家的法律在外国劳务向本国输入方面设定了一定的禁止或限制性措施,比如不允许一般性劳动力进入,仅允许技术性及管理性人才的进入,或者对可引入外来劳工的数量或比例设定上限,不能超出此种专门限制,或者对本地劳动数量或比例设定下限,不允许本地劳动者低于此种特定比例。换言之,在能够以工程所在地本地的劳工作为工人来源的前提下,各国普遍限制外来劳动力的涌入,这就构成了明显的本地优先原则。再者,在中国企业对外承包国际工程项目并履行国际工程承包合同的过程中,还必须估计工程所在地的民族及风俗习惯,譬如部分中东国家要求相关工程的建设只能雇佣穆斯林完成,拒绝对外国劳工签发工作签证。对于中国承包商而言,还要特别遵守工程所在地法律当中关于劳动者保护的规定,其中包括最长工作时间的限制、最低工资的限制、社会保障方面的要求、安全保护方面的要求,等等。

特别值得一提的是,对于国际工程承包过程中可能发生的工伤事故,原则上亦应由承包商担责。不过,我国现行《劳动法》并没有明确规定中国劳动者在海外工作过程中遭受的伤亡如何予以赔偿,而各国劳动法中关于本国境内工伤赔偿的法律规定存在一定的冲突,由此便涉及国际工程承包中工伤索赔的法律适用。[①] 对于这一问题,又可依据情形的不同区分为我国劳工在境外施工过程中发生的工伤事故索赔以及外国劳工在我国进行施工过程中的工伤索赔,对于我国承包商而言,重点关注的前一类情况。如果有关工伤索赔诉讼在我国法院提起,则主要依据我国《涉外民事关系法律适用法》第 43 条关于涉外劳动合同的冲突规范决定法律适用。[②] 对于这一条款,其在实质上采用了最密切联系原则,将劳动者工作地作为首

① 孙国平:《论涉外劳动合同准据法之确定》,《法学》2017 年第 9 期,第 115 页。

② 张珠围:《涉外劳动关系的法律适用》,《人民司法》2020 年第 22 期,第 57 页。

要联结点，辅之以用人单位主营业地法，在一定程度上体现了弱者利益保护的立场。[①] 不过，也有观点对这一条款提出了相应的批判，指出该条法律适用规则绝对地排除了当事人意思自治，又没有设定明确的例外条款，在措辞上稍显随意，仍然存在有待完善的空间。[②] 从合理性上探讨，为了使参加国际工程承包合同履行的劳动在工伤保险及赔付方面得到妥当的解决，实际上有必要对工人的来源进行基本的区分：对于在工程所在地当地雇佣的劳工以及第三国劳工而言，较为合理的方式是适用工程所在地的劳动法予以赔偿；[③]对于来自承包商本国受到劳动派遣协议支配的劳动而言，如果其向我国法院提出索赔，则有必要区分其在工程所在地是否加入相关的工伤保险。[④] 如雇员业已加入当地工伤保险或社会保障系统，则优先按照工程所在地法律确定赔付标准，至于当地标准显著低于我国标准的，有必要兼顾我国劳动法中关于劳动者保护的强制性规定，以我国的国内工伤赔偿标准作为计算依据补足当地标准下所不能涵盖的差额。

第三节　国际工程承包合同违约救济与争议解决的法律适用

我国承包商与业主在谈及国际工程承包合同的法律适用时，最直观的体会和最频繁出现的场合即对国际工程承包合同中的违约主张救济以及在国际工程承包合同争议解决中提出诉求和抗辩。故而，违约救济和争端解决，实际上是具体应用国际工程承包合同法律适用原理与立法的活动。对我国当事人而言，就违约救济中所常见的法律冲突予以甄别，就国际工程承包合同争端的多元解决机制及程序加以探讨，是了解和熟悉国际工程承包合同法律适用的重要前提，而在这些重要的场合中所发现的问题，据此提出相应的解决办法，是完善我国国际工程承包合同法律适用的有效突破口。

---

① 黄晓原：《论涉外劳动关系认定的法律适用》，《重庆理工大学学报（社会科学）》2020年第2期，第113页。

② 罗芳：《我国涉外劳动合同法律适用规则探析》，《成都理工大学学报（社会科学版）》2018年第4期，第20页。

③ 王梦豪：《涉外劳动合同适用法律中的利益保护》，《天津市工会管理干部学院学报》2015年第4期，第37页。

④ 郭璐瑜：《涉外劳动合同中“直接适用的法”之适用问题研究》，《企业技术开发》2016年第20期，第118页。

一、国际工程承包违约救济的冲突及法律适用

(一)国际工程承包违约救济的法律冲突

国际工程承包合同的法律适用及争议解决,归根结底是合同法的国际适用问题。合同法是各国法律体系中不可或缺的关键一环,广义上的合同法,不单单包括一国国内立法机关制定的合同法,还包括该国加入的关于合同的国际统一实体法及冲突法公约,同时也囊括可适用于该国的合同方面的国际惯例。故而,与国际工程承包合同相关的合同法是一个难以进行条块切割的法律规范系统。[①] 虽然各国的立法架构和规制路径不一,但作为完善的现代化法治国家,合同法都是重要内容。在合同法的内涵方面,通常会就合同的订立、合同的效力、合同的解释、合同的履行、合同争议的解决等做出规定。在合同的履行方面,如果存在一方不履行或者履行不当,将引发违约责任。受损者可针对违约者寻求违约金或其他的违约损害赔偿。在国际工程承包合同的履约过程中,同样存在着违约救济问题。[②] 从理念层面来看,订立合同的双方当事人有义务确保合同所载明的权利义务关系予以实现、贯彻、执行。在与合同相关的国际公约、国际惯例、示范法、国际软法中,同样奠定了缔约必守原则。换言之,私人之间经过自由意志订立的合同在彼此关系的确定中具有法律上的拘束力,任何一方都应当严格按合同约定全面、适当、充分履约,否则将承担相应的合同责任乃至法律责任。

不过,各国的合同立法在违约方面存在法律冲突,这也是难以否认的客观现实。这些冲突包括但不限于:判定合同是否履行的标准存在冲突、合同不履行所产生的后果存在冲突、因违约所导致的救济方式、赔偿责任等存在冲突。鉴此,国际工程承包合同履行中的索赔争议,实际上需要结合国际私法规则予以判定,属于典型的法律选择与法律适用问题,即国际法意义上的合同请求。[③]

(二)国际工程承包违约形态及免责事由

结合国际上常用的国际工程承包合同范本、各国的合同法立法、国际工程承包

---

① Martins Pedro S, "Should the maximum duration of fixed-term contracts increase in recessions Evidence from a Law Reform", *International Review of Law & Economics*, Vol. 68(2021), p. 27.

② David A. Griffith, Yanhui Zhao, "Contract Specificity, Contract Violation, and Relationship Performance in International Buyer-Supplier Relationships", *Journal of International Marketing*, Vol. 23, No. 3 (2015), p. 22.

③ Edwin M. Borchard, "Contractual Claims in International Law", *Columbia Law Review*, Vol. 13, No. 6 (1913), p. 457.

合同的争议解决实务、国际合同法方面的学理来看，对违约的理解，若从主体角度进行分析，总体上涵盖了业主的违约、承包商的违约。但严格来讲，在订立国际工程承包合同之前，对中标通知的违反，尚不属于违约，鉴于此时尚不存在已成立和生效的合同，故而至多可被理解为合同订立前的缔约过失责任，可基于诚实信用原则对行为人主张相应的损害赔偿责任。通常认为，在合同履行过程中发生下述行为之一者，即构成违约：一方面，对于业主而言，未按要求提供施工条件①，未按要求支付工程款，未按合同约定提供材料、设备、图纸，指定分包商违约②，工程师工作失误，法律、合同规定的其他违约行为等，均属违约；另一方面，对承包商而言，因其自身原因或者是可归责于承包商的原因导致的工期延误③，因其本人的原因造成的施工缺陷、私自转包或分包④，可归咎于承包商的分包商违约，承包商不履行支付义务等，均属违约。⑤

值得一提的是，违反中标通知书，是否属于狭义上的国际工程承包合同履行中的违约行为，存在不同见解。所谓中标通知书，专门指的是通过招投标方式订立的国际工程承包合同，招标人在通过投标、竞标、开标、评标、定标等环节，最终确定中标人后，由招标人向中标人发出的关于其已中标的书面通知文件。一种观点将中标通知直接视同为合同，无论招标方抑或中标的投标方不履行，均属于实质上的单方毁约，故而应予承担违约责任。另一种观点认为，招标行为属于国际工程承包合同订立环节的要约邀请，投标行为属于要约。⑥ 一旦招标人确定中标人并向后者发出中标通知，即视为其接受了投标，故而中标通知具有承诺的属性。但关键是，发出中标通知，是否就意味着国际工程承包合同已经订立？换言之，承诺发出后即导致合同成立？抑或承诺到达后才导致合同成立？对于承诺生效的时间节点，各国的立法显然存在差异，有的以“到达主义”作为基本标准，另一些则以“发出主义”作为基本标准，这显然存在严重的法律冲突。对此，UNCITRAL《货物、工程和服务采购示范法》采取“发出主义”，而我国《民法典》（合同编）则传承了原有《合同法》的“到达主义”。依据我国《招标投标法》第45条之规定，中标通知书对双方均具

① 苟伯让：《建设工程合同管理与索赔》，机械工业出版社，2003，第186页。

② 史振龙：《建筑工程合同管理特点的阐述》，《建材与装饰》2017年第8期，第114页。

③ 马丽燕：《国际工程建设的施工索赔问题分析》，《现代经济信息》2019年第3期，第340页。

④ 佘立中：《建设工程合同管理》，华南理工大学出版社，2001，第206页。

⑤ 康飞等：《国际工程提前终止情况下LD条款的适用性分析》，《国际工程与劳务》2021年第3期，第66页。

⑥ 项平：《中标通知书发出后拒签合同的法律责任》，《中国招标》2020年第9期，第67页。

有拘束力，由此实际上创立了《民法典》以外的特殊规则，即尽管《民法典》(合同编)对承诺才“到达主义”，但对于适用我国法律订立的国际工程承包合同，承诺的效力采“发出主义”。当然，承诺的生效，并不必然等同于合同的成立，而是采取区分处理：对于非要式合同，承诺生效即导致合同的成立，但对于要式合同，则还需要满足特定的形式要求。而实际情况是，由于国际工程承包合同往往关系到多重利益，具有法律适用上的复杂性，各国往往对其设定的特定的形式化要求，其中就包括对招投标订立的国际工程合同应当采取书面形式、必须经过当事方签字及盖章，有些国家甚至要求相关部门对此类合同加以审批，故而，承诺的生效还不能必然径直导致合同成立。

合同成立生效后，如果当事人不履行或者不适当地履行合同，都要负违约责任。但是，如果不履行的原因并非出于债务人自身的原因或债务人所能够合理预见到的情况，而是出于某种意料之外的风险或事故，致使合同的履行事实上已经归于不可能，则法律往往允许当事人订入例外条款或免责条款。相比于普通的商事合同，国际工程承包合同具备特殊性，例如工程项目的特殊性、工程项目内外部环境的复杂性、参与工程建设主体的多元性、工程合同的复杂性及易出错性、工程项目的风险巨大等，故而在免责条款的设计方面也有所不同。[①] 根据国际上常用的合同条件及部分国家的立法条款，国际工程承包合同中的免责包括但不限于：施工地质条件变化、恶劣的自然条件、合同矛盾和缺陷、合同变更(具体涵盖工程设计变更、工程量的增减、施工质量的变化)国家政策、法规的变化、货币及汇率变化、战争和内乱等社会、政治事件等。工程项目管理的核心是合同管理，而合同管理的关键又是违约后的救济管理。长期以来，由于受计划经济体制的约束，中国工程界没有形成严格意义上的工程违约救济，法律观念和合同意识的淡薄。中国公司在实际的施工过程中，主要关注于对工程施工的质量和进度，但救济意识甚为薄弱，没有充分重视国际工程承包合同违约救济的法律适用。对于当事方的违约行为，较为消极被动，对界定损害的证据缺乏留存意识，对法律适用更是缺乏缜密的思考。在国际工程承包合同履约过程中，业主和承包商的利益相对独立，双方均有权在适用法律的基础上最大限度地争取利益，而及时明确法律适用，强化违约救济意识，对实现合同目的不可或缺。

(三)我国国际工程承包违约救济的现状

通常而言，国际工程承包合同的履行和项目具体施工的展开，必须按相应的国

① 刘尔烈：《国际工程管理概论》，天津大学出版社，2003，第1页。

际惯例来实行,此类惯例因为得到业界的普遍认可,而成为国际工程承包合同法律适用的重要渊源。事实上,前文第四章虽然将FIDIC合同条件定性为国际软法,但其条款的涉及实则是紧密围绕着国际惯例的成文化加以展开的,因而可以肯定其代表了若干国际工程界广为接受的惯例,可视之为国际惯例成文化的产物。在国际工程承包合同引发的违约救济方面,此类惯例的国际性和通用性较强,对合同订立、义务履行、项目惯例、工程施工、索赔与救济等具体的法律问题有着详细且明确的规定。据实践中的统计数据显示,国际工程承包,尤其是土木工程类的国际工程承包合同,近90%的项目选择适用按FIDIC合同条款起草合同并具体推进工程建设和项目施工,而FIDIC条件针对工期、工程师决定、招投标、违约救济、争端解决有着非常完整的框架安排和规则架构。不过,在我国现有的国际工程承包司法和仲裁实际操作层面中,真实的做法与FIDIC合同条款常常是大相径庭、存在显著差异。换言之,我国现有的关于国际工程承包合同法律适用及争议解决的做法从严格意义上讲并不是完全以合同自身的约定作为基础的。实践中,更为常见的情况是,承包商通过口头的形式向国际工程师提出相应的异议、申明自己的主张,遭到否定和拒绝后,便在很大程度上丧失了继续主张救济、寻求索赔的信心和勇气,而对维权有关的合同法律适用往往持漠视乃至完全不曾知晓的状态;相对有经验的承包商,可能更倾向于通过书面的方式提出异议,从而便于事后留存证据,但是却出于疏忽大意或不够专业,并没有在索赔的主张和请求中附具相关证明资料,证据资料的缺乏和不足往往导致最后的索赔难以取得预期的理想效果,甚至拱手将自身的权益予以放弃,这些情况困扰中国工程界由来已久,对于中国承包商订立国际工程承包合同、承接国际工程建设项目往往构成非常消极的不利影响,如果不予以改观,将大大挫败中国当事人参与对外工程承包的积极性。

国际工程承包争议的妥当解决,与国际工程承包合同的履约成本紧密相关,其对承包商旨在获得并实现工程营利的重要性,不亚于工程项目建设本身。当然,争议解决的目的是为了对违约行为造成的损失提供相应的救济,故而争议解决是手段,违约救济才是目的。相应地,无论对于业主,还是对于承包商,深刻把握和提升合同管理水平,不可或缺的环节之一是增进对违约救济中法律适用的重视。严格来讲,国际工程承包合同的法律适用是在争议解决中得以体现的,而此类争议的解决归根结底就是关于违约救济的法律适用。特别是,在过去相当长的一段时期内,我国工程承包界乃至整个建筑行业对国际工程承包领域的国际惯例和行业规则缺乏了解,对法律适用问题较为漠视,在一定程度制约了自身的市场潜力,形成了发展瓶颈,使之在国际工程承包市场中的优势难于发挥出来。要提升竞争力,首先就要确立正确的违约救济观念,形成体系化的法律适用思维,塑造国际工程争议解决和争议预防的意识，适时积极、主动地采取维权举措。

从建筑行业未来的前景和国际工程承包市场长远的发展来看，国际建设工程项目的质量和安全被视为百年大计，无论是发包方、承包方，抑或社会公众，其不独关注于国际工程项目的成本和收益，更看重于工程运营和使用的安全效能和质量保障。毕竟，国际工程承包合同的目标是旨在提供合格的工程项目，从而为生产和生活提供良好的环境。由于国际工程承包合同的标的存在固定性、投资大、周期长等诸多自身的特点，因而各方当事人（业主和承包商）比其他行业领域的生产商及经营者面临更高风险，在法律冲突中通过各类途径确定应当适用的法律，并在准据法的体系之内获得权益保障，是安全与效益这两项价值之间寻求平衡的出发点和立足点。

二、国际工程承包合同争议解决中的法律适用

（一）国际工程承包合同争端的诱因

国际工程承包合同的法律适用和争端解决问题是密切关联在一起的。在国际工程承包合同的订立与履行过程中，存在多重诱因，可能导致雇主和承包商发生利益冲突和观点分歧，此类分歧的扩大将构成所谓争端，具体涵盖以下几类情形。

第一，正如同法律具有滞后性一样，在合同谈判、起草与签订之际，各方当事人几乎不可能事无巨细地对国际工程承包中涉及的各种具体事项做出毫无破绽的约定。事实上，国际工程合同的内容既广泛，又复杂，所涉条目十分细致。具言之，国际工程承包合同中不仅需要就项目施工前的勘察测量、工程设计展开规范，而且需要涵盖施工中的物料供给、施工管理、竣工验收、维护修理等全过程。毫不夸张地说，国际工程合同履行中的每一个环节和步骤都不简单，而是囊括劳务、质量、进度、监理、计量和付款等问题。签约本身就是个复杂的工作，无论经验多么丰富，都不可能杜绝所有的争议。即使当前存在多种合同范本可供当事人参考，但每一项国际工程承包项目都具有较强的个性，试图以抽象的合同条款事先涵盖所有可能的纠纷，不具有现实可能性，工程争端的隐患无时不在。

第二，如前文所言，国际工程承包合同短则数年，长则数十年，时间跨度如此之长的合同履行期，极易发生缔约之际所完全无法预见的各种复杂情况，此即合同法中常见的“情势变更”问题。事实上，情势变更是国际工程承包合同争端的重要类型。具体而言，在漫长的合同履约期内，各种各样的政治环境、经济环境、法律环境、自然环境很可能影响国际工程承包合同缔约目的的实现和履行的期待。在新冠肺炎疫情全球大流行的背景下，对外劳务输出、国际工程承包、建筑行业施工等都在不同程度上受到波及，这种不确定因素的产生，极大地制约和牵绊了预期国际

工程承包合同目标的实现，其引发大量的工程争端，此类情形能否构成正当的履约抗辩、违约免责事由，需要首先确定法律适用这一先决问题。

第三，在国际工程承包合同的履行过程中，存在一系列连锁反应。概言之，国际工程承包合同并不是一份单一的买卖合同或劳动合同，而是多方主体之间彼此相互签订的不同类型合同共同组成的“合同群”，这些合同彼此间相互影响，有时会发生“牵一发而动全身”的多米诺骨牌式效应。① 通常，国际工程合同本身是在业主和承包商之间订立的，但合同内容的履行需要其他项目参与者的配合，譬如贷款方、监理工程师、供货厂商、分包商以及交通运输部门、工地现场的当地政府等。在处理任何方面的权利、义务关系时，一旦出现难以预见的非正常情形，都可能引发连锁反应，诱发国际工程承包合同争端。

（二）传统的国际工程争端解决方式及 DRB 的兴起

在国际工程承包合同履行期间，业主和承包商都有可能发生违约行为。对此，通常允许受损者就对方的违约行为寻求救济，此类救济需要通过争议解决的方式加以实现，而争议解决过程中绕不开法律适用问题。严格来讲，法律适用内嵌于争议解决之中，而争议解决本身也涉及法律适用，不仅包括管辖权的法律适用，还包括争议实体的法律适用。值得一提的是，此种法律适用不是狭义上的冲突法法律适用，而是更加宽泛意义上的法律适用，既包括冲突法上的法律适用，也包括实体法的法律适用，还兼涉程序法的法律适用，需要采取法律适用学上的体系对此加以全面掌握。在国际工程承包领域，常见的寻求违约救济的争议解决方式包括但不限于以下几类：协商、调解、斡旋、小型审理、工程师决定、争端评审委员会（DRB）、争端裁决委员会（DAB）、仲裁、诉讼等。② 在这些多元化的解纷机制中，诉讼的法定性较强，系由法院在法律的基础上对涉案争议出具有强制约束力的结论性处理意见。相较之下，其他的纠纷解决方法则更为灵活，且往往建立在双方合意的基础上，被统称为替代性纠纷解决机制（Alternative Dsipute Resolution，以下简称 ADR）。③

---

① 白雪涛：《国际工程总承包合同法律适用问题探析》，《现代国企研究》2015 年第 8 期，第 176 页。

② 师华、白莹莹：《FIDIC 合同框架下国际工程分包合同争议解决机制研究——兼论“一带一路”基础设施建设中的中国应对》，《国际贸易法论丛》2020 年第 1 期，第 202 页。

③ Marthinus J Maritz，“Adjudication of Disputes in the Construction Industry”，available at：https://www.up.ac.za/media/shared/Legacy/sitefiles/file/44/2163/8121/innovate3/innbl7879.pdf，September 19th，2021 last visited.

在国际工程承包合同履约过程中,争议是难于避免的。但通过实践的考察可知,国际工程争议并不适合通过传统的诉讼方式解决,这主要出于以下几方面的原因:首先,无论争端的起因是由于不完善的管理程序,或是不规范的采购程序,或是不充分的信息披露,其情况都颇为复杂,并涉及项目管理、法律解释、工程施工、经济测算等诸多专业性的问题。其次,国际工程承包合同的标的额通常较大,一旦付诸诉讼或仲裁,其费用成本不容小觑。再次,对争端双方来说,具有对抗性的诉讼程序,可能导致双方合作关系进一步恶化乃至于破裂,无益于后续工程继续推进,反而可能使损失进一步扩大。

业界通常认为,ADR 属于典型的非对抗性纠纷处理措施,其建立在双方友好协作、良好关系的基础上,采取 ADR 手段处理国际工程承包合同履行中的各类争议,在一定程度上有助于增进合作、求同存异、尽最大可能地保持住合同各方当事人未来的可持续发展,避免对承包商和工程业主的商业联系造成深度破坏。也正因如此,即便当事人对于司法胜诉的可能性具有高度自信,出于未来继续合作的考虑,其仍然青睐于采取某一类或多类 ADR 手段化解争讼。实践证明,采用 ADR 方式解决国际工程承包争议,在法律适用方面较为独特,即合约双方的自治性安排及合同条件、国际商业惯例的适用受到高度重视,至于国际条约、国内立法等严格实定的规范,则在法律适用中不占优势。选择 ADR,不仅可以大大提升工程争议解决的效率,从而节省诉诸司法所造成的时间和金钱成本,而且可以营造出良好的继续合作氛围,故而在国际建设工程行业中广泛应用,本节重点以争议解决方式为切入点,剖析其中所涉的法律适用问题。

1. 国际工程争议的协商解决

作为国际工程承包合同争议的解决方式,协商最为便宜,且成本较低,其通常是在无须第三方介入的前提下由争端当事方之间直接展开相应的商谈,经由相互间的讨价还价,在各方的期望值范围之内彼此间进行对价的交换,最后寻求各方均可接受的共同方案。一般来讲,协商解决并不属于严格意义上的法律适用,但是了解对己方有利的法律,并依据于相关的法律主张权益,无疑可为获得有利于己方的协商方案增加相应的筹码。但应注意,选择协商方法的同时就意味着,法律适用的因素并不是第一位的,相互之间基于对合同约定的信守和对事实的尊重进行互谅互让才是最为关切的。换言之,在协商过程中,业主和承包商要具备端正的态度,做到以下几点:公平合理、平等互利;讲究方式、多手准备;从低层次的谈判逐步向高层次协商过度,由浅入深,由表及里,不宜操之过急;特别是,双方在情况必要时可借助于非正式会见、相互递交证据材料,以缓和双方气氛。对于国际工程承包合同争议的协商程序,往往并无专门规定,大致须经历如下环节:第一,结合对事实的评价和对法律适用的分析,就谈判中各方的利弊进行充分预估,对己方的谈判主张及出价予以构思；第二，交换彼此的主张、理由和依据，提供己方所持有的信息，了解对方诉求；第三，在对事实和理由进行阐述的基础上，彼此在相互讨价还价的过程中分别做出让步、给出承诺；第四，彼此达成共同可接受的方案，允诺并确保协议得到遵守和履行。由于协商的程序完全依托于双方当事人的意思自治，往往没有第三方从中加以制约和主导，因而不排除进入破裂的可能，故而其往往需要与其他机制共同使用。

2. 国际工程争议的调解

国际工程承包合同的订约双方，既可选择在争端产生后引入调解人居中调解，也可在仲裁或诉讼过程中选择由仲裁员或法官进行仲裁或司法调解。随着 2019 年《新加坡调解公约》的签署，学术界和实务界对国际商事调解的研究逐渐进入白热化状态，而以调解方式解决国际工程承包合同争议，面临最大的问题便是调解协议的跨境执行。[①] 国际工程项目中的争端调解过程，本身就是不同文化发生碰撞与交流的过程，这是一项复杂的、具有挑战性的跨国界、跨文化的商事活动。相比于协商而言，调解中对法律适用的重视程度稍强一些，但是调解员的首要义务仍然不是适用法律，而是对双方的方案进行折中和协调，以期寻求中间方案。相应地，有学者提出，要想促进《新加坡调解公约》在我国的落地实施，离不开对中国调解员队伍的培育和建设，此言不谬。[②] 这在国际工程承包合同的调解中尤其必要。现实中，当案件在非当事人本国进行调解时，由于不熟悉当地的国际工程承包法律及惯例，亦不熟悉其当地的调解程序，故而有必要了解不同调解文化下的制度和理念差异。[③] 特别是，成功的国际工程争议调解程序，对调解人本人具有较高的要求，既包括对合约的深入了解，也包括对法律适用和惯例规则的熟练掌握，只有在全面了解共性和差异的基础上，才可较好地推动工程调解的有序展开。

调解不同于诉讼，其形式和过程较为灵活，在双方的一致安排下，调解可能在任何非正式地点进行。[④] 就耗时而言，简短的调解可能仅持续数个小时，复杂的国

---

① 宋连斌、胥燕然：《我国商事调解协议的执行力问题研究——以〈新加坡公约〉生效为背景》，《西北大学学报（哲学社会科学版）》2021 年第 1 期，第 21 页。

② 孙南翔：《〈新加坡调解公约〉在中国的批准与实施》，《法学研究》2021 年第 2 期，第 156 页。

③ 许军珂：《〈新加坡调解公约〉框架下国际商事和解协议效力问题研究》，《商事仲裁与调解》2020 年第 3 期，第 3 页。

④ Timothy Schnabel, "The Singapore Convention on Mediation: A Framework for the. Cross-Border Recognition and Enforcement of Mediated Settlements", *Pepperdine Dispute Resolution Law Journal*, Vol. 19, Issue 1(2019), p. 1.

际工程调解则可能耗费数个月乃至多年，并需要彼此进行多次会晤从而寻求共同可接受的解决方案。作为通行实践，调解的形式包括调解员、业主与承包商的联合会议，以及调解员与某一方展开的单独会议。[①] 据惯例来看，在调解未获成功时，双方当事人以及调解员均应当保守其在调解程序中通过对方披露所获得的信息，不得在未来后续的诉讼或仲裁程序中使用此类信息作为证据，其目的旨在于使双方能够最大限度地促成合作、无所顾虑地坦诚相待，避免过多地有所保留从而无益于调解协议的达成。[②] 对国际工程承包合同争议进行调解时，应遵循以下原则：第一，尊重当事人意愿原则；第二，公平原则，调解人在调解时，必须平等地对待双方当事人不能偏袒其中一方，不徇私情，公平合理解决问题；第三，合法原则，通过调解对争议达成的协议内容必须合法，不得与法律、法规相违背，也不得损害国家、集体、第三人的利益及社会公共利益。

3. 工程争议审议委员会（DRB）

国际工程承包合同的法律适用和争端解决问题是密切关联在一起的问题，二者互为表里，不可割裂。然而，常见的用来处理国际民商事争议的手段，如诉讼、仲裁、调停等，在国际工程承包合同争端的解决方面不一定契合，故而各国建筑界在集思广益的基础上创设了各种专门的国际工程承包合同争端解决机制。其中，具有代表性的例证即美国建筑业创建的 DRB。在 20 世纪 60 年代初期，建设业竞争日益加剧，社会中索赔意识兴起，使得工程争端层出不穷。雇主和承包商意识到国际工程争端解决耗费大量的时间和费用成本，遂试图寻求既能节约成本、又能快速高效解决争端的方式，于是 DRB 便应运而生。[③] 20 世纪 70 年代，美国的艾森豪威尔隧道工程国际合同首次采用了 DRB 方式，试图以此在工程施工的环节当中随时地解决各方意见分歧，尽量在早期预防并化解纷争，以免分歧恶化升级为争端。DRB 方式在实践运用中取得了较好的效果，保障了工程的顺利进行。位于美国华盛顿的邦德瑞大坝项目、阿拉斯加电站工程、洪都拉斯国际水利工程等相继借鉴了此种争端解决方法。在深入考察其内在优势、具体运作程序、法律适用实务的基础上，世界银行正式将 DRB 这一美国式方案纳入《国际工程采购标准招标文件》中，并逐步在国际上推广开来，这种方式常被视为 DAB 的前身，其对国际工程承包合同法律适用的重视程度介乎于调解与仲裁之间，但总体上应被归类为争端的事先

---

① Dorcas Quek Anderson, The Singapore Convention on Mediation: Supplying the Missing Piece of the Puzzle for Dispute Resolution, in Journal of the Malaysian Judiciary, November 2020, p. 2.

② 尹力：《国际商事调解法律问题研究》，武汉大学出版社，2007，第 118 页。

③ 张舒：《争议评审比较研究及在我国的适用建议》，《北京仲裁》2015 年第 2 期，第 128 页。

预防机制。

4. NEC 工程争端解决机制

新工程合同，简称 NEC 合同，由英国土木工程师学会编制，适用于土木、电气、机械和房屋建设在内的工程施工，主要用于英国和英联邦国家，也在其他国家和地区使用。NEC 合同引入了早期预警、补偿事件和裁决人等程序，作为消除争端隐患和解决争端的方式。早期预警特指当国际工程承包合同的一方当事人察觉任何可能对工程质量、工期、成本造成消极影响的事件，应当在第一时间向对方发出相应的警告，从而预防和减少争端。所谓补偿事件程序，是指非由承包商单方面过失所引起的事件，其有权合同价款及工期延误方面受到的不利影响和消极阻碍向业主方索赔，包括但不限于获得额外付款或延长工期。

5. 国际投资仲裁

近年来，与国际工程承包合同相关的争议开始被提交至国际投资仲裁庭加以解决。[①] 狭义上的国际投资仲裁，是指外国投资者私人与投资所在的东道国国政府官方之间因国家违反条约义务、损害投资者权益而进行的仲裁。[②] 据国际投资争端解决中心（ICSID）统计，2020 年全年该机构受理的投资仲裁案件中，建筑业所占比例高达 17%，仅次于石油、天然气和采矿业（合计 26%），且建筑工程承包合同引发的争端数量呈现出显著增加的趋势。[③] 具体而言，投资者之所以选择以国际投资仲裁而不是国际商事仲裁的方式主张索赔，其前提是试图主张国际工程承包合同构成案件所适用的投资条约下涵盖的“投资”，申请人属于条约下的“投资者”，且被诉东道国所采取的措施构成条约义务的违反。[④] 由此可见，国际投资仲裁中的法律适用，主要是围绕着条约的适用而展开的，需要将国际工程承包合同置于条约保护之内。值得一提的是，对外签订国际工程承包合同的中国当事人已经在数起投资仲裁案件中积极维权，如北京城建集团诉也门案、黑龙江国际经济技术合作公司等诉蒙古案等。相比于其他的 ADR 方式，国际投资仲裁的管辖权、实体争议、程序争

① Clea Bigelow-Nuttall, “International construction arbitration: a commercial and investment treaty perspective”, available at: https://www.pinsentmasons.com/out-law/analysis/business-usual-english-courts-supervision-arbitration, September 19, 2021 last visited.

② 黄杰:《ICSID 解决我国海外基建工程争端法律问题初探》,《广西质量监督导报》2021 年第 5 期,第 206 页。

③ ICSID, “The ICSID Caseload-Statistics”, available at: https://icsid.worldbank.org/sites/default/files/publications/The%20ICSID%20Caseload%20Statistics%20%282021-1%20Edition%29%20ENG.pdf, September 19, 2021 last visited.

④ 张建:《国际投资仲裁法律适用问题研究》,中国政法大学出版社,2020,第 42 页。

议、承认及执行等均离不开对条约的解释和适用,其法律适用不同于在各国的国内法之间进行法律选择,而是需要在不同国际条约之间,在国际法与国内法之间进行全面的衡量与评估。

6. 国际商事仲裁

如果不得不诉诸中立第三方解决工程承包争议,则国际商事仲裁较之于诉讼更容易被业主和承包商所接纳。实践中,真正选择通过向法院提起诉讼的方式解决国际工程承包合同争议的比例并不高,其远低于仲裁。仲裁本身是建立在当事人授权与法律认可基础上的 ADR,既具备必要的强制性和约束力,又不乏相对的灵活性和高度的自治性。具体到仲裁协议而言,如果工程合同中订有仲裁条款,则产生妨诉抗辩效力,当事人不得再向法院提起诉讼,但是否达成仲裁合意,归根结底又是当事人意思自治的产物,故而存在较强的自主性和灵活回旋的空间。[①] 尤其是,因仲裁中允许各方当事人有权对法律适用予以约定,且仲裁采取一裁终局,减少了争端解决的时间损耗和不必要的拖延,且最大限度地满足当事人对法律适用的心理预期和利益评估。

虽然国际商事仲裁广泛运用于解决国际工程承包合同争议,但 DAB 具有独特的优势:其一,仲裁具有一定的对抗性,并且通常情况下遵循一裁终局的模式。[②] 尽管这种对抗性弱于国际民事诉讼,但并没有因为仲裁的灵活性和自治性而完全消除。相比之下,DAB 传承了 DRB 所具有的争端预防功能,相比于一裁终局的国际商事仲裁,选择 DAB 的当事人存在事后救济和进一步申诉的机会。其二,DAB 方式效率高。在运用仲裁方式解决国际工程承包合同争议时,各方当事人往往要向仲裁庭提供大量文件资料和其他证据。此外,由于开庭审理和证据交换次数较多,双方常会僵持不下,故而仲裁常会耗时数年,其效率可想而知。相比之下,DAB 成员对工程承包项目的进度、质量、合同较为熟悉,比仲裁机构的仲裁员更了解工程的特定情况,对争端的评审、听证过程大大缩短,能更快速高效地对争端做出决定。如,FIDIC 合同条件推荐做出裁决的时间是 84 天,对于那些技术不复杂、工程较明确的争议,争议解决的实际耗时更短。[③] 其三,DAB 方式能够节省更多的时间和金

---

① 林洋:《论仲裁协议的调查方式》,《重庆大学学报(社会科学版)》2019 年第 2 期,第 145 页。

② 刘晓红主编《仲裁“一裁终局”制度之困境及本位回归》,法律出版社,2016,第 60 页。

③ 刘润等:《FIDIC 合同 DAB 争端解决机制:强制还是可选》,《国际经济合作》2015 年第 12 期,第 64 页。

钱成本。在国际商事仲裁中，律师费、仲裁员报酬、机构管理费等大多采取计时付酬的模式，以至于有观点认为，在国际工程承包合同争议仲裁中，争端双方都是输家，真正的赢家是律师、仲裁庭和咨询顾问。

概言之，相比于诉讼或仲裁等具有较强对抗性色彩的争端解决方法，运用DAB方式解决国际工程承包合同争议时，双方的心态相对平和，气氛不至于太过剑拔弩张，为彼此达成谅解和妥协的折中方案确立了较好的氛围。即使对DAB不满，仍然可以在此基础上再展开友好协商。通过比较可知，采取DAB方式解决国际工程承包合同争议具有其内在必然性及合理性。故而，研究国际工程承包合同的法律适用，离不开对DAB这一基本争议解决语境的分析。所有关于合同法律适用的探讨，最终仍然需要服务于具体个案中的争议解决，这恰恰是最能体现法律适用内在需求的实践环节。

（三）FIDIC合同条件下DAB的法律适用

根据GATS的分类，建筑业属于服务业，故而适用多边自由贸易体制下关于市场准入和国民待遇的优惠贸易安排。[①] 长期以来，全球建筑业市场保持着良好的发展态势，国际工程承包合同数量和标的额稳步增长。但是，风险与机遇相伴，无论是常见的国际合同风险抑或是外部环境的不确定性，都使国际工程承包合同的履约受到各方面因素的牵绊。自"一带一路"倡议实施以来，尤其是在公共设施领域，采用巨额的资本投入来对外开展大型工程项目的承包成为一种趋势。这样的大额交易意味着合同各方会涉及更高数额的索赔，易引发争端。从域外的经验中可以看出，社会不仅需要合理的争端解决方式，更需要一个首先能避免争端产生的机制。在这样的背景下，FIDIC开始在1995版橘皮书及1996年对红皮书的增补中引入了争端裁决委员会（Dispute Adjudicatory Board，简称DAB）。相比于其他的国际商事合同，国际工程承包合同的履约以工程项目的施工作为中心，表现出时间跨度长、技术难度大、合同主体复杂等特点，故而国际工程承包合同的争议解决也较为棘手。为此，国际工程界广泛采用标准合同文本的方式适用于工程争端的解决，其中以FIDIC合同条件最具代表性。在FIDIC合同条件下，事关争端解决的规定体现于DAB条款中，该条款的理解与执行是国际工程承包法律适用体系中不容忽视的重要一环。概言之，DAB是直接负责决定法律适用、解决国际工程争端的裁

① Jaydeep Mukherjee, "Deconstructing Service and Investment Negotiating Stance: A case study of India at WTO GATS and Investment Fora", in The Journal of World Investment & Trade, Vol. 14, No. 1, 2013, p. 44.

断机关之一,对该机制产生的背景、特征、法律适用展开研判,是探索国际工程承包合同法律适用的组成部分。[①] FIDIC 合同条件下 DAB 的产生与演变如图 6-1 所示。

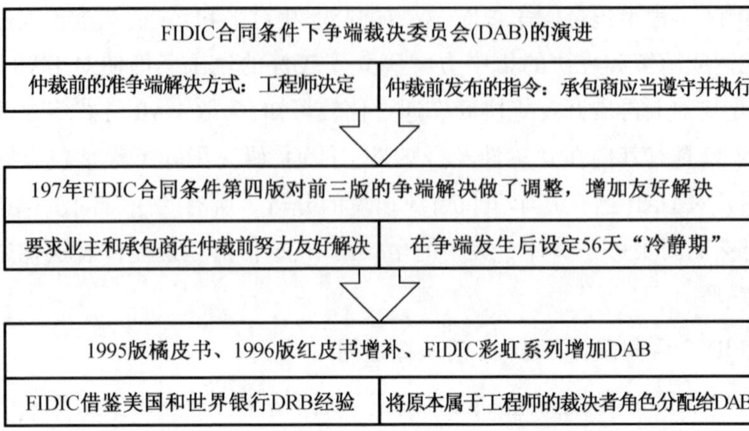

图 6-1　FIDIC 合同条件下 DAB 的产生与演变

FIDIC 的三个主要的新的合同范本,1999 版红皮书、1999 版黄皮书和 1999 版银皮书,尽管是以不同的形式,但都将这一概念作为争端解决机制的第一步。1999 版绿皮书即《简明合同格式》采用了相仿的争端解决机制,但直截了当地约定将争端提交一名裁决员裁决,类似于由一名成员组成。同时,这一机制也得到了一系列金融和仲裁机构的认可。2008 年 9 月,在加拿大魁北克省召开的 FIDIC 年会期间,推出了最新出版的合同条件——《FIDIC 设计—建造—运营合同条件》,意味着“彩虹系列”增加了第五个成员(金皮书)。FIDIC 金皮书与 1999 年的一套 4 本合同文件最显著的不同是增加了工程的长期运营和维护的内容。其中依然采用了 DAB 争端解决机制,只是在一些细节上略有改动。

DAB 争端解决方式是国际工程行业专家的智慧结晶,其主要功能是帮助合同双方预防和减少争端,以及在争端出现之后快速友好地解决争端,从而达到效率高、花费小和耗时少的目的(具体时效见图 6-2)。

① 史莉佳:《论 FIDIC 合同条件下的 DAB 机制与仲裁程序的衔接》,《仲裁研究》2021 年第 1 期,第 64 页。

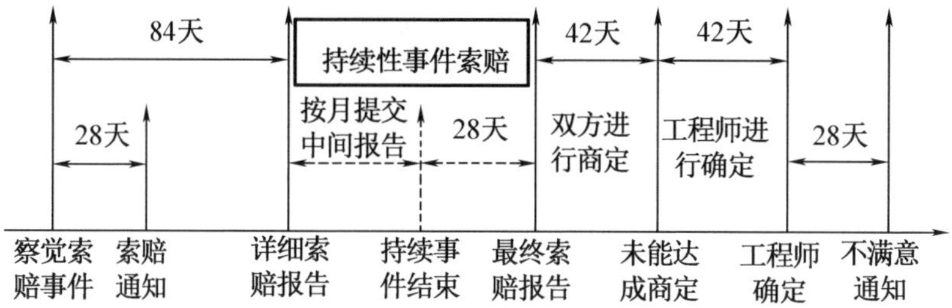

图 6-2　DAB 国际工程争端解决程序及时限

在运用 DAB 方式解决国际工程承包合同争端时,要求裁决者不得具备与业主、承包商任何一方相同的国籍,且 DAB 由三位专家构成,其独立行使职权,不受政府干扰或特定国家、特定地区法制传统、风俗习惯困扰,专家组成员的薪酬由双方均摊,故而摆脱了工程师因单方面从业主处取酬而影响其公允性、中立性的弊端。此外,与其他方式不同,DAB 在争端开始之前已指定了一个争端裁决委员会,具有超前争端预防功能。根据 FIDIC 合同条件,DAB 成员要定期考察施工现场,其功能的发挥并不以争端发生为先决条件。DAB 是 FIDIC 借鉴美国和世界银行的经验所设计的,因而其在委员选任、争议解决程序等方面与 DRB 具有共性,但亦不乏区别。

第一,裁决的法律效力不同。DRB 所出具的争端解决建议书不具有拘束力,只有在收到建议后的一定天数以内,各方均未提出书面异议,该建议才产生约束力。[①] 其缺点是,雇主和承包商并不立即执行建议,任何一方的单方面反对和异议,都可能是 DRB 前功尽弃,故而实际效果较为有限。相比之下,DAB 的决定具有“准仲裁”的性质,其效力与监理工程师类似,合同的双方当事人应立即遵照执行,除非双方共同在 28 天内对此提出异议,或者出现了和解协议或者仲裁裁决对 DAB 决定加以变更。[②]

第二,时限要求与工作程序不同。如果合同的任一当事方就工程师未决争端提出异议,DAB 应在 84 天内做出决定。如一方既未在规定时限提出异议,又拒不履行该决定,则对方可径直以此申请仲裁。DRB 应在 56 日内提出解决争端的建议书,并要求当事人在 14 日内提出异议,而 DAB 则规定在 84 日内做出书面决定,允许当事人在 28 日内提出异议。DAB 之所以设定稍长的时限,主要是考虑到 DAB

① 何柏洲、王玉:《“一带一路”背景下浅谈国际工程争端 DAB 解决方式》,《价值工程》2018 年第 15 期,第 22 页。

② John Murdoch and Will Hughes, Construction Contracts Law and Management, New York: Taylor & Francis Group, 2007, p. 1.

决定的效力增强,需更加慎重,时限长有利于成员更准确地认定案件事实,使裁决结果更加合理、科学、稳妥。

第三,委员的选任、任期及薪酬。DAB 与 DRB 均要求合同双方当事人在规定时限内分别推举一名委员,再经过对方的许可,但对于第三名专家的选任采取不同程序,其中 DAB 是由合同双方和已选出的委员共同推举首席委员,DRB 则不再要求当事人介入,而是两位已选出的委员直接推选首席,委员的选任一旦出现障碍,则由投标书附录或专用条件所指定的机构进行选任。关于委员会任期的终止,DAB 以争端双方的商定为准,DBR 则以最后区段的缺陷责任期期满或承包商被逐出现场时为止。此外,DAB 与 DRB 均规定委员的酬金分日薪和月薪,并就酬金的纳税、费用、报销等作出规定,但其计薪方式不尽一致,DRB 以 ICSID 仲裁员的日薪或三方商定的日薪为准,DAB 则允许国际工程合同的双方商定并在"争端裁决协议书"中说明。①

之所以在 FIDIC 合同体系内纳入 DAB 方式,其一方面是为了避免工程师决定的不公正性,另一方面是为了弥补 DRB 方式所具有的非强制性弊端。DAB 在委员选任、人数方面设定了相互制约的机制,并且要求在程序初期由双方共同承担争议解决的费用成本,且对双方均具有拘束力,可见是汲取了过往其他传统方式的优势。不过,DAB 方式运行了数十载,迄今为止,亦不乏对其进行批评的声音。一方面,引入 DAB 机制的同时,工程师决定在国际工程承包合同争端解决中的管理力及控制力下降。另一方面,DAB 委员对于具体工期、设计、施工、人员调配及合同具体内容的履约进展并不及工程师那般了解,这在一定程度上拉长了争端解决的耗时,且在某些案件中的适用效果不尽如人意。此外,如何选任 DAB 成员,在实务中仍然面临一定的障碍和困难,FIDIC 对 DAB 委员的要求较之于监理工程师具有更多道德水准方面的侧重,而胜任者却实属有限。

第四节　完善我国国际工程承包合同法律适用的建议

通过前文对目前我国企业参与国际工程承包合同争议解决和违约救济,以及我国司法及仲裁机构审理国际工程承包合同纠纷的实践,不难发现,我国在国际工

① Elham Anisi and Mehrab Darabpour, "Granting Enforcement to the FIDIC Dispute Adjudication Board's Decision by the Amendment of the New York Convention 1958", in Journal of Legal Affairs and Dispute Resolution in Engineering and Construction, Volume 13, Issue 2, 2021, p. 12.

程承包合同法律适用方面存在需要待决的疑难问题，而现行的法律适用制度与国际通行标准存在一定的差距，这包括但不限于：国际工程承包合同实体立法存在滞后；国际工程承包合同主体在市场准入方面受到的规制过强，且欠缺充分的灵活性；我国在国际工程承包合同争议解决的途径方面比较受限，对DAB等工程争端的独特解纷机制应用不足，制度架构不完备；我国企业在对外商谈国际工程承包合同时，对如何合理拟定法律选择条款经验不足，以致难于有效保障己方利益、对法律适用缺乏明确预期。

一、我国国际工程承包合同实体立法加以改进

（一）拟定科学立法规范，为法律适用奠定基础

拟定科学的立法规划，从规范的制定层面为国际工程承包合同的法律适用奠定法治基础。具言之，我国的国际工程承包合同法律体系，理应由三类位阶的规则共同组成：最高位阶者系工程承包合同及工程建设方面的实体立法，低位阶的法规均据此制定，不得与之相抵触；第二位阶的工程承包合同立法系由国务院发布的行政法规，必要时制定专门的《国际工程承包合同管理条例》，使之有法可依；第三位阶的立法则是政府部门制定和发布的规章及地方性法规。当前，我国关于国际工程承包合同法律适用及争议解决的规定，主要体现于《民法典》《法律适用法》《民事诉讼法》《仲裁法》《建筑法》。同时，各个相关部门根据部门需求，制定了指导性的合同文本，并在全国范围内使用，呈现出部门分割、行业分割的状态。除了《建设工程施工合同》外，交通部等行业主管部门分头颁布《铁路建设工程施工合同》《电力建设工程施工合同》《港口工程施工合同》等，由于接受世界银行贷款，我国的国际工程水利项目采用《水利水电土建工程施工合同条件》，这些不同类型的合同范本，内容和机构方面大同小异，且具体规则条款之间互有交叉、存在冲突，较为混乱。为此，立法部门有必要对现有的工程承包法规、规章等低位阶的规范进行及时清理，对过时者予以废弃，破旧立新，在法律的稳定性和科学性这两个价值目标之间寻求适当的平衡。[①]

（二）吸纳行业协会意见，强化法律适用合理性

吸收行业协会和专业人士参与制度设计，重视工程界与法律界在法律适用规

① 朱绍勤、陶玲：《国际工程承包法律风险分析与应对》，《交通企业管理》2014年第5期，第67页。

则建构中的意见，是国际工程承包合同法律适用的发展趋势。如前文所言，国际工程承包法律适用和争议解决中，不仅重视法律人的参与，更加重视监理工程师、承包商、业主等行业人士的参与。以英国为例，其建筑管理制度区分为法律、法规、技术准则、行业标准四类，立法部门常常委托专业组织、建筑业学会、工程界协会编制相关的合同范本，尽管这些技术性规则的位阶不高、效力缺乏强制性，但是却被建筑业广泛采用，在法律适用领域形成了深远和持久的影响力。借鉴其经验，我国应当进一步强化、引导、培植我国建设行业协会和学会，使其在规则制定、法律适用中充分表达意见。[①]

（三）完善市场准入规制，管控境外主体缔约资质

构筑起合理的国际工程承包行业市场准入机制，使国际工程承包主体的法律适用有据可循、有法可依，是完善法律适用制度的应有之义。[②] 在国际工程承包合同订立主体资格审查过程中，建设项目工程承包主体的资格问题属于市场准入问题，即"谁"可以承揽相关工程承包项目，是首要问题。[③] 为了完善我国国际工程承包服务市场的准入法律体系，应加强关于市场监管方面的法律法规规定。目前，在我国建设业的执业资格中，只有注册建筑师是以条例的形式颁布的，其他都是以部长令形式颁布，由住建部、人社部以低位阶的文件方式发布，其实施效果不甚理想。[④] 未来，对企业的市场准入申请要本着"合法、效能、规范"的原则，改进行政审批的方式，为企业市场准入资质的获得创造一个良好的条件。[⑤] 其具体分三个层面。

（1）就跨境交付而言：外国企业承担我国境内的国际工程承包合同项目，至少须选定一家具有资质的中方设计企业进行合作承包，且所承包的项目应当符合章程和批准文件划定和许可的范围，国际工程承包合同应由中方企业或者中外双方共同与建设单位签订。

（2）就企业资质而言：外国承包商在我国境内设立外资企业承揽国际工程项目并订立国际工程承包合同的，应当依法办理工商登记，并取得住建部的资质证

---

① 陈浩文：《涉外建筑法律实务》，法律出版社，2004，第 294 页。

② 王诚：《"一带一路"倡议下中国市场准入法律制度研究》，上海人民出版社，2021，第 102 页。

③ 何铁军：《涉外建筑工程承包法律适用问题研究》，吉林大学出版社，2015，第 194 页。

④ 吴东晖：《试论我国外商投资建筑企业的立法完善》，《湖北社会科学》，2003 第 4 期，第 70 页。

⑤ 陈永强、孙立波、莫鹏：《我国对外承包工程存在的问题与应对策略》，《中国港湾建设》，2006 年第 1 期，第 66 页。

书,否则将对合同的效力构成影响。[①]

(3)就商业存在而言:外商投资的承包商企业申请建设资质,应当符合国家关于建设工程资质分级的相应标准及具体条件。

外籍和港澳执业人员在中国取得执业资格有两个途径:一是资格互认,二是注册资格考试。当下,中国与英美等国家的一部分专业机构业已构建起来相应的互认渠道,但是,对于外籍个人和港澳执业人员能否参加中国的建筑业考试,则不甚明晰,且以禁止性立场为主。此外,外国承包商通过认证取得资格后,仍须通过受聘用的有资质企业进行承包。这客观上导致,要申请资质必须有在中国注册的外籍执业人员,但外籍执业人员必须通过受聘于有资质的设计企业才能进行注册,由此客观上造成了准入门槛的提高,与我国政府在 GATS 中的承诺存有冲突。[②]

(四)参照国际惯例及 FIDIC 合同条件,完善我国工程合同范本

国际惯例和 FIDIC 合同条件为完善我国自身的国际工程承包合同法律适用规范提供了有益的参照,借鉴国际上的成熟经验,以合同制度为核心完善我国工程承包示范合同文本,是促进法律适用制度与时俱进的总体趋势。在国际工程承包合同订立及履行中,许多国家制定了独特的、符合本土国情的工程承包合同条件,作为起草国际工程合同的指南,如英国的 ICE、JCT 合同条件,美国的 AIA、AGC、EJC-DG 合同条件等。就国际工程承包合同而言,我国的工程承包合同范本自 1991 年以来经历了多次修订和完善,现行推荐适用的最新合同范本是 2020 年制定的范本(表 6-2)。相比于此前的 2017 年版范本,该范本不仅体系上较为完备,且内容方面与 FIDIC 合同条件中的《生产设备和设计-建造合同条件》(黄皮书)及《设计-采购-施工与交钥匙项目合同条件》(银皮书)更为接近。

表 6-2　我国《建设工程施工合同范本》一览表

全称	简称	制定主体
《建设工程施工合同(示范文本)(GB—91-0201)》	91 版示范文本	建设部与国际工商行政管理局
《建设工程施工合同(示范文本)(GB—1999-0201)》	99 版示范文本	建设部与国际工商行政管理局

① 于健龙:《论外商投资合同法律效力争议解决》,《时代法学》2012 年第 2 期,第 82 页。

② 李宁:《商务部:进一步放宽外资市场准入》,《国际商报》2021 年 9 月 17 日,第 1 版。

表 6-2(续)

全称	简称	制定主体
《建设工程施工合同(示范文本)(GB—2013-0201)》	2013 版示范文本	住房城乡建设部、国家工商行政管理总局
《建设工程施工合同(示范文本)(GB—2017-0201)》	2017 版示范文本	住房城乡建设部、国家工商行政管理总局
《建设项目工程总承包合同(示范文本)(GB—2020-0216)》	2020 版示范文本	住房城乡建设部、国家工商行政管理总局

一方面,国家修改相关立法,以允许当事人在合同层面上充分的自由地约定。另一方面,合同的成功与否,不仅在于合同文件本身,而在于合同文件的环境。总之,开展国际工程承包业务涉及多方面法律问题,如何适用法律维护合同当事人的合法权益,是法律工作者、建设工作者不断研究的课题。中国的大门向世界打开了,建设市场的封闭格局已经在打破。在我国,开展国际工程承包业务不是一种新生事物,但对国际工程承包法律的认识和研究还有一个不断完善的过程。

二、我国国际工程承包合同主体市场准入的法律适用

(一)我国建设服务贸易市场准入的入世承诺

按跨国交易的特征,基于国际工程承包合同所提供的跨境劳务及施工服务属于 GATS 的调整范畴,从事建设服务行业的承包商是作为服务提供者而出现的,其对应于国民经济诸多服务贸易部分中的一个具体类型。[①] 在入世谈判过程中,我国是以发展中国家的身份同其他成员方就建设工程承包方面的市场准入与国际合作展开双边谈判的。通过多轮博弈和艰辛的谈判,最终取得的成果集中呈现于两个主要的法律文件当中:其一是《中国入世议定书》及其附件 9 关于《服务贸易具体承诺减让表》,其二是《中国工作组报告》,二者所列明的具体承诺均构成我国在国际工程承包领域对外界承担的权利与义务来源。[②] 其中,《中国入世议定书》载有包括建筑工程承包在内的货物、服务、知识产权贸易及投资措施方面的承诺,除了透明度和市场准入方面的义务外,还特别明文允诺加强法制建设,并设定相应的司法审查机制;相比之下,《减让表》的内容更为具体、直观,载明了限制市场准入的

① 田宇、徐倬伟:《论 WTO 与中国的建筑业》,《企业之窗》2002 年第 4 期,第 22 页。

② 张丽英:《世界贸易组织法律制度与实践》,高等教育出版社,2012,第 15 页。

例外条件,具有可操作性;而《中国工作组报告》的针对性更强,对于建筑工程承包、工程咨询设计、工程承包合同管理等事项,工作组报告将其纳入属政府定价或指导价的体系之内。[①] 根据"条约必须信守"的国际法原则,这一揽子协议是中国国际工程承包合同法律适用改革的总体方向。与此同时,我国关于建设工程承包市场准入的具体承诺,是双边谈判的关键部分。根据《减让表》,建设工程服务领域的市场准入存在限制和例外,具体体现为:对跨境交付不做承诺;对境外消费不做限制;对自然人流动除水平承诺外,不做承诺;商业存在是限制国际工程承包服务市场准入的核心环节,外国法人在我国订立国际工程承包合同、承接国际工程承包项目之前,必须依规先行设立项目公司。按照我国国内的法律规则,从事建设工程行业的国际承包商,以其注册资本、专技人员、装备设施、完工业绩为要素,将其资质条件划分为不同等级;只有经国资质的审查并认定为合格,取得证书后,方可从事相关活动、订立相关国际合同。根据我国的入世承诺,外国承包商在我国有权承接的国际工程项目类型,包括施工、工程设计、综合服务、城市规划,但尚不包括城市总规划。[②] 总体上,我国在国际工程承包市场准入方面的承诺较为保守,开放的幅度并非完全的自由化。相应地,作为未来的完善方向,应进一步放宽市场准入的门槛,这对于激发企业的活力,促进我国国际工程承包市场的繁荣,带动整个行业的有序竞争和健康发展,是有益的。

(二)进一步消除外国法人承接国际工程项目的法律障碍

工程总承包是指从事工程总承包的企业(以下简称工程总承包企业)受业主委托,根据合同约定对工程项目的勘察、设计、采购、施工、试运行(竣工验收)等实行全过程或若干阶段的承包。实行 EPC(设计、采购、施工)工程项目建设总承包或 PCM(项目管理总承包),是国际上公认的并普遍采用的工程合同模式。

一个国家如何规定外国法人在国内的能力问题,主要取决于该国政权的性质、对外政策以及与外国法人所属国的关系。[③] 依据我国《公司法》(2018 年最新修订)第 191 条,外国公司是指依照外国法律在中国境外设立的公司。具体落实到国际工程承包合同主体的法律适用上,外国承包商或外国业主的行为能力,应遵照其设

---

① 师华:《WTO 对我国建筑服务贸易法律制度的影响与对策研究》,《世界贸易组织动态与研究》2011 年第 6 期,第 23 页。

② 鲁非:《我国建筑企业市场准入制度创新研究》,《土木工程与管理学报》2021 年第 4 期,第 11 页。

③ 邢钢:《公司属人法的确定:真实本座主义的未来》,《法学研究》2018 年第 1 期,第 74 页。

立地的法律予以判定，即其准据法并不适用中国法，而是应适用外国法。[①] 不过，实践中，虽然《公司法》对在我国境内订立国际工程承包合同的外国公司法人作为当事人时的国籍做出了明确规范，但随着 2020 年《外商投资法》及其实施条例、司法解释的生效实施，外国法人以“三资企业”形式在中国承接国际工程项目、订立国际工程承包合同的主体资格发生了显著的改变，无论是在外资企业的治理结构方面，还是在其参与国际工程承包项目方面，不再适用三资企业的特别规定，而是与国内公司实现并轨，享有国民待遇。[②] 对比之下，在过去相当长的一段历史时期内，外国法人虽然可以在我国从事普通的民商事经营，但其在建设工程承包这一特殊的关系到社会公共利益的领域长期受到限制，相关的合同效力也因为外资的持股限制等因素而受到质疑。尤其是，2002 年《外商投资建设业企业管理规定》专门针对外商投资的建设工程类外资企业设定了严格限制，外国法人为了取得订约及投标资格，必须先设法使自己转变为中国法人，才可能规避相关禁止性或限制性的约束。2020 年，住建部和商务部联合废止了上述立法，试图为外国承包商进入中国国际工程承包服务市场进一步扫清障碍，同时促使中国的工程立法进一步实现与国际接轨，消解那些原本限制国内建设承包业发展的不利因素。与此同时，从国际私法角度来看，无论是中国承包商对外签署国际工程承包合同，还是外国承包商进入我国市场签订国际工程承包合同，都不可避免地触及法人民事权利能力和行为能力的法律冲突问题。对此，当前各国普遍针对国内建筑业市场设定相应的准入限制，同时辅之以外国法人认许制度对外国承包商的从业范围进行严格的审批、备案、登记。只有在国内法所许可的范围内，外国承包商方有灵活的缔约权限和承接国际工程承包项目的资质，超出范围者，将可能因行为能力和经营资质问题使国际工程承包合同的效力受到否定性评价。严格来讲，对于参与国际工程承包的跨国服务提供者而言，其在一定程度上受到比国内承包商更为严格的法律拘束，既要符合其本国法的对外工程承包方面的限制，又要遵循工程所在地法律中关于准入和资质认许的规定，这俨然已成为事实上的重叠性冲突规范，引发了法律适用方面的严重分歧，如果不作出必要的调整和改善，很可能对相应主体造成双重限制和制约，打消承包商订立国际工程承包合同的积极性，无益于国际工程界全球市场的一体化。从解决法律冲突、统一法律适用、明晰法律选择等角度考虑，许多国家在传统国际私法依据属人法认定民事主体订约能力的基础上，探索分割法，对权利能力

① 邢钢：《“一带一路”建设与公司准据法的确定》，《中国法学》2017 年第 6 期，第 121 页。

② 刘志云、温长庆：《〈外商投资法〉与公司企业法的衔接与协调》，《南京大学学报（哲学·人文科学·社会科学）》2021 年第 3 期，第 88 页。

和行为能力予以区分,设定不同的法律适用原则,进而援引两类准据法,适当地在某些领域扩张行为地法的适用范围。譬如,我国学术界制定的《国际私法示范法》第68条和第69条即对外国法人的权利能力和行为能力区分处理,前者适用法人国籍或住所地法,即法人属人法,后者除了遵循法人成立地法之外,还要符合于行为地法,即工程所在地法的相应制约。实际上为各国对外国法人认许及建立各种准入制度提供了法律依据,国内法适用远比法人本国法适用更具有优先性。

(三)国际工程承包合同主体资格的法律冲突及法律适用

在中机建设沙特分公司注册案中,中基建设公司为了能够在沙特承接工程项目并开展承包业务,申请成立中机建设沙特分公司。在经过商务部审批后,中机建设沙特分公司取得了《企业境外机构批准证书》。不过,在该分公司打算承包具体工程项目并签订国际工程合同时,却被告知,依据沙特当地的法律,境外承包商若在沙特承包工程,必须由其母公司注入资金。然而,由于中机建设公司仅持有《企业境外机构批准证书》,国家外汇管理局拒绝为其沙特分公司办理外汇转出。由此,引发了关于国际工程承包合同当事人主体资格的法律冲突与法律适用问题。具言之,作为外国承包商要取得其他国家的工程项目并顺利、有效订立国际工程承包合同,首先要求合同主体具备相应的民事能力和特定资格。对于国际工程承包合同当事人主体资格的判定,需要同时符合两种法律体系,其一是承包方所属国的法律,其二是工程所在地的法律,具体涉及输出国对外承包资格审批的规定和项目所在国法人认许和准入的规定。[①]

实务中,不仅欺诈和腐败将导致国际工程承包合同归于无效,当事人不具备主体资格也会导致合同的效力存疑。[②] 以我国的相关法律规范为例,中国承包商要对外参与国际工程承包,必须遵守《对外承包工程管理条款》的约束。这一条例着重围绕工程承包资格、工程安全保障、海外劳工权益维护、工程质量监管及安全生产等方面做出了系统性规范。就承包人的主体资格而言,需要从法人身份、资金、管理、技术、安全、商誉等方面符合法定的标准和要求。特别是,作为承接国际工程建设项目的单位必须取得特级或一级(甲级)资质证书。一旦采取了BOT、PPP等国际工程承包合作形式或其他要求必须设立分支机构的组织形式时,必须遵守商务部所制定的《境外投资管理办法》,取得《企业境外投资证书》,如果是在那些未与我国建交的国家承接工程项目而需要设立特殊目的公司,还必须经过商务部的特

① 张晓君主编《涉外工程承包法律实务》,厦门大学出版社,2017,第220页。

② 袁晓勇:《国际工程承包合同的法律效力问题探讨》,《广西社会科学》2008年第8期,第29页。

别核准,并兼顾工程所在地与承包商所属国的双重法律制约。[①]

与此同时,我国承包人在境外承包国际工程项目,还必须经受工程所在地国法律关于外国法人认许的规定。之所以在国际工程承包合同主体方面设定外国法人认许制度,主要是考虑到各国关于法人作为民事主体的权利能力和行为能力存在一定的冲突,处于对本国相关行业及市场利益的保护,有必要就外来承包商设定准入门槛。从国际私法视角来看,工程所在地法律对外国法人予以认许的方式包括一般认许制(如加拿大、美国)、特别认许制(如韩国)、概括认许制(如日本)、区域性国际立法认许(如欧盟)等多种形式。

结合本案的具体情况可知,中机建设总公司之所以选择在沙特设立分公司,目的正是为了能够合乎法律地承接沙特的国际工程项目并订立相关合同。不过,根据沙特的法律规定,境外承包商在沙特设立分公司必须拥有母公司注入的投资,而这无疑已经达到设立子公司的水平。根据我国现行法律法规针对企业对外投资的要求,我国企业在海外设立子公司、项目公司、合资公司的,应当申领《企业境外投资证书》,分公司、代表处、办事处则须申领《境外机构批准证书》。也正因对沙特法律中关于主体资格法律适用的相关规定未做充分的评估和自我审视,导致中机建设公司最终未能办妥外汇及注资手续。由此可见,在具体开展和落实国际工程承包合同的过程中,必须充分考虑到项目所在地对企业形式要件、设立程序及申领手续的具体要求,从而最大限度地规避潜在风险。

三、构建我国国际工程承包 DAB 及法律适用机制

(一)构建我国争端解决方式应采取的措施

完善我国国际工程承包合同法律适用制度,必须遵循国家主权、公平互惠、国际惯例、质量第一诸原则。[②] DAB 争议解决方式是在工程建设的实践中产生并发展起来的,作为国际工程界实践智慧的结晶,具有自己独特的价值和特点,并在国内外的工程建设应用中取得巨大的成功。不同于传统的争议解决机制,DAB 成员自合同成立之初即介入其中,详细了解工程进展,预防并有效解决争端的同时,维护双方当事人的友好合作关系。

对于我国,在国际工程承包合同中约定采用 DAB 方式解决争议,对于明晰法律适用具有积极的意义。为了维持业主与承包商未来合作的可持续性,对法律适

---

① 林震:《境外直接投资业务潜藏风险探析》,《福建金融》2016 年第 1 期,第 122 页。

② 宋宗宇:《完善我国国际工程承包法律制度的基本构想》,《重庆建筑大学学报(社科版)》2001 年第 3 期,第 41 页。

用做出明确和各方均可接受的约定，既有利于建立友好合作的双赢关系，促进工程的顺利完成，同时利于解决我国工程建设领域的腐败问题，使争端解决机制与国际接轨。[①] 随着全球经济一体化，国际工程建设的发展，DAB 方式作为一个卓有成效的机制，在我国推行已是大势所趋。

（二）深入研究 DAB 机制运用中的法律适用问题

在运用 DAB 方式解决国际工程承包合同项下的争议时，主要涉及 DAB 协议的法律适用、DAB 程序的法律适用、DAB 实体争议事项的法律适用等不同层面的问题。其中，就实体问题而言，前文已经分别从缔约主体的准入、合同违约救济的路径、合同成立及履行中准据法的确定等进行了阐述。相比之下，对于 DAB 协议的法律适用、DAB 程序的法律适用，则需要进一步加以探讨，这也恰恰是我国目前所不熟悉的领域。其中，DAB 成员专指由合同的当事方，即雇主和承包商所共同聘任的独立的第三方，基于争议解决的目的，双方当事人应与该第三方事先签订《争端裁决协议书》，从而据此赋予第三方以争议解决权限，同时表明双方当事人愿意受到裁决结果的约束并履行之。[②] 在此类协议中，涵盖各订约方的权利、义务安排，DAB 成员的报酬计算及支付方式，DAB 成员违约情况下争议的处置方法、争端解决程序规则等主要内容。就其地位而言，此类协议是作为附属于国际工程承包基础合同的从合同而出现的。在传统的合同法理论中，从合同的附属性意味着其效力依附于主合同，从合同的成立、效力、终止及履行依附于主合同。但是，《争端裁决协议书》则不同，其在很大程度上借鉴了仲裁协议独立性原则，确立了争议解决条款的自治性及可分性。[③] 这意味着，主合同的效力瑕疵并不影响协议书的履行。[④]

DAB 协议作为国际工程承包合同的从合同，其效力并不受工程主合同效力的影响，法律适用也独立于主合同。对于 DAB 协议的法律适用，不妨借鉴和参照关于仲裁协议法律适用的冲突法规定。落实到我国的具体情况，当事人可以专门选择仲裁协议适用的法律，无明示选择时，并不能径直适用主合同的准据法，而可适

---

① 王立武、王扬：《FIDIC 合同的争议解决机制研究》，《中国国际私法与比较法年刊》2017 年第 1 期，第 113 页。

② 孙春玲等：《基于 2017 版 FIDIC 合同的争端问题解决条款研究》，《建筑经济》2020 年第 3 期，第 30 页。

③ 曹克睿、陆烨：《合同未成立时仲裁条款成立要件之司法审查》，《人民司法》2020 年第 29 期，第 65 页。

④ 朱彧：《国际商事仲裁之仲裁条款独立性研究》，博士学位论文，西南政法大学，2015，第 125 页。

用仲裁机构所在地法或者仲裁地法,当机构所在地与仲裁地均无法确定时,应适用法院地法。[①] 落实到 DAB 的框架中,仍然应当尊重当事人的选法合意,在无明示选法时,则适用工程争议评审所在地法。根据 FIDIC 合同条件附具的争端解决协议书范本第 6 条之规定,DAB 协议准据法的确定,应首先尊重当事人的合意,适用当事人在协议中达成的关于法律适用的具体约定。因 DAB 协议引发的争端或索赔,应根据《ICC 仲裁规则》,由仲裁员最终解决。[②]

就 DAB 程序的法律适用而言,首先应当明确,在运用国际私法解决国际民商事争议的实践中,惯常的做法是对程序问题与实体问题进行区分,区分的结果是对二者沿用不同的法律适用路径。其中,对于可归入实体事项范围内的国际工程争议事项,以冲突法的思维在法律选择规则和统一实体规范之间寻求解决之道;对于可归入程序事项范围内的国际工程争议事项,则遵循"场所支配行为"这一古老的传统,依法院地法调整诉讼程序事项,依仲裁地法调整仲裁程序事项。[③] 近年来,在包括工程争议解决在内的国际民商事争议解决领域,呈现出"非国内化"的理论趋向,主张国际工程争议的解决可以摆脱程序所在地法律的支配和约束,在当事人存在选法的合意时,适用当事人共同约定的程序法。[④] 此种理论具有较为深远的影响力,并影响了 DAB 争端解决程序的法律适用。按照这一理论,当事人有权在国际工程承包合同中选择程序法,由此可以使 DAB 不受特定国家程序法、特定国家冲突规则或特定国家实体法的约束,按照符合于当事人利益的方式确定法律适用。如此,实际上将当事人意思自治原则从原本的实体领域扩展至程序方面,使得国际工程承包合同在争议解决环节也能彰显出法律适用的灵活性、自治性等优势,在一定程度上便利了工程争议的高效解决。即使在当事人未选择法律时,DAB 亦拥有自由裁量权,按照其认为适当的程序规则解决争议。特别值得一提的是,FIDIC 合同条件在附件中纳入了《程序规则》,参照《ICC 仲裁规则》,就 DAB 成员的权限范

① 吴俞阳:《仲裁机构所在地法作为仲裁协议准据法的研究》,《北京仲裁》2020 年第 4 期,第 26 页。

② 国际咨询工程师联合会、中国工程咨询协会编译,朱锦林翻译:《菲迪克施工合同条件》,机械工业出版社,2006,第 145 页。

③ R. E. B. Tötterman, "Functional Bases of the Rule Locus Regit Actum in English Conflict Rules", in The International and Comparative Law Quarterly, Vol. 2, No. 1 (Jan., 1953), p. 27.

④ Jan Paulsson, "Delocalisation of International Commercial Arbitration: When and Why It Matters", in The International and Comparative Law Quarterly, Vol. 32, No. 1 (Jan., 1983), p. 53.

围、证据审核、程序推进、裁决做出进行全方位的规制。① 此外,在《争端裁决协议书》范本中,又针对雇主、承包商和成员的程序沟通做出安排,允许其共同达成推进程序的协议性文件,对《程序规则》进行必要的变通、调整乃至修改,真正贯彻了程序上的便利性原则,值得称道。

四、我国企业谈判国际工程承包合同法律适用条款的建议

(一)法律适用条款应当明确且具体

允许当事人基于意思自治原则选择合同准据法是国际私法中的一项重要准则,在国际工程承包合同法律适用方面亦不例外。值得肯定的是,通过当事人选法的方式确定合同的法律适用,能够为当事人提供更加稳定、清晰、可预见的法律适用框架,对于维护金额大、周期长、工程复杂的合同得到顺利履行并实现合同目的具有重要价值。为此,中国企业作为承包方订立国际工程承包合同时,需要慎重对待法律选择条款,在通过与对方进行充分沟通后选择最为妥当的法律以支配与合同相关的各类现实问题。基于上述案例所暴露出的风险和困境,当事人在选择工程合同准据法时,尤其应当重视以下几个方面。

作为国际工程承包合同中的构成内容之一,法律适用条款或称准据法条款对于明确纠纷解决时所应当适用的法律具有重要的指引作用,故而不可或缺。不过,有的当事人在起草合同的过程中对法律适用条款缺乏充分的重视,或是仅仅关注合同当中的其他重点问题,而完全忽视了法律适用条款的起草,从而产生严重疏漏,或者虽然意识到法律适用问题在实践中具有重要性,但是起草的法律适用条款模糊不清、对多种法律均有提及,导致难以判定究竟是选择了何种法律,或是对于所约定的法律调整的对象较为宽泛,纠纷发生后不易判断到底哪一种纠纷适用所选择的法律体系,这些均可归因于法律适用条款的起草不够明确、清晰度欠缺。尤其是,有学者特别注意到,国际工程承包合同中的法律适用条款,本身在不同国家的法律评价体系下可能效力存在差异,故而需要探讨并预知法律选择协议的法律适用。② 总的来说,既然允许当事人针对国际工程承包合同选择准据法,当事人就应当在充分研究并仔细论证的基础上珍惜并有效利用这一重要权利,特别是,选择法律的过程中和起草的条文应力求做到全面、具体、清晰、明了,既不能对这一问题予以漠视,也不能模棱两可。落实到实际层面,中国承包方需要聘请专业的法律顾

① 李德智、杨弃:《从争端裁决(DAB)条款的发展看 FIDIC 争端解决机制的完善》,《建筑经济》2020 年第 5 期,第 15 页。

② 沈涓:《法律选择协议效力的法律适用辩释》,《法学研究》2015 年第 6 期,第 191 页。

问人士或相应领域的律师对合同予以把关，在合同签订前，对容易引起歧义的法律适用条款做出专门的调整和优化，确保能够签订一个法律适用条款全面具体的合同，使得在争议产生后达到“有法可依”的状态，不至于丧失洽谈合同、纠纷解决的主动权。

（二）法律适用条款应当公正且合理

在国际工程承包过程中，可能涉及各种各样的法律问题，但法律适用问题如同一把破解其他问题的钥匙，解决这一问题，其他许多问题的解决便有了明确的方向和指引。作为先决问题，如果当事人在合同中订入选法条款，无疑有益于增强可预见性和稳定性。但是，应当特别留意的是，在选择准据法方面应以公平合理作为基本的理念遵循和价值取向。[①] 在开展具体工程时，发包人往往占据谈判优势，可能会利用其居高临下的优势先入为主地在合同中订入有关法律选择的限制性条款。譬如，在履约期间，如果双方无法协商解决有关矛盾，应暂时按照发包方的决定单方面确定法律适用问题。由此便很可能使承包方陷入相对被动的不利地位，以致迟迟无法解决相关矛盾。如前所述，对适用法律的选择至关重要，公平起见，对准据法的选择应当在平等的基础上进行协商和讨论，不能因发包方处于业主地位便可先发制人地对准据法予以单方面选择，而应当容许承包方基于自身考虑发表意见，共同选择各方均可接受、熟悉的法律，从而在合同谈判和选法条款的设计上实现价值取向的相对公平。[②]

（三）注重法律适用条款的关联性要求

根据国际私法的基本原理，在当事人没有专门就国际工程承包合同的法律适用做出约定，或者此种约定不明，或者此种准据法的选择不能涵盖某类特定纠纷时，法官及仲裁庭往往会寻求最密切联系原则等其他的柔性方法对案件所适用的法律予以裁量并确定。由此可见，在判定与国际工程相关的各类行为所受制于的法律时，关联性是一项重要的考察指标。这项指标不仅在最密切联系原则中发挥着重要的评价作用，在当事人意思自治原则中也并未完全缺位。事实上，某些国家在其关于合同冲突法立法中，虽然允许当事人选法，但要求所选择的准据法必须具备与合同的内在联系。换言之，如果当事人合意选择的准据法与国际工程项目毫无联系，可能会被法院或仲裁庭否定，从而视为法律选择无效，并适用无法律选择时的法律适用路径。[③] 对于准备在海外承包国际工程项目的中国企业而言，需要对

---

① 翁杰：《法律选择的本体与方法》，博士学位论文，武汉大学，2014，第 122 页。

② 袁雪：《法律选择理论研究》，博士学位论文，吉林大学，2006，第 199 页。

③ 孙华伟、刘畅：《缔结海外投资合同攻略》，《中国外汇》2016 年第 19 期，第 75 页。

潜在的纠纷解决地(包括仲裁地、法院地)的国际私法有所了解,不能肆意且无所顾虑地选择其希望选择的任何法律,一旦法院地或仲裁地的冲突法要求当事人意思自治必须具备联系标准,则当事人在起草法律适用条款时要比往常更加慎重。[①] 从实践视角来看,与合同有联系的因素,主要针对的是客观方面的外在因素,比如缔约地、谈判地、工程所在地、发包方或承包方营业地等。当国际私法对选法设定了联系标准时,发包方与承包方双方最为合理且合法的选法方案是从以上具备联系的地点中择取其中某一地的法律予以适用,以期为将来解决工程纠纷提供最佳的法律依据。[②] 简言之,当事人在为国际工程承包合同设计法律适用条款时,尤其是在挑选哪一国家的法律作为准据法时,要尽可能考虑出现的过程和纠纷与法律适用的关联性,能够在合同执行过程中就将法律适用为己所用,最大限度地维护合法权益。[③]

(四)警惕对方不当限制准据法选择权

当事人意思自治原则意味着通过双方进行协商后合意选择合同准据法,可以选择的法律范围包括承包方本国法、工程所在地法、第三国法律等,也可以选择某些具有任意性的国际条约及国际惯例。根据国际私法上确定准据法的惯例,各国法院在决定国际工程合同法律适用时通常不会干涉或制约双方当事人的选择权,但作为例外,部分国家对当事人的选法自由设定了严格的限制。例如,英国法院在确立涉外合同效力时,要求该合同不得违反履行地国家的法律,否则选法行为将归于无效,当事人的意思自治将予以落空。[④] 在我国现行国际私法框架下,国际工程承包合同的当事人虽然可以选择准据法,但其法律选择权也受到特定限制:第一,当事人不得借助于选法行为使得那些违反我国法律基本原则或者违反社会公共利益的准据法得以适用;第二,当事人不能借助于选法行为排除适用我国必须适用于涉外商事合同的强制性法律规则。除了来自法律方面的限制外,当事人的选法权还可能受到对方的事实限制,这在一定程度上源自双方处于不对等的地位,对外可能会出于趋利避害的考虑而非法地限制承包方的选法权限。为此,中国企业必须坚守阵地,行使好自身的选法自主权,选择一个彼此认为最恰当的法律来管辖,毫无疑问,这对维护己方合法权益至关重要。

---

① 杜新丽:《法律选择方法研究》,博士学位论文,中国政法大学,2004,第 87 页。

② 裴普:《国际合同"契约自由"的冲突法规制》,《经济法论坛》2004 年第 1 期,第 84 页。

③ 吴晟晟:《涉外合同准据法选择之比较》,《当代经理人》2006 年第 1 期,第 33 页。

④ 何铁军、王永强:《国际工程承包合同法律适用的完善》,《大庆师范学院学报》2007 年第 6 期,第 80 页。

本章小结

相比于西方国家，我国的国际工程承包起步较晚，对此类合同法律适用的立法与实践还没有形成完善和成熟的制度化体系。通过本章所列举的典型案例可以发现，我国在国际工程承包合同法律适用中的法律选择、工程所在地法的适用、争端解决条款的法律适用、劳务用工的法律适用等具体问题处理上还存在有待完善的空间。为此，应当分别从宏观和微观对立法机关建立健全国际工程承包合同法律适用制度、我国企业参与订立和履行国际工程承包合同、我国法院处理国际工程承包合同的法律适用方面设定规划，不断加以完善。具言之，我国国际私法立法长期以来虽然对合同的法律适用规定了具体的冲突规范，但是没有考虑国际工程承包合同的特殊性，对于国际工程承包合同争端解决的规定存在疏漏，仅对仲裁、调解、诉讼等进行原则性规定，没有对 DAB 等专门的国际工程争端解决程序给出明确的规定，故而实践中主要是通过当事人参照示范合同条件在订约中解决法律适用问题。我国企业作为业主或承包商在国际工程承包市场参与竞争时，需要合理选择合同所适用的法律，进一步熟悉和了解 FIDIC 合同条件等通行惯例。与此同时，行业协会、政府主管部门等应当及时转变职能，淡化干预、强化指导，鼓励中国当事人学习国际工程承包法律适用、争端解决、合同管理方面的经验，强化工程企业法律风险的预防和合规管理机制，同时在 DAB 的设定、组建专家库、构建司法审查机制等方面加大投入，从而从实体到程序、从法律适用到争端解决、从市场准入到争议评审形成科学、合理、完善的国际工程承包合同法律适用体系。

结　　论

国际工程承包是共建“一带一路”背景下实现设施联通目标的重要渠道,而法律风险是“一带一路”建设所无法回避、必须直面的客观难题。如何通过国际工程承包合同的适用来明晰解决相关国际工程争端的准据法,是法学理论界与实务界长期以来共同关注的关键问题。自从二战结束后,世界各国围绕着国际工程承包合同的法律适用,曾展开过针锋相对的争论。尤其是,在关于国际工程承包合同的国内法与国际法之间关系的冲突与调和方面,无论是理论上,还是实践中,都存在多重主张。正如瓦尔德所言:“有关国际经济合作的法律,无论是国际法还是国内法,都经历了钟摆式的来回变化。”[①]此种变化往往是因为一些对外国承包商态度和政策的剧烈变迁所驱动的。西方发达国家更多是从承包商所属国的立场出发,试图打开国际工程承包市场,降低市场准入的门槛,促动服务贸易的自由竞争,使国际工程承包合同适用业界通行的国际规则,而发展中国家则更多是从国家经济主权原则出发,强调法律适用关乎立法及司法主权,故应侧重于法律属地主义,在国际工程承包合同的法律适用上寸土不让,争端解决应严格服从于工程所在地的强制性规定,并从工程所涉公共利益及项目质量安全的角度对法律适用中的意思自治进行严格的约束和限定。随着 FIDIC 合同条件的逐步成熟及其在全球工程界影响力的快速提升,国际工程承包合同法律适用的钟摆逐渐从管制和约束步入自由和灵活,当事人选择准据法的自由得到了充分的尊重。不过,FIDIC 合同条件与国内工程承包合同立法及国内工程施工合同范本之间所存在的显性及隐性差异诱发了法律冲突,对我国的国际工程承包合同涉外立法进行与时俱进的更新,已显得颇为必要。

从完整的国际工程承包合同法律适用系统论层面审视,对法律适用的考察需要立足于合约订立及履行的整个图景,既对那些具有独特性的法律适用问题进行单独分析,又要从整体上对法律适用在国际工程承包合同实务中的运用有所联系,避免可能导致“一叶障目不见泰山”“只见树木不见森林”的状况。在本书的研究

① 刘志云:《国际经济法律自由化原理研究》,厦门大学出版社,2005,第 223 页。

中,作者结合国际工程争端解决中常见的法律问题,结合国际工程承包合同与其他国际商事合同相比的独特性,分别从市场准入方面对国际工程承包合同主体的法律适用层面、从国际工程承包合同法律适用方法论层面、从 FIDIC 合同条件这一国际工程界公认的全球标准工程合同示范文本在我国的适用层面,以及从国际工程承包合同违约救济及争端解决等层面进行考察,最后回归我国自身的情况,结合具体典型的实际案例,对我国企业以业主或承包商身份参与国际工程承包时需要尤其注意的法律适用问题提出相应的建议。

经过全书由浅及深、由粗入细、由表及里的分析和论证,对于国际工程承包合同的法律适用,笔者得出以下研究结论。

首先,国际工程承包合同作为周期较长、技术复杂、国际化程度高的重要跨国经贸交往载体,对其法律适用的研判,不能单纯从某一国的国内法视角出发,而必须提高站位、立足全球化视野,从国际语境下针对法律适用问题进行系统化阐释。传统的国际私法理论中虽然对涉外合同的法律适用已有不少研究,但基本上均围绕着当事人意思自治、最密切联系原则等加以展开,既没有关注到国际工程承包合同所独有的特点,也没有深入剖析国际工程承包领域大量存在的强制性规范,而本书提出,当事人意思自治原则在国际工程承包合同法律适用中的运用存在限制,包括但不限于建筑安全管理、工程设计监理、环境安全评价、劳工权益保护等。

其次,FIDIC 合同条件是国际工程承包合同订约及履约期间适用的主要标准文本,其在一定程度上体现了国际工程领域中普遍接受的惯例。但究其性质而言,FIDIC 合同是标准示范合同文本,其适用性并非基于冲突规范的指引,而必须从法律适用学的角度加以理解,通过当事人的选择将其并入合同之中,方可产生拘束力。

再次,对国际工程承包合同法律适用问题的考察,应当坚持系统化思维,尤其是不应当拘泥于传统国际私法以冲突规范为基础指引准据法的过程。事实上,国际工程承包合同的法律适用与缔约主体的市场准入、违约救济与索赔、争端预防及解决等密切联系在一起。固然,传统的法律适用方法,如当事人意思自治原则、最密切联系原则等在国际工程承包合同的法律适用问题上仍然具有其独特的现实价值,但是 FIDIC 合同条件等标准示范合同文本体系的引入及工程所在地强制性规定的嵌入,恰恰表明多边主义与单边主义在该领域共存,其共同组成国际工程承包合同法律适用的思维整体。

目前,我国国内的建设工程承包合同立法呈现出一定的碎片化和不成体系化趋势,相比于 FIDIC 合同条件,我国国内住建部发布的工程总承包合同范本相比于过往的历次范本,已有了显著的进步,但仍然有待完善的空间;相比于 DAB 等国际通用的工程承包合同争议评审机制,我国目前仍然侧重于通过传统的仲裁、诉讼方式解决国际工程承包合同争议,这一点在未来应作为改进的着力点;就国际工程承包合同法律适用的方法论而言,现有《法律适用法》及其司法解释没有就国际工程承包合同进行专门化的规定,但事实上,工程所在地法的强制性规定具有直接适用的属性,在一定范围内可排除冲突规范的指引,且特征履行方法作为据以确定最密切联系的重要标准,其在确定国际工程承包合同准据法方面,应发挥更大的价值。

参考文献

[1] 李明顺. FIDIC 合同条件与合同管理[M]. 北京:冶金工业出版社,2011.

[2] 欧海燕. 标准建筑合同比较研究:以中英为视角[M]. 北京:法律出版社,2010.

[3] 曾令健,朱福勇. 法律适用学讲义[M]. 北京:法律出版社,2020.

[4] 胡建淼. 法律适用学[M]. 杭州:浙江大学出版社,2010.

[5] 王秉乾,谭敬慧. 英国建设工程法[M]. 北京:法律出版社,2010.

[6] 李双元. 涉外民事关系法律适用法的制定研究[M]. 长沙:湖南人民出版社,2013.

[7] 尹田. 法国现代合同法:契约自由与社会公正的冲突与平衡[M]. 北京:法律出版社,2009.

[8] 王军,陈洪武. 合同冲突法[M]. 北京:对外经济贸易大学出版社,2003.

[9] 陈浩文. 国际建筑法律实务[M]. 北京:法律出版社,2004.

[10] 巴尼. FIDIC 系列工程合同范本:编制原理与应用指南[M]. 张水波,王佳伟,译. 3 版. 北京:中国建筑工业出版社,2008.

[11] 解洪,曾玉成. 菲迪克条款在中国的应用[M]. 成都:四川人民出版社,2004.

[12] 国际咨询工程师联合会,中国工程咨询协会. 菲迪克施工合同条件[M]. 朱锦林,译. 北京:机械工业出版社,2006.

[13] 郝泽愚. 法律选择上的最密切联系原则研究[M]. 北京:中国政法大学出版社,2021.

[14] 希伯德,纽曼. 工程争端替代解决方法与裁决[M]. 路晓村,译. 北京:中国建筑工业出版社,2004.

[15] 李凤琴. 国际合同法律适用发展趋势研究:以意思自治原则为中心[M]. 芜湖:安徽师范大学出版社,2013.

[16] 范姣艳. 国际劳动合同的法律适用问题研究[M]. 武汉:武汉大学出版社,2008.

[17] 斯蒂芬. 工程合同仲裁实务[M]. 路晓村,穆怀品,译. 北京:中国建筑工业

出版社,2004.

[18] 肖雯. 跨境消费者合同法律适用问题研究[M]. 北京:法律出版社,2020.

[19] 范晓亮. 欧盟金融服务合同法律适用问题研究[M]. 北京:法律出版社,2018.

[20] 邱闯. 国际工程合同原理与实务[M]. 北京:中国建筑工业出版社,2002.

[21] 范愉. 多元化纠纷解决机制[M]. 厦门:厦门大学出版社,2005.

[22] 张水波,何伯森. FIDC 新版合同条件导读与解析[M]. 北京:中国建筑工业出版社,2003.

[23] 李武伦. 建设合同管理与索赔[M]. 郑州:黄河水利出版社,2003.

[24] 何佰洲,顾永才. FIDIC 合同条件与我国合同环境的适应性研究[M]. 北京:中国建筑工业出版社,2009.

[25] 江保国. 法律选择权研究:审视冲突法的权利视角[M]. 北京:法律出版社,2010.

[26] 崔军. FIDIC 合同原理与实务[M]. 北京:机械工业出版社,2011.

[27] 田威. FIDIC 合同条件应用实务[M]. 北京:中国建筑工业出版社,2009.

[28] 徐培涛. FIDIC 合同条件下 EPC 项目风险分析与对策[M]. 北京:机械工业出版社,2021.

[29] 吕文学,张水波. FIDIC 设计—建造和运营(DBO)项目合同条件导读与解析[M]. 北京:中国建筑工业出版社,2010.

[30] 张水波,何伯森. 新版 FIDIC 合同条件导读与解析[M]. 北京:中国建筑工业出版社,2003.

[31] 陈辉华,王青娥. 建设工程法规[M]. 2 版. 武汉:武汉大学出版社,2020.

[32] 陈新元. 施工合同条件与应用案例[M]. 北京:中国水利水电出版社,2009.

[33] 朱树英,曹珊. 建设项目工程总承包合同(示范文本)(GF-2020-0216)适用指南[M]. 北京:法律出版社,2021.

[34] 何铁军. 涉外建筑工程承包法律适用问题研究[M]. 长春:吉林大学出版社,2015.

[35] 李恒,马风玲. 建设工程法:法律制度与实务技能[M]. 3 版. 北京:法律出版社,2021.

[36] 英考伯特 E C. FIDIC 合同第四版适用法律指南[M]. 张明峰,彭凤国,译. 北京:航空工业出版社,1999.

[37] 马特. 英美合同法导论[M]. 北京:对外经济贸易大学出版社,2009.

[38] 汤礼智. 国际工程承包总论[M]. 北京:中国建筑工业出版社,2004.

[39] 林一飞. 建设工程法律与诉讼仲裁实务[M]. 北京:对外经济贸易大学出版社,2013.

[40] 最高人民法院民事审判第一庭, 最高人民法院. 最高人民法院建设工程施工合同司法解释的理解与适用[M]. 北京:人民法院出版社, 2015.

[41] 朱莉. 管辖权、法律选择方法与规则的经济学分析[M]. 北京:法律出版社,2008.

[42] 张建. 国际投资仲裁法律适用问题研究[M]. 北京:中国政法大学出版社,2020.

[43] 国际咨询工程师联合会,中国工程咨询协会. 设计采购施工 EPC/交钥匙工程合同条件[M]. 北京:机械工业出版社,2012.

[44] 齐湘泉. 涉外民事关系法律适用法总论:学理·实证·判例[M]. 北京:法律出版社,2005.

[45] 布罗德. 国际统一私法协会国际商事合同通则:逐条评述[M]. 王欣,译. 北京:法律出版社,2021.

[46] 黄进,姜茹娇.《涉外民事关系法律适用法》释义与分析[M]. 北京:法律出版社,2011.

[47] 赵莹华,许焕兴. 国际工程承包[M]. 5 版. 大连:东北财经大学出版社,2020.

[48] 陈卫佐. 比较国际私法[M]. 北京:法律出版社,2012.

[49] 朱中华. "一带一路"国际贸易、投资、工程法律实务与纠纷解决[M]. 北京:法律出版社,2020.

[50] 齐湘泉.《涉外民事关系法律适用法》原理与精要[M]. 北京:法律出版社,2011.

[51] 杜涛.《涉外民事关系法律适用法》释评[M]. 北京:中国法制出版社,2011.

[52] 寇丽. 现代国际商事仲裁法律适用问题研究[M]. 北京:知识产权出版社,2013.

[53] 中华人民共和国外交部条法司. 海牙国际私法会议公约集(中外文对照)[M]. 北京:法律出版社,2012.

[54] 泰特雷. 国际冲突法:普通法、大陆法及海事法[M]. 刘兴莉,译. 法律出版社,2003.

[55] 赵秀文. 国际商事仲裁及其适用法律研究[M]. 北京:北京大学出版社,2002.

[56] 金健. 国际商事合同履行法律问题比较研究[M]. 武汉:武汉出版社,2001.

[57] 左斌. 国际工程承包常用合同手册[M]. 北京:中国建筑工业出版社,2014.

[58] 郑春贤. 商事合同法国际统一化发展研究[M]. 北京:中国商务出版社,2016.

[59] 赵力军. 建设工程合同法律适用与探索[M]. 北京:中国人民公安大学出版社,2012.

[60] 赵东锋. 国际工程法律与合约[M]. 北京:中国建筑工业出版社,2019.

[61] RENATO N. Construction arbitration and alternative dispute resolution : theory and practice around thc world[M]. Lodon: Informa Law, 2021.

[62] WENDY K V. International construction law: a guide for cross-border transactions and legal disputes[M]. Chicago: American Bar Association, 2014.

[63] LUKAS K. International construction contract law[M]. 2nd ed. New Jersey: Wiley Blackwell, 2018.

[64] JANE J. International construction arbitration law[M]. 3rd ed. Alphen: Kluwer Law International, 2021.

[65] JULIAN B. Construction law[M]. 3th ed. London: London Publishing Partnership, 2020.

[66] TUNAY K. International construction law[M]. New Jersey: Wiley Blackwell, 2013.

[67] WALLACE D. Hudson's building contracts[M]. 10th ed. London: Sweet&Maxwell, 1970.

[68] ABRAHAMSON M W. Risk management: construction insurance and law[M]. Ghent: FIDIC, 1983.

[69] EGGLESTON B. The ICE conditions of contract: a user's guide[M]. 6th ed. Oxford: Blackwell Scientific Publications, 1993.

[70] EGGLESTON B. Model forms of contract for electrical and mechanical plant [M]. London: Blackwell Science, 1995.

[71] RHYS J S. The influence of law, language&perception on conflict in the construction industry[D]. London:Centre for Construction Law and Management, King's College, 1992.

[72] DAVID G. Disputes and international projects[M]. London: Bailema Publisher, 1999.

[73] PETER E N. Autonomy in international contract[M]. Oxford: Clarendon Press,1999.

[74] RICHARD P, MICHAEL W. The European private international law of obligations[M]. 3rd ed. New York: Thomson Reuters, 2009.

[75] HORACIO A. Grigera Naon. Choice of law problems in international commercial arbitration[M]. Tiibingen: J. C. B. Mohr, 1992.

[76] ROBERT K. An analysis of international construction contracts[M]. Alphen: Kluwer Law International,2005.

[77] MARKUS K S. FIDIC's new silver book under German standard form contracts act[R]. ICLR, 1999.

[78] SCHNEIDER M. International constrction contracts, [R]. International Trade Law and Practice:Part I, 1983.

[79] DANIEL G, THOMAS K G, JAN L N. Choice of law in international commercial contracts[M]. Oxford: Oxford University Press, 2021.

[80] DONALD C. The international application of FIDIC contracts: a practical guide [M]. Lodon: Informa Law from Routledge, 2019.

[81] 江荣卿. FIDIC 合同 DAB 机制评析[J]. 国际工程与劳务, 2008(12): 11-14.

[82] 李铁根. 在肯定和疑问之间对 DAB 争议解决方式的功效分析[J]. 河南师范大学学报(哲学社会科学版), 2006, 33(5):78-81.

[83] 何铁军, 张建. 国际建设工程争议解决中专家证据机制研究[J]. 广西大学学报(哲学社会科学版), 2018, 40(3):106-111.

[84] 华心萌,朱星宇. FIDIC-DBO 合同条件索赔及争议处理条款分析[J]. 国际经济合作, 2009(1):72-75.

[85] 许娟. DRB 和 NEC 争议解决方式比较[J]. 经贸实务, 2006(11):38-40.

[86] 王立武, 王扬. FIDIC 合同的争议解决机制研究[J]. 中国国际私法与比较法年刊, 2017(1):105-117.

[87] 何佰洲, 王玉. “一带一路”背景下浅谈国际工程争端 DAB 解决方式[J]. 价值工程, 2018, 37(15):22-24.

[88] 李铁根. DAB 裁决的法律效力分析[J]. 新乡教育学院学报, 2006, 19(4): 17-18.

[89] 蒲新新, 张修林. 浅析争议解决方式的法律效力[J]. 建筑经济, 2004(9): 94-96.

[90] 周月萍,江杰慧,纪晓晨. 仲裁在国际工程争议解决中的应用[J]. 施工企业管理, 2016(7):111-112.

[91] 顾永才,何佰洲. 标准施工招标文件中争议评审条款的研究[J]. 建筑管理现代化, 2008,5(3): 53-55.

[92] 华心萌，陈勇强. 国际工程仲裁的法律适用问题[J]. 国际经济合作，2008(4):70-73.

[93] 王秀燕. 制约 FIDIC 合同条款在中国推广的原因及对策探析[J]. 中国工程咨询，2005(10):37-38.

[94] 王卉，何佰洲. FIDIC 合同条件中工程师的作用及其在中国的发挥[J]. 大连海事大学学报(社会科学版)，2007，6(3):76-79.

[95] 王霏虹,张国印,王岚,等. FIDIC 条款在我国内地使用中的法律问题综述[J]. 建筑经济，2003(9):34-35.

[96] 张建. 国际建筑工程施工合同条件在我国的适用问题研究[J]. 北京仲裁，2016(2):30-42.

[97] 李泠烨. 土地使用的行政规制及其宪法解释：以德国建设许可制为例[J]. 华东政法大学学报，2015(3):147-159.

[98] 桑远棵. 国际商事仲裁中强制性规范的适用研究[J]. 国际法研究，2020(4):12-14.

[99] 张丝路. 国际商事合同法律选择条款适用范围研究[J]. 兰州大学学报(社会科学版)，2018,46(6):196-205.

[100] 杨晓蓉. 动态系统论视角下情势变更原则的适用：以建设工程合同为例[J]. 学海，2018(3):176-181.

[101] 车丕照.《民法典》颁行后国际条约与惯例在我国的适用[J]. 中国应用法学，2020(6):1-15.

[102] 翟仲. 国际惯例与国际习惯的概念界分及现实考察[J]. 国际法研究，2021(4): 31-33.

[103] 黄兆艳. 标准施工招标文件通用合同条款与新红皮书的比较分析[J]. 建筑经济，2010(1):97-100.

[104] 何铁军，王永强. 国际工程承包合同法律适用的完善[J]. 大庆师范学院学报，2007，27(6):80-83.

[105] 陈海明. 国际软法论纲[J]. 学习与探索，2018(11):87-93.

[106] 孟庆斌，黄薇. 工程师作用的变化：99 版《FIDIC 施工合同条件》研究摘录[J]. 中国工程咨询，2004(5):44-46.

[107] 张建. 国际法在国内法治体系中的地位和作用：基于若干国家非宪法性法律的样本考察[J]. 中山大学法律评论，2016(2):24-38.

[108] 卜炜玮. 新版 JCT 标准建造合同条件与 FIDIC 土木工程施工合同条件的

比较研究[J]. 建筑经济, 2020, 41(5):19-24.

[109] 师华, 白莹莹. FIDIC合同框架下国际工程分包合同争议解决机制研究:兼论"一带一路"基础设施建设中的中国应对[J]. 国际贸易法论丛, 2020(9):202-213.

[110] 吕文学, 郝丽华. 国际工程管理中的国际习惯与国际惯例[J]. 国际经济合作, 2015(6):66-69.

[111] 杨爱东. 基于FIDIC合同条件探讨EPC总承包模式在我国民用建筑工程中的适用性[J]. 建设监理, 2019(9):40-44.

[112] 刘仁山. 国际合同法律适用中"意思自治原则"的晚近发展:《海牙国际合同法律选择原则》述评[J]. 环球法律评论, 2013, 35(6):146-157.

[113] 何志鹏, 申天娇. 国际软法在全球治理中的效力探究[J]. 学术月刊, 2021(1):103-116.

[114] 高宏贵. 论冲突规范在国际私法中的地位和作用[J]. 江汉论坛, 2007(1):53-55.

[115] 张建. 国际商事仲裁中禁诉令的适用问题研究:兼论我国仲裁禁诉令制度的立法构建[J]. 国际法学刊, 2021(3): 55-57.

[116] 刘益灯, 陈璐. 论非国内规则在国际商事合同中的适用[J]. 中南大学学报(社会科学版), 2015(3): 93-99.

[117] 李娟. 国际组织合同法律适用中的"意思自治原则"以及法律选择的范围[J]. 武大国际法评论, 2018(5):62-80.

[118] 汤学文, 赵鑫. 后疫情时代国际铁路工程承包合同中不可抗力条款使用研究[J]. 现代城市轨道交通, 2021(5):134-137.

[119] 刘仁山, 黄志慧. 国际民商事合同中的默示选法问题研究[J]. 现代法学, 2014, 36(5):147-161.

[120] 宣增益, 郑一争. 对外铁路工程总承包的法律风险应对[J]. 中州学刊, 2017(4):66-70.

[121] 于雁翔. 国际工程合同效力及相关争议解决机制选择[J]. 北京仲裁, 2020(3):179-190.

[122] 白海涛. 国际工程总承包合同法律适用问题探析[J]. 现代国企研究, 2015(8):176-178.

[123] 徐丹. 工程总承包概念的内涵及其与EPC、DB的辨析:以FIDIC合同条件为参考[J]. 中国工程咨询, 2020(6):56-62.

[124] 王辉仁. 菲迪克黄金五原则(GPs)[J]. 中国工程咨询, 2019(9):46-52.

[125] 郑一争, 宣增益. “一带一路”建设中对外工程承包的法律风险及应对[J]. 河南大学学报(社会科学版), 2018, 58(2):61-67.

[126] 张水波, 吕思佳. 国际工程项目特征与商务合同管理者的专业知识结构：兼评 Lukas Klee 教授的新著《国际工程合同法》[J]. 国际经济合作, 2015(4):50-54.

[127] MO Z. Party autonomy and beyond: an international perspective of contractual choice of law[J]. Emory International Law Review, 2006(20):377-386.

[128] SYMEON C. Choice of law in the American courts in 2009: twenty-third annual survey[J]. The American Journal of Comparative Law,2009, 58(2):303-393.

[129] ANDREA B, PAUL V. Rome I regulation: some general remarks[J]. Year Book of International Law, 2008.

[130] KUMARASWAMY K. Substantiation and assessment of claims for extensions of time[J]. International Journal of Project Management, 2003(11):224-272.

[131] MERWE V D. Management and business development: intergrating strategy, structure, processes and projects, in international journal of project[J]. Management, 2002 (2):157-161.

[132] FARAJI A, RASHIDI M. Perera srinath text mining risk assessment: based model to conduct uncertainty analysis of the general conditions of contract in housing construction projects: case study of the NSW GC[J]. Journal of Architectural Engineering, 2021, 27(3):124-159.

[133] DONALD C. The international application of FIDIC contracts[J]. Taylor and Francis, 2019(3):217-256.

[134] SALWA A. Claims for extension of time and additional payment under common law FIDIC: civil law analysis, in journal of legal affairs and dispute resolution [J]. Engineering and Construction, 2018,10(4):10-12.

[135] CHRISTIANA F. The parties' choice of “neutral law” [J]. International Sales,2012(3):313-342.

[136] SALWA A. Contracts[J]. European Journal of Law Reform, 2006(6):20-22.

[137] CHRISTIE R H. The law governing an international construction contract[J]. International Construction Law Review, 2007(2):115-141.

[138] CORDERO M G. Limits on party autonomy in international commercial arbitra-

tion[J]. Oslo Law Review, 2014(1):3-5.

[139] PEDRO A. De miguel asensio, iura novit curia and commercial arbitration in sapin, in f. ferrari y g. cordero-moss (eds.), iura novit curia [M]. New York: International Arbitration, 2018.